THE MISSING BILLIONAIRES
A Guide to Better Financial Decisions

# 消失的亿万富翁

## 更好的投资、财务决策指南

[美] 维克多 · 哈加尼 Victor Haghani 詹姆斯 · 怀特 James White 著
张玉新 译 高峰 审校

中国青年出版社

**图书在版编目（CIP）数据**

消失的亿万富翁：更好的投资、财务决策指南 / (美)维克多·哈加尼,(美)詹姆斯·怀特著;(澳)张玉新译. -- 北京：中国青年出版社, 2025. 5. -- ISBN 978-7-5153-7731-5

Ⅰ. F830.59

中国国家版本馆 CIP 数据核字第 202587T3U4 号



**消失的亿万富翁：更好的投资、财务决策指南**

**作　　者**：［美］维克多·哈加尼　詹姆斯·怀特
**译　　者**：［澳］张玉新
**审　　校**：高　峰
**责任编辑**：肖　佳
**美术编辑**：佟雪莹
**出　　版**：中国青年出版社
**发　　行**：北京中青文文化传媒有限公司
**电　　话**：010-65511272 / 65516873
**公司网址**：www.cyb.com.cn
**购书网址**：zqwts.tmall.com
**印　　刷**：大厂回族自治县益利印刷有限公司
**版　　次**：2025 年 5 月第 1 版
**印　　次**：2025 年 5 月第 1 次印刷
**开　　本**：787mm × 1092mm　1 / 16
**字　　数**：300 千字
**印　　张**：22
**京权图字**：01-2023-3821
**书　　号**：ISBN 978-7-5153-7731-5
**定　　价**：69.90 元

# 赞 誉

这是一本极好的书，它对财务决策的文献进行了重要扩展。作者创造性地将实际考量与洞察性的学术理论交织在一起。这是少数几本真正值得终身反复阅读的书之一，兼具趣味和实质性内容。

**——加里·P. 布林森（Gary P. Brinson）**

特许金融分析师，作者及布林森合伙公司创始人

书名中的“消失的亿万富翁”暗指保持已有财富的困难。维克多和詹姆斯认为致富不易，守财更难，并在书中结合其长期从业经验，为投资者提供了大量的教训。而核心思想源自学术界，这本精彩的书为期望效用和终身模型在实际投资决策中的广泛应用提供了绝佳机会。独特的是，本书将头寸规模置于核心位置，通过众多实例展示“好事过多”如何太过了。

**——安蒂·伊尔曼恩（Antti Ilmanen）**

AQR资本管理公司合伙人，《预期收益》作者

《消失的亿万富翁》探讨了投资界关注甚少的一个主题：该投资多少。这本书完美地融合了理论、实践以及前线故事。对于任何寻求明智投资和支出的人来说，这是必读图书。

**——迈克尔·毛博森（Michael Mauboussin）**

作者及摩根士丹利共识研究主管

我非常喜欢并受益于维克多和詹姆斯关于将不确定性直接纳入更好财务决策的这本书。风险被正确地置于核心位置。这本书为所有读者提供了绝佳的学习机会，它将复杂的理论与应用无缝结合，展示了一个可应用于终身财富管理问题的风险架构之美。

**——迈伦 · S. 斯科尔斯（Myron S. Scholes）**

斯坦福大学商学院金融学荣誉教授，诺贝尔经济学奖得主献给我的父母露西尔和穆萨，感谢他们的爱及在最好的时刻将我带到这个世界；我的三个孩子乔希、杰斯和马克，感谢你们赋予我所做一切的意义；我的妻子塞莱斯特，感谢你的爱和无尽的理解。

——**VJH**

CONTENTS

# 目 录

## 第四部分：谜题 /285

# 序 言

在维克多·哈加尼（Victor Haghani）和詹姆斯·怀特（James White）这本出色的新书的前几页中，你将会遇到“船长”科尼利尔斯·范德比尔特（Cornelius “Commodore” Vanderbilt）。这个名字当然为人熟悉，快速在互联网上搜索就会发现他于1877年去世，给长子比利留下超过1亿美元的财富，这在当时是世界上数额最大的财富。范德比尔特家族逐渐壮大，期望拥有奢华的生活。过去150年间，资产回报如此强劲，以至于科尼利尔斯的后代今天每人应该都拥有超过10亿美元的财富。然而，事实并非如此。到20世纪50年代，科尼利尔斯的后代中没有一个是百万富翁，更不用说亿万富翁了。范德比尔特家族是“消失的亿万富翁”中显著但并不罕见的例子，凸显了做出正确财务决策的重要性和挑战性。

维克多首次在晚餐时给我讲述这个故事时，我提出了许多解释：战争、税收、离婚、1929年股市崩盘，但它们都经不起推敲。我们最终总结出两个原因：范德比尔特家族在投资风险配置上表现不佳（过度集中），并且未将支出行为与风险承受相挂钩。

这本书在个人理财类图书中极具创新性，重点放在了投资规模的确定上，而不是投资选择。维克多和詹姆斯构建了一个逻辑清晰且实用的框架，帮助人们思考财务生活中我们面临的重要的关于“多少”的决策，比如股票和债券应配置多少资金，应支出多少，或缴纳多少资本利得税。在资产价格、利率、通胀、税收，甚至个人寿命都充满不确定性的时代，这尤为重要。

我相信这本书注定会成为华尔街的经典之作，代代相传给那些热爱市场且深思风险的交易大厅老兵。我希望它能成为《股票作手回忆录》中那些被美化的疯狂冒险故事的解药。当我刚入行时，传到我手中的就是一本翻旧了的《股票作手回忆录》。我也期望《消失的亿万富翁》能成为父母给予子女的宝贵礼物，传递至下一代及更远的未来。

维克多和詹姆斯擅长以通俗易懂、直观的方式解释复杂概念，为读者提供了一个实用的工具箱，用以整理他们的财务生活。这本书将使得那些具有财务知识的读者和那些对这些内容较为陌生的读者都获益匪浅。书中充满了案例研究和生动的故事，将核心概念生动地加以呈现。作者将其对学术金融文献的深刻理解与自身作为金融专业人士的丰富经验相结合，他们既是套利交易员，又是管理着几十亿美元的财富管理公司埃尔姆财富（Elm Wealth）的负责人。

过去20年间，维克多和我定期共进晚餐，讨论金融问题，享用烤肉串和不错的红酒。如果晚餐中能加入第8章的讨论，那就完美了。在这一章中，你将首次看到由一位长期资本管理公司（LTCM）的合伙人提供的有关这家备受研究的对冲基金在短暂而多事的生命周期所面临决策的内部视角。这些教训同样适用于科技初创公司在融资轮次之间决定持有多少现金，或者坐进一辆司机看上去和手机照片完全不一样的优步（这可能是个坏主意）。这些讨论会迫使你思考如何在决策中纳入低概率、严重后果的尾部事件。它的谦逊令人警醒。

1973年，菲舍尔·布莱克（Fischer Black）和迈伦·斯科尔斯（Myron Scholes）发表了关于期权定价的著名论文，金融领域随之进入了意想不到的转折。50年来，学术研究人员和从业者一直在这项工作之上不断深入。但我并不确定它对个人投资者带来了多大的好处，尽管它帮助银行创建了许多复杂的衍生品并使之从中获利［实话实说，很久以前我在高盛（Goldman Sachs）做股票衍生品］。

你将会了解到另一篇于1969年发表的开创性论文，由罗伯特·默顿（Robert Merton）撰写，探讨了应在股市投多少钱以及随着年龄增长每年该花掉多少财富。此文在学术界外已被人们遗忘，就像1956年由约翰·凯利（John Kelly）撰写的关于如何优化财富增长的论文一样。维克多和詹姆斯将这些论文的思想置于本书的核心，提供了一个框架，帮助你思考是否承担了过多或过少的风险，以及如何将支出与风险相匹配。

在退休时如何从财富中支出是一个重要问题，我在太平洋投资管理公司（PIMCO）的日常工作中以及我在芝加哥大学罗曼家庭决策研究中心的参与过程中都投入了大量时间在这个问题上。税收、寿命、支出和回撤都很重要。你将在第二部分找到关于这些主题的完整讨论，并在第三部分找到关于如何实际运用这些思想以理顺财务生活的出色的、观点中立的建议。

热衷冒险的读者会因阅读第四部分而收获颇丰。在这里，你将发现一组引人入胜的谜题，它们可以通过本书的关键概念来解答。这是一本你会想要放在书架上从而可以不断思考棘手问题的书。无论你是正在积累财富的年轻投资者、在自己企业中投入大量资本的企业家，还是正处在一个主要专注于投资、支出和馈赠的阶段，本书都是一个不可或缺的资源，可以帮助任何人做出明智和深思熟虑的财务决策。

我于1987年7月开始在纽约市的高盛工作，很幸运地赶上了股票和固定收益强劲回报的美好而持久的浪潮。但即使在如此有利的背景下，我仍观察到许多富有且聪明的人做出近乎难以理解的财务决策，其中许多人都算得上是维克多和詹姆斯所谓的“消失的亿万富翁”。我也亲眼看到自己的财务决策方式随着时间和经验不断改进。很高兴地说，我的思维趋向与本书的观点一致，但未能如愿早些达成一致。维克多和詹姆斯表示，他们写这本书时，头脑中装着年轻时的自己，如果他们几十年前读到这本书，将从中受益。受益的人不仅仅是年轻时的他们。这是我打算频繁馈赠他人的一份礼物！

**艾曼纽·罗曼（Emmanuel Roman）**

太平洋投资管理公司首席执行官

于加利福尼亚州纽波特海滩

2023年4月

# 前 言

市面上有成千上万本关于个人理财的图书[1]，然而总体来看，这些书彼此观点不一，让寻求稳健财务建议的读者难以抉择。相较之下，为大学课程编写的财务决策教科书内容却高度一致。按理说，这些教授在为更广泛的非学术受众写书时，应该能提供一致、统一的观点。然而，事实并非如此。例如，一位著名教授写了一本《漫步华尔街》[1]，而另一位则写了一本《非随机漫步的华尔街》。有的写了《股市长线法宝》，提倡大力投资股票，有的则写了《非理性繁荣》，提醒我们小心股市。有些建议只投资低成本指数基金，而另一本书《股市稳赚》建议投资少数几只股票来获得卓越回报。此外，两位出身于麻省理工

[1] 根据美国国会图书馆的数据，准确地说是3537个品种。

学院的教授，一位建议减少风险，主要投资于无风险的政府债券，而另一位则建议年轻人将三倍杠杆投入股市。而这些，都是教授们的书。

或许来自行业巨头的建议更难达成共识可能没有那么令人震惊，因为他们各自推崇自己公司的产品。比如，先锋基金创始人约翰·博格在《长赢投资》中宣扬指数基金的好处，而富达基金的传奇经理彼得·林奇则在其受欢迎的《彼得·林奇的成功投资》中鼓励投资者挑选生产他们喜爱的产品的公司的股票以击败市场。当我们调查受欢迎的个人理财图书时，包括《富爸爸，穷爸爸》或《隔壁的百万富翁》[2]，发现建议呼声越发嘈杂，对经济理论的偏离也越发令人不安。

个人理财图书存在这种观点分歧的一个原因在于，大多数书假设其读者具有典型的特征，然后为该典型读者提供建议。对何为“典型”的不同假设，往往会导致截然不同的建议。在撰写本书时，我们受到“授人以鱼，不如授人以渔”的启发。我们旨在为你提供一个实用框架，这一框架与大学财务教科书的共识一致，以帮助你做出适合自身的财务决策。良好的决策会考虑到你的个人情况、财务偏好以及对可投资品种的风险与期望回报的审慎看法。

## 本书的读者是谁

本书适合任何认为更好的财务决策能实质改善其生活的人。如果你已经积累了一定的财务资本，或年纪轻轻并拥有丰富的“人力资本”，你将能从本书中获益良多。我们也期望本书能为从事金融行业的专业人士带来新的启发，我们相信他们能在本书中找到平日工作中未曾接触过的观点。本书主要针对个人和家庭，而非机构投资者，尽管我们讨论的许多概念同样适用于所有资本管家。

我们假设读者熟悉常见的投资产品（如股票、债券、共同基金、指数基金、ETF、期权）和概念（如复利、资金时间价值、到期收益率、通胀）。我们尊重读者的智力，不会提供显而易见的建议，比如用利率为2%的银行存款偿还利率为20%的信用卡欠款，或尽量避免支付不必要的更高额的费用或税款。我们也认识到大家在决策中都面临各种认知偏差，但我们相信你们和我们一样，渴望克服这些偏差并做出更好的决策。事实上，一旦我们认为不做决策本身就是一种决策，我们就不能再做什么了。

对于那些想在阅读本书前建立或更新金融基础知识的读者，我们建议参加一个短期的免费在线课程，例如罗伯特·希勒在Coursera平台上的“金融市场”课程。达到基本的高中数学程度，包括对符号和文字表达的理解，就足以完全掌握本书的每一个概念。我们在一些技术性较强的部分采用了阴影方框，以供数学爱好者深入学习，但跳过这些部分不会影响整体理解。我们还在非阴影方框中分享了我们的个人金融经历，并加入了一些帮助阐明关键概念的谜题章节。每章开头都有由非常有才华的保罗·布卢姆菲尔德绘制的漫画插图，我们希望这些插图能帮助你记住阅读旅程中的主要地标和路径。

本书从美国个人或家庭的视角出发，许多示例，特别是涉及税收和退休产品的部分，都预设在美国情境中。我们希望这不会影响非美国读者的阅读体验，因为我们描述的概念和框架可以适用于任何环境。

所有作者都希望自己的书能对尽可能广泛的读者群体有所帮助。无论你的背景如何，我们都希望通过实例和应用来说服你，本书中描述的财务决策框架是合理且非常实用的。

祝你线紧，竿弯，网满！

# 关于作者

维克多·哈加尼（Victor Haghani）在市场和金融创新领域有着40年的丰富经验。他于1984年在所罗门兄弟公司开始职业生涯，专注于债券研究。1986年，他进入交易大厅，不久后成为债券套利部门的董事总经理，该部门由约翰·梅里韦瑟（John Meriwether）领导。1993年，维克多成为长期资本管理公司（LTCM）的联合创始合伙人，他建立并共同管理该公司在伦敦的办公室。LTCM的失败对他来说是一次改变人生的经历，使他质疑并修正了对经济、市场和投资的许多思考方式。

通过深入研究投资方面的学术文献，并与各界朋友、同事和投资者进行富有启发性的讨论，维克多得出结论：储蓄者可以也应该做得更好。2011年，他创立了埃尔姆财富（Elm Wealth），旨在帮助包括他自身家庭在内的投资者，以一种有纪律的、基于研究的、具有成本效益的方式管理他们的储蓄，并获得应得的长期回报。

在2013年的TEDx演讲《亿万富翁都去哪儿了，我们为什么要关心？》中，维克多分享了他关于主动与被动投资融合的观点，这构成了埃尔姆财富的动态指数投资（Dynamic Index Investing®）方法的基础。多年来，维克多对如何在财富和个人理财方面做出良好的决策充满了兴趣，包括合理的支出政策、税务决策和退休选择。

维克多1962年出生于纽约市，在纽约、宾夕法尼亚州、德黑兰和伦敦长大。成年后，他曾居住在纽约市和伦敦市，近年来定居于怀俄明州的杰克逊霍尔。1984年，维克多毕业于伦敦政治经济学院（LSE），获得经济学学士学位。他一直是学术和从业者金融文献的多产贡献者。

维克多还参与很多其他活动，例如在LSE做研究和讲课，是LSE金融市场小组的高级研究员，并从事咨询和董事会相关工作，还曾是伦敦劳合社保险市场的“成员”。他热爱户外运动，是一位狂热的滑雪者、徒步旅行者和渔夫，喜欢和他的狗米洛（Milo）一起散步。他长期对飞机充满兴趣，从小玩模型飞机，成年后驾驶真正的飞机。

詹姆斯·怀特（James White）在金融行业拥有20年的工作经验，涵盖了量化研究、做市、对冲基金投资、私募股权投资和财富管理。自2018年起，他担任埃尔姆财富的首席执行官，与维克多一起帮助朋友、家人和客户理性且高效地管理他们的财富。两人通过共同的朋友认识，进而开始合作进行研究和写作，并经常交流和协作。詹姆斯开发了埃尔姆下一代的投资组合管理系统，之后每天都与维克多讨论和工作，因此加入埃尔姆担任首席执行官是顺理成章的。

此后，詹姆斯搬到费城建立埃尔姆的总部，见证了公司规模发展至服务数百个家庭，管理大约15亿美元的资产。他把时间分配在为客户服务、继续开发和改进埃尔姆系统以及进行研究和写作之间。

詹姆斯在芝加哥大学学习数学后，先后在世界各地工作，曾在Nationsbank/CRT和美国银行、Citadel投资集团工作，后在私募投资公司PAC Partners担任合伙人。他对最佳交易规模和风险承受的兴趣源于这些经历，并最终形成了埃尔姆财富今天的投资建议和方法。

詹姆斯是一位狂热的攀岩者、古典吉他手、厨师，并热衷于文艺复兴时期的历史和音乐。不在埃尔姆办公室或拜访客户时，他通常在攀岩、徒步、品尝美食，或是在旅行，并可以很好地结合这几者。

# 致　谢

我们感谢许多为我们的金融教育（在理论和实践层面），以及我们的职业和个人发展做出贡献的人。我们很幸运从职业生涯开始就遇到了耐心且关心我们的导师，包括（对维克多而言）鲍勃·科普拉施（Bob Kopprasch）、比尔·克拉斯克（Bill Krasker）、罗伯特·默顿（Robert Merton）、黄奇辅（Chi-fu Huang）和迈伦·斯科尔斯（Myron Scholes）；对詹姆斯而言，则包括肖恩·贝克蒂（Sean Becketti）、内桑·菲茨莫里斯（Nessan Fitzmaurice）和弗拉基米尔·皮特巴格（Vladimir Piterbarg）。我们感谢与我们分享智慧和经验的同事和伙伴，尤其是约翰·梅里韦瑟（John Meriwether）、拉里·希尔布兰德（Larry Hilibrand）、罗布·斯塔维斯（Rob Stavis）、理查德·莱希（Richard Leahy）、埃里克·罗森菲尔德（Eric Rosenfeld）、萨米尔·布阿乌迪亚（Samir Bouaoudia）、拉里·伯恩斯坦（Larry Bernstein）、埃菲·吉尔多（Ephi Gildor）、汉斯·胡夫施密德（Hans Hufschmid）、赫迪·卡拉尔（Hedi Kallal）、大卫·希特利（David Heatley）、雅各布·罗斯柴尔德勋爵（Lord Jacob Rothschild）和艾伦·霍华德（Alan Howard）。我们从你们每个人身上都学到了很多。

赫迪·卡拉尔介绍我们认识，让我们意识到彼此处于同样的思想旅程中，并将从共同探讨中获益。没有他富有灵感和机缘的介绍，就不会有这本书，也不会有我们之间的友谊，对此我们心怀感激。

我们的朋友们对本书的慷慨贡献令我们倍感感动和谦卑。非常感谢安提·伊尔曼恩（Antti Ilmanen）倾心的鼓励，为我们引荐威利出版社的编辑，并提出许多宝贵的意见和修改建议。杰夫·罗森布鲁斯（Jeff Rosenbluth）和拉里·希利布兰德（Larry Hilibrand）在审阅和修改手稿时，付出了远超朋友义气的无数时间，还为本书贡献了许多核心思想。其他为本书付出许多时间的朋友包括艾曼·欣迪（Ayman Hindy）、理查德·杜威（Richard Dewey）、约翰·格雷泽（John Glazer）、弗拉基米尔·拉古林（Vladimir Ragulin）和约翰·卡鲁比安（John Karubian）。我们也感谢贾米尔·巴兹（Jamil Baz）、布鲁斯·塔克曼（Bruce Tuckman）、史蒂夫·莫布斯（Steve Mobbs）、荷西·谢因克曼（José Scheinkman）、彼得·赫希（Peter Hirsch）、萨曼·马吉德（Saman Majd）、阿琼·克里什纳玛查尔（Arjun Krishnamachar）、比尔·蒙哥马利（Bill Montgomery）、伊恩·霍尔（Ian Hall）、阿尼特·查赫拉（Aneet Chachra）、阿德里安·埃特罗维奇（Adrian Eterovic）和安娜·沃布勒斯卡（Anna Wroblewska）提供的宝贵意见和修改建议。我们还感谢同事迈克·福瑟吉尔（Mike Fothergill）和史蒂文·施耐德（Steven Schneider）对本书诸多方面的帮助。维克多的三个孩子乔希（Josh）、杰斯（Jess）和马克（Mark）在审视我们阐释的质量上充当了评估者，并提出了许多其他有用的建议。专业财经作家杰森·茨威格（Jason Zweig）、迈克尔·毛博森（Michael Mauboussin）、约翰·奥沙利文（John O'Sullivan）、乔·魏森塔尔（Joe Weisenthal）、斯宾塞·雅各布（Spencer Jakob）和约翰·奥瑟斯（John Authers）对我们短文的积极反馈让我们相信自己可以写一本书。多产作家和金融推手弗兰克·法博兹（Frank Fabozzi）是首位在他的文集和编辑的学术期刊上发表我们作品的人。

许多金融领域的深思者和作家，通过学术文章、讲座和书籍，慷慨分享了他们的见解，帮助我们形成了自己的理解，包括约翰·坎贝尔（John Campbell）、罗伯特·希勒（Robert Shiller）、约翰·科克伦（John Cochrane）、菲尔·泰特洛克（Phil Tetlock）、埃德·索普（Ed Thorp）、克里夫·阿斯尼斯（Cliff Asness）和霍华德·马克斯（Howard Marks）。我们感谢以往文章的合著者，包括理查德·杜威、弗拉基米尔·拉古林、拉里·希利布兰德、杰夫·罗森布鲁斯和安迪·默顿（Andy Morton），这些人的文章为本书的多个章节提供了基础。我们也要感谢威利出版社的许多人，他们帮助本书得以成形，尤其要感谢我们的出版人比尔·法隆（Bill Falloon），正是他的智慧、好性情和耐心让本书得以面世。我们很高兴有些读者可能会根据封面艺术来评判我们的书，而封面由我们才华横溢的朋友杰夫·罗森布鲁斯创作。

我们感激亲爱的朋友艾曼纽·罗曼慷慨答应从其管理全球最大债券投资机构PIMCO的繁忙工作中挤出时间为本书撰写序言。我们希望他有朝一日能写一本书，或者出版一部诗集，让大家沉浸于他的文采。我们感谢迈克尔·刘易斯（Michael Lewis）和马特·莱文（Matt Levine）的友谊与启发，他们向我们展示了在传达宝贵的深刻见解的同时，用让人心跳加速的方式写作金融的可能性。

对于过去10年中阅读我们每月《思想文稿》的读者，我们衷心感谢你们，你们的持续关注和反馈激励我们写下这本书。我们感激埃尔姆财富的客户，他们的信任和坦诚给了我们机会，去发展并测试书中许多想法的可行性。最后，我们感谢那些“消失的亿万富翁”，正是他们帮助我们意识到，有必要写一本书来帮助大家做出更好的财务决策。

# 1

# 引言
# 消失的亿万富翁之谜

任何傻瓜都可能致富，但只有有头脑的人才能守住财富。

——“船长”科尼利尔斯·范德比尔特

一座19世纪的铁路和航运大亨科尼利尔斯·范德比尔特[1]的美丽雕像矗立在纽约中央车站的外面。它矗立在那里是因为“船长”下令建造了纽约中央车站。尽管如今它被公园大道的高架桥挡住了部分视线，但这座雕像就坐落在曼

[1] 科尼利尔斯·范德比尔特（Cornelius Vanderbilt，1794年5月27日—1877年1月4日）是一位美国商业巨头，他通过铁路和航运积累了巨额财富。——译者注

哈顿中城的中心，这里是全球的金融中心，当今的许多金融巨头都经常能看到它。

范德比尔特于1877年去世时，他是世界上最富有的人。他的长子比利继承了父亲1亿美元，占科尼利尔斯财产的95%。不幸的是，他甚至没有得到最基本的关于如何长久地投资和使用这些财富的指导。在这位“船长”去世后的70年里，家族财富大部分被挥霍一空。如今，没有一个范德比尔特家族的后代能将自己的财富追溯到科尼利尔斯去世时留下的巨额财富[1]。尽管范德比尔特家族的人口增长速度高于普通美国家庭，但即使如此，家族后代里仍有亿万富翁也不是不可能。如果范德比尔特的继承人将他们的财富投资于平平无奇但多元化的美国公司股票投资组合，然后每年花费2%的财富，并缴纳税款，那么今天活着的每个继承人仍然会拥有超过50亿美元的财富。

所以，出了什么问题？

———————

范德比尔特家族财富历史性的衰退在规模上引人注目，但在本质上却很普通。巨额财富在几代人的时间里挥霍殆尽，这种现象十分普遍，足以证明我们自己的格言：“富不过三代。”当今新闻里出现的亿万富翁中很少有老钱[2]的后代，就可以看出这句格言的真实性。从这些观察中，我们可以梳理出一个有价值的见解：那些过去最富有的家庭没有能力始终做出明智的投资和消费决定。否则的话，那些亿万富翁的后代仍是亿万富翁的人数将远远超过今天的新一代富翁。

为了粗略统计这些“消失的亿万富翁”，让我们把时钟拨回到1900年。当

[1] 希望他的后代在挥霍财富的时候过得愉快。这让我想起了20世纪60年代曼联传奇边锋乔治·贝斯特（George Best）回答记者关于他是如何花掉所有钱的问题：“我在酒、鸟和跑车上花了很多钱。剩下的我也都挥霍了。”

[2] 老钱常指几代皆为富翁的家族。相对应的，新钱即为新贵或暴发户。——译者注

时，美国人口普查记录有大约4000名百万富翁，其中最富有的人财富达到数亿美元。如果当时一个拥有500万美元的家庭将他们的财富投资于美国股市，并以合理的比率支出，那么这个家庭今天将产生大约16个亿万富翁家庭[1]。如果在1900年，百万富翁中有四分之一的人将至少500万美元投资美国股市，那么仅他们的后代就应该有近1.6万名健在的亿万富翁。如果我们把整个20世纪计算在内，而不仅仅是1900年那一年，我们相信潜在的亿万富翁的数量要多得多。

但截至2022年，《福布斯》估计美国只有700多名亿万富翁，并且你在这些人中很难找到一个人的财富可以追溯到1900年的百万富翁祖先。我们不需要追溯到那么远的过去去找这种财富传承。在今天的美国亿万富翁中，只有不到10%的人是1982年首次发布的《福布斯》400名富翁榜成员的后代。即使是1982年榜单上最不富有的家族（“仅”拥有1亿美元），今天也本应该孕育出4个亿万富翁家庭。我们意识到，有一些富有的家庭在他们的一生中有目的地捐出或消费他们几乎所有的财富，但我们认为这些情况相对罕见，并不能解释我们今天为什么几乎看不到财富来自于“老钱”的亿万富翁。

我们不是在哀叹当今世界缺少亿万富翁。我们的观点是，当涉及需要做出好的财务决策时，我们都面临一个非常大而普遍的问题。即使是我们社会中财务上最成功的人士（他们中总有一些聪明能干的人，而且他们都能负担得起“最好”的财务建议），也总是做出糟糕的财务决策。那么我们这些“普通”的其他人又能指望什么呢？维克多的父亲很喜欢一句波斯谚语，它乍一看似乎不太可能，但它的真实性已成为写作这本书的主要动机：“持有财富比创造财富更难。”这本书提出了我们的框架，我们希望用以解决所有家庭（不仅是潜在

[1] 我们假设这些家庭没有其他收入并且每年花费和捐赠其2%的财富，我们还假设他们为其花费纳税，并以平均生育率来生育孩子。我们将全面投资美国股市作为这些家庭投资的基准假设，这是富裕家庭可以选择的众多有吸引力投资中的典型代表。我们并不是说，过去应该这样投资，将来也应该这样投资。

的和现实中的亿万富翁）面临的挑战——如何找到一条更好的财务决策之路。

在接下来的章节中，我们将详细探讨这些“消失的亿万富翁”家族放弃他们巨大领先优势的最常见方式：承担过多或过少的风险、花费高出他们的财富所能承受的范围、在财富波动时不调整他们的支出。最重要的是，他们没有一个一致的决策框架，这使他们热衷于追逐任何热门的东西并在它不热门时火速抛售，将支出的决策锚定在投资组合的期望回报上，并为糟糕的建议支付高昂的费用。

请注意，在我们列出的主要错误中，我们没有包括选择不好的投资。糟糕的投资环境并不会导致这些亿万富翁消失。事实上，很难想象有比这更好的投资环境。从1900年到2022年之间，美国股市的税前年回报率为10%，1900年的100万美元在2022年年底大约变为1000亿美元，回报率为10万倍。，问题的核心可能是人们的注意力被放在了错误的地方。在投资中，很自然地偏向关注买什么或卖什么。几乎所有的财经媒体都致力于这个问题，所以可以合理地认为我们应考虑的最重要的事情是关于“什么”的决策。但这不是。

我们将向你解释你需要正确做出的最重要的财务决策是需要回答一系列关于“多少”的问题：一项好的投资你应该买多少？你今天和以后应该花多少钱？你应该把多少税负推迟到未来？你应该花多少钱买保险来对冲那些发生概率低但后果严重的事件？这些问题隐含着这样一种认识，即风险存在于我们遇到的几乎每一件好事中。因此，每当我们想要弄清楚我们应该做多少有收益但有风险的事情时，我们需要权衡“做得更多”带来的更高的预期收益与“做得更多”需要承担的更多风险的成本。我们希望给您一个实用的框架，使您能够始终如一地自信地做出这些做“多少”的风险决策。

为什么我们认为做事的“规模”如此重要？考虑一下下面这个问题：如果你选择了不好的投资，但在投资规模上做得很好，你可能会赔钱，但你的损失不会是毁灭性的。所以你就能东山再起，重新投资。另外，即使你选择了很好的投资，但你投入太多，这样你在等待事情成功的过程中，很容易在正常的投资波动中破产。

我们自己的个人经验也支持这样一个主张，即关于规模的决策（常常是事后想到的）实际上是投资中最关键的部分。我们都亲身经历了在“多少”这个问题上做出的错误决定，在这个过程中我们很多人失去了大部分的个人财富。维克多是对冲基金长期资本管理公司（LTCM）的创始合伙人。1998年，当长期资本管理公司在20世纪90年代的第二次金融危机中破产时[1]，36岁的他遭受了9位数的损失。除了金钱上的损失，还有公司倒闭带来的心理打击，其给153名员工的冲击，以及对所有相关人员声誉的影响。10年后[2]，28岁的詹姆斯通过对自己工作的对冲基金的投资，损失了更小数额的钱，但仍然是他财富的主要部分。

在每种情况下，我们都相信我们选择了风险/回报比最具吸引力的投资，这些投资在长期内极有可能获得预期的回报。其实导致LTCM倒闭的交易在随后的几年里都成为了赚钱的交易，詹姆斯所在的对冲基金在2008年大幅下跌后也恢复过来，并产生了强劲的正收益。不幸的是，短期总是先于长期到来，我们都没有享受到这些投资的反弹。我们得到的教训就是：好的投资配上糟糕的资金配置也可能会导致灾难性的损失。

LTCM的故事已经被讲述无数次了——许多书籍、文章，甚至还有一篇哈佛商学院的案例研究。这个故事内容精彩丰富，涉及华尔街的交易员（他们仿佛是从迈克尔·刘易斯的《说谎者的扑克牌》一书中走出来的），还有一群备受尊敬的教授，其中包括两位诺贝尔经济学奖得主[3]。对外界来说，他们似乎

---

[1] 20世纪90年代有两次著名的金融危机。一次是1997年的亚洲金融风暴，另一次是1998年俄罗斯国债违约。而LTCM的主要投资标的之一就是俄罗斯国债。——译者注

[2] 指的是2008年的金融危机。——译者注

[3] 即迈伦·斯科尔斯和罗伯特·C.默顿，两人发明了期权定价公式。对于期权定价公式另一位贡献巨大的费雪·布莱克未能获奖。——译者注

建立了一台赚钱机器（关于LTCM，有一本书的书名相当夸张，名为《发明金钱》），因此毫不奇怪，LTCM的大多数合伙人把他们的资金大量投入到他们管理的基金中。该基金从成立到大幅下跌前的几年里，每年的回报率超过40%，年波动率约为12%。在创立LTCM之前，两位资深合伙人在所罗门兄弟公司（Salomon Brothers）从事类似投资有20年的成功经验。

维克多将他家庭约80%的流动资产投资于LTCM对冲基金。事后看来，这种投资集中度是一个错误。但迄今为止，在LTCM相关文献中尚未有人探讨的一个更有用的问题是：维克多本应进行何种分析来确定投资该基金的份额，而如果做了这种分析又会得出什么结论？我们将详细解答这个问题，并说明为什么“尽可能多地投资”几乎从来不是“好东西对你来说多少是合适的”这个问题的正确答案。

这种糟糕的资金配置决策是否只存在于像我们这样的年轻、自信的债券套利交易员，以及生活在20世纪上半叶的富有家庭呢？不幸的是，有大量证据表明这种失败现象极为普遍且持续存在，这表明投资者普遍缺乏良好的财务管理技能。例如，总体而言，个人投资者的表现远低于市场回报率，无论是收益的绝对值还是经风险调整后的收益都是如此。这种表现不佳的部分原因是高额的手续费用，但更多是因为风险仓位过多或过少，而且通常是在错误的时间接受了不合时宜的风险仓位。加州大学教授布拉德·巴伯（Brad Barber）和特伦斯·奥登（Terrance Odean）对证券公司的个人账户进行了一项具有里程碑意义的研究，这项研究的标题恰如其分地指出了“频繁交易可能会损害你的财富”。他们的研究发现，那些积极交易自己投资组合的投资者每年的表现比市场回报率低6%。其他研究人员发现，投资者在共同基金上的整体回报率通常比在同一些基金上买入并长期持有的投资者所获得的回报率低几个百分点。[1]

为了更好地了解人们如何应对有吸引力的投资机会的仓位问题，维克多和他的同僚理查德·杜威在2013年进行了一项实验，实验结果后来发表在《投资组合管理杂志》（*Journal of Portfolio Management*）上。在受控的环境中，他们邀请了61名具备财务和定量分析能力的人参与一个简单的抛硬币游戏。参与者被告知（虚拟）硬币被设定为有60%的概率正面朝上。他们每人会被赋予25美元，并被允许以任何他们希望的方式下注。他们被告知，在30分钟（足以进行大约300次抛硬币）之后，他们的25美元变成多少钱就是他们相应的报酬，但总支付金额上限是250美元。

正如我们将在本书中详细讨论的那样，是存在一系列简单的、合理的下注策略的，这些策略将导致预期收益接近250美元的上限❶。那么，参与者表现如何呢？实验中超过30%的人损失了本金，更令人难以置信的是，超过25%的人破产了！只有20%的人达到了250美元收益上限，这与本应超过90%的人达到收益上限的假设相去甚远。本书的论点是，导致成功的想法往往与直觉相悖。我们从抛硬币游戏得到的结论对于我们在生活中做出重要的财务决策同样有帮助。

投资并不是在不确定的情况下做出明智的财务决策的唯一领域。每个人都需要一个贯穿人生各个阶段的、前后一致的储蓄和支出计划，尤其是如果我们希望享受退休生活的话。一项最近的研究发现，即使是看似简单的何时开始领取社会保障福利的决策，美国人在这个问题上因做出次优决策而损失了超过万亿美元，主要是因为过早地领取福利。[2]还有证据表明，许多人在某些类型的保险上花费过多，从厨房电器的保险到汽车全险，而在其他类型的保险产品上花费过少，比如年金。令人遗憾的是，耶鲁大学教授詹姆斯·崔（James Choi）最近对50本最受欢迎的个人理财图书的调查显示，这些图书并没有提供足够多的好建议。[3]

我们关注的决策问题有三个共同特征：

❶ 对于在键盘上快速敲击30分钟，这是一个不错的回报，尤其是对一群大学生来说！

1. 在面对不确定的结果时，要求做出决策。

2. 其中一些结果会对你的幸福感或福利产生显著的影响。

3. 对你的福利的影响不会完全反映货币结果。

自从丹尼尔·伯努利（Daniel Bernoulli）为了解决圣彼得堡悖论（St. Petersburg Paradox，我们将在第6章中描述）而突发奇想地引入“效用函数”的概念以来，哲学家、经济学家和数学家近300年来一直在思考如何系统地评估这类决策。效用函数实际上是人类本性的一个规律，我们消费（或财富）不断增加，但边际效益递减。这就是为什么我们从消费财富中所涉及的货币金额并不反映我们得到多少效用。这种思维方式清楚地表明，我们做出的决策应追求效用最大化，而非只是以货币结果为导向。这些观点是经济学思想的根源，它甚至渗透到了经济学这棵大树新产生的所有分支，例如行为金融学。

对于给定的任何财务决策问题，基于效用函数决策框架的核心有三个主要步骤。首先，我们需要计算决策可能产生的货币结果，并估计其概率。其次，我们需要将这些货币结果映射到效用函数中计算期望效用函数值。最后，我们需要尝试不同的决策，以找到产生最高期望效用的决策。

期望效用最大化的框架是“在不确定性下的决策”领域的理论基础，也是大多数其他关于个人选择和人类互动理论的基础。构成本书基础的许多思想都是在被称为“终身消费与投资组合选择”的子学科中的观点，这是一个由诺贝尔经济学奖得主保罗·萨缪尔森（Paul Samuelson）和罗伯特·C. 默顿（Robert C. Merton）在20世纪60年代首次提出并探索的领域。这个子学科解决的基本问题是寻找一个人如何在投资、储蓄和支出方面做出将使期望终身效用最大化的决策。

不幸的是，该领域的许多原创论文过于复杂或抽象，无法在生活实践中获得关注，其结果是很少有人使用这些工具来做出更好的决策。在接下来的内容中，我们希望以一种不仅能引起共鸣，而且能改变你思维的方式来呈现这些重要的观点。一个伟大的想法从理论到实践可能需要很长时间，我们相信属于这些伟大想法的时代已经到来了。

最大化期望效用的决策框架常因不能真实地反映人们的实际行为而受到批评。事实上，研究人员已经记录了无数现实生活中人们具有非理性决策和非一致性决策的认知偏见的证据。我们完全同意这些证据，这也正是我们决定写这本书的原因——通过了解所有“消失的亿万富翁”发生了什么，并克服一些认知偏见，帮助人们做出更好的决定！如果人们天生擅长在涉及复杂的概率、场景和从货币到个人效用转换的复杂模型中做出决策，那么就不需要决策框架了。但我们知道我们不擅长。

事实上，决策框架和实际行为并不总是一致的，这恰恰表明框架是有价值的。毫无疑问，人们仍然会选择在某些方面做出看似次优的决策——这是人性的一部分——但最好是在知情的情况下做出决策，并能估计成本，而不是在出于无知或缺乏更好的其他选择的情况下做出决策。在本书中，我们不打算描述人们如何做出重要的财务决策；我们的目标是解释他们应该如何做出决策。我们希望通过说服读者采用以期望效用为中心的框架来做出生活中重要的财务决策，从而改变他们的生活。

在一个充满不确定性的世界中，你从一个特定的行动过程中得到的期望效用是一个模型——它是对现实世界的简化。像任何模型一样，它是一个有条理的简化复杂事件的框架。有时候我们对一个模型太熟悉了，以至于我们甚至没有意识到它是什么。例如，在政府债券领域，当计算能力变得足够便宜，可以在任何结算日期、任何价格对任何债券快速进行相关计算时，到期收益率（yield to maturity）的概念才真正成为被广泛使用的模型。[4]如果没有到期收益率模型，将很难比较还有4年11个月到期、价格为102.15美元、票面利率为3%的债券A和还有5年2个月到期、价格为125.67美元、票面利率为8%的债券

B[1]。“收益率模型”只是将价格和其他相关信息转换为更容易比较债券的指标。期望效用和到期收益率一样，也是一个模型。因为它允许我们以一种直观的方式比较和评估不同的复杂决策，并且具有经济学理论基础，所以它是一个好模型。

要想做出更好的决策，第一步就是要了解自己的个人效用函数。这并不像你想象的那么难。2018年，我们对大约30位客户进行了一项调查——如你所猜，我们经营的是财富咨询业务——我们发现，所有客户都能够表述财富和效用之间的关系，这有助于他们以一致的方式权衡不同的风险与回报。我们的目标是通过各种各样的实际案例研究，从决定你应该把多少财富投资到你自己的企业，到什么时候缴纳资本利得税是有意义的，来提高你对这个框架的满接受度。我们将深入探讨风险影响你财务状况的主要方式。我们的目标是给出核心概念，而不是将它们简化至隐含到模糊的、泛泛而谈的指导意见里。这个过程会涉及一些数学问题，但不会超出你在高中遇到的数学概念。我们总是试图解释一个想法背后的经济逻辑，而不仅仅是谈论数学。

我们认识到，在你的财务决策中，很大一部分仍然涉及投资什么，所以我们不会完全忽视“投资什么”的问题。对于今天的许多投资者来说，潜在的投资领域多到令人望而生畏——指数基金、主动基金、个股和债券、房地产、对冲基金、私募股权、风险资本，这个名单还在不断增加中。目前已经出版了许多书来帮助你评估这些类型的投资，所以我们只花一章来讨论如何评估最常见投资的期望回报和风险。这本书的大部分内容将阐述如何将你对个人投资的评估转化为对每笔投资承担多少风险和总投资应该承担多少风险的评估，以及如何做出怎样使用你的财富的相关决策。

我们讨论的大多数方法对于任何有计算器或简单电子表格的人来说都是简

---

[1] 对于试图在头脑中计算出来的读者来说，债券A和债券B的到期收益率分别为2.53%和2.65%。

单易用的。有些可能需要更复杂的技术来实现它们，就像我们所做的那样，但只要稍微简化一下，这些也几乎总是可以在电子表格上显示出来。我们已经建立了一套建模工具来帮助解决一些最常见和最重要的问题，这些工具可以从我们的网站www.elmwealth.com上获得。如果你发现自己想要使用整个决策框架的一部分，但找不到合适的工具，请随时与我们联系，我们将尽力帮助你或为你指出正确的方向。

我们把这本书分成四个主要部分：

- 投资规模
- 终身支出和投资
- 实际应用
- 谜题

我们知道，对于大多数读者来说，这本书不会是轻松的读物。如果需要的话，我们有一个可以让事情变得更容易一些的建议，那就是只阅读涵盖核心概念的章节，跳过那些讨论详细原理和概念应用的章节。我们希望你以后会发现跳过的章节在呼唤你。我们认为以下10章对你第一次读这本书很重要：第2—6章、第9章、第12—14章和第24章。无论你以何种顺序阅读它们，我们都希望你也能发现其他14章的丰富内容，这些内容有助于将本书的核心思想付诸实践。

有些地方我们会用符号、公式和单词来描述关键概念。不要害怕，整本书中只有四个公式，你可以在末尾的“一些经验法则”一节中找到参考。四个公式中的一个，我们称之为默顿比例公式，它非常简单和重要，我们希望你在读完这本书的时候，能在脑海中对它留下不可磨灭的印象！我们希望，在几个例子之后，你会发现用自然语言和数学语言来陈述思想会使这些概念更清晰，更容易记忆。

在我们写这本书的时候，年轻时的自己从未远离我们的脑海。我们希冀，若是我们在职业生涯早期读过这本书，它会帮助避免我们在投资规模上犯的错误。事实上，埃尔姆财富（Elm Wealth, 作者经营的投资管理和财富咨询业务的公司）的使命是帮助我们的客户从我们大量的充满不确定性的金融领域的决策经验中受益。回到我们的抛硬币实验，我们之所以乐观地认为这本书能够发挥作用，部分原因在于，一旦我们向参与者解释了一个更合理的投注规模策略，他们就会接受这个策略，如果再给他们一次机会，他们大多会获得最大的收益。如果人们接触到一个好的决策框架，他们通常会很容易理解并接受它。

做出更好的决策并不是一场零和游戏。合理的财务决策，与你的个人偏好相一致，不仅会增加你和你家人的期望幸福度，而且会极大地增加我们整个社会的福利。

**对知识的投资具有最佳的回报。**

——本杰明·富兰克林（Benjamin Franklin）

## 第一部分

# 投资规模

我们在第一部分有两个相关目标：一是让你熟悉与投资规模相关的重要框架和结果；更重要的是，帮助你建立直观的思维方式和理解能力，以便更好地思考投资规模问题。我们试图做到这一点，而不借助于学术界通用的形式化数学论证。因此，在第一部分中，我们将广泛地，甚至是怀着热爱地讨论掷有偏差的硬币的过程。

这样做并不是因为我们认为读者对掷硬币充满兴趣，也不是因为我们天真地认为掷硬币是对现实投资世界的合理模拟。而是，当我们讨论掷硬币时，这意味着我们正在探索一个新的概念，并希望在一个有限的背景下帮助你建立直观理解，以便真正掌握其中的内容。然后，我们可以借助一个自然而然涵盖二者的框架，将从掷硬币中获得的结果扩展到更现实的情景中。所以，准备好那些掷硬币的手指吧!

# 2

# 在有偏差的硬币上投注

## 简介[1]

想象一下，你受邀去听一个人的演讲，他是一家对冲基金的联合创始人，这家基金在25年前以失败而闻名。你出现在这个演讲现场，希望听到一些有价值的见解，或者至少是一些有趣的故事，但相反，演讲者给了你25美元，让你拿出笔记本电脑抛电子硬币30分钟并投注。在这个过程中，你被告知硬币正面朝上的概率是60%，每次抛硬币时你必须决定投正面或反面并决定投注多少。每次投注盈亏的结果与投注金额相等，即如果你下注1美元并赢了，你的资金增加1美元到2美元，如果你输了，它会减少1美元。你可以在现有资金范围内任意下注，在半小时结束时你的账户上显示的金额都是你的，不过对你的支付存在一个最高上限。如果你的账户余额接近这个上限，这个上限就会显示出来。

就是这样一个游戏。你觉得值得花时间玩吗？你会怎么玩这个游戏？你会使用什么启发式的思维工具箱来参与这个游戏？这些问题促使维克多和他的同事理查德·杜威进行了刚才所说的实验。通过让参与者参与像抛硬币一样简单的活动，很容易观察投注策略及其演变。此外，你会发现这个简单的游戏具有类似于投资股票市场的特性，并且对金融学和经济学教育也有意义。

## 实验

在安静的办公会议室或大学教室里，61名受试者以2到15人为一组进行抛硬币实验。该游戏的监考人员简要介绍了一些基本原则，比如禁止交谈或合作，并且受试者在玩游戏时不得使用互联网或其他资源。

实验开始时，受试者被引导到一个专门设计的应用程序中，该应用程序用于对模拟硬币的投掷下注。在开始之前，参与者阅读了游戏的详细描述，其中包括一个清晰的、粗体字的声明：模拟硬币有60%的机会正面向上，40%的机会反面向上。

参与者每人获得25美元的启动资金，并以文字和口头形式被告知，他们将获得游戏结束时的账户余额，但有最高支付上限。如果受试者下注成功，其余额大于或等于上限，则最高支付上限会被显示出来。上限设定为250美元，是初始资金的10倍。参与者被告知他们可以玩30分钟的游戏，如果他们接受了25美元的赌注，无论他们是否达到赢钱的上限、破产还是选择根本不玩，他们都必须在这段时间内留在房间里。参与者的下注可以是任何金额，可以以1美分为变量来设置每次下注的金额，最多可以是他们的账户余额，来押正面或反面。在开始游戏前，他们会被问及一系列关于他们个人背景的问题，在游戏结束后会被问及游戏的体验。

参与实验的样本由49名男性和12名女性组成，他们主要是经济和金融专业的大学生，以及在金融公司工作的年轻专业人士，其中包括两家头部资产管理公司的14名分析师和研究助理。我们有理由认为，这些参与者应该已经做好了充分的准备，可以玩一个具有明确的正期望值的简单游戏。

## 最优策略

在描述最优策略之前，也许你想花点时间考虑一下，如果有机会玩这个游戏，你会怎么做。知易行难，或者你可以去我们的网站，自己玩这个游戏：www.elmwealth.com/coin-flip/。

一旦你继续读下去，你就会被“知识的诅咒”所折磨，让你很难以初见这个游戏的视角审视这个游戏。所以，如果你想花点时间思考一下你的策略，那现在就玩这个游戏。

为了找出最优策略，首先我们需要定义我们想要最大化的目标。考虑到这个游戏的设置，特别是所涉及的利益对玩家的长期财务状况并不重要，于是一个合理的目标是在这个30分钟游戏结束时获得最多的钱。有了这个目标，原则上我们可以查看各种各样的投注策略，找出哪一种平均收益最高。

让我们来看看三种基本的投注策略，看看它们的效果如何。假设玩家每次投掷都是投正面：

- 固定比例投注，即要求每次掷硬币时，玩家的投注占其当前资金的百分比相同。

- 固定数额投注，即要求在每次投掷硬币时，投注相同的金额。
- 加倍下注，最初被称为“鞅系统（Martingale System）”，于18世纪的法国发展起来，即每次输后都会加倍下注。其理念是，第一次获胜的下注将弥补之前的所有损失，并获得与最初赌注相等的利润。

我们假设一个玩家可以在30分钟内投注300次。在表2.1中，我们展示了针对三种策略，在10000组模拟的300次有偏差的硬币投掷中得出的统计数据。我们尝试了固定比例投注策略的四种不同投注比例。对于我们提出的其他两种策略，我们选择了每种策略中能获得最高预期结果的投注规模。

投注百分比在10%到20%之间的固定比例投注策略产生的预期收益非常接近上限，所以在这个游戏的设定中，这些是接近最优的策略。即使一个玩家只能投注150次，这些策略仍然会带来大约200美元的预期收益。而且，固定数额投注策略和加倍下注策略都表现不佳不足为奇。在固定数额投注策略中，如果正好有60%的投掷是正面，你就能赚到250美元，但如果投掷正面哪怕少1次，你就不会赚到上限，这就是为什么达到上限的概率大约是50%。[1]

**表2.1**

| 下注策略 | 下注规模 | 期望结果 | 达到最大支付的概率 | 破产概率 |
|---|---|---|---|---|
| 固定比例 | 5% | \$218 | 70% | 0% |
| 固定比例 | 10% | \$241 | 94% | 0% |
| 固定比例 | 20% | \$237 | 94% | 0% |
| 固定比例 | 40% | \$176 | 70% | 0% |
| 固定数额 | \$4 | \$213 | 59% | 7% |
| 加倍下注 | \$2.5 | \$72 | 29% | 40% |

在加倍下注策略下，我们的玩家大约有40%的概率会因为游戏过程中过长

[1] 略高于50%是因为有些情况下你在抛硬币结束前就达到了支付最大值。

的连续反面而无法存活导致破产。这就是这个策略的主要问题：投注规模会随着时间的推移呈指数级增长——翻倍，然后翻倍，再翻倍——所以最终投注规模会等于或大于你的总资金。如果你玩的时间足够长，你几乎肯定会输掉你的全部资金，只有微小的盈利机会，这就是为什么这种类型的投注被统称为“赌徒的毁灭”。一些赌徒和股市日内交易员认为，这种策略可以从概率对玩家不利的游戏中获得利润，因为最终肯定会有一次赢的投注。事实证明，只有当玩家拥有无限的金钱和时间时，这种策略才能将不利的游戏转变为成功的金融炼金术。对于像我们这样的凡人来说，几乎可以肯定的是，我们最终会破产。

目前，我们将每次投注10%的资产作为这个掷硬币游戏的最佳策略，尽管从技术上讲，有一个稍微更好的策略，即在30分钟的时间限制接近尾声时，如果上限还没有达到，就加大赌注。但简单的10%策略就可获得最高赢钱额的96%——这看起来确实足够好了，比其他简单的选择要好得多。我们将在下一章讨论一个简单的经验法则来确定像这样的投注，我们的玩家可以利用这个法则，在接近最佳策略的范围内得到很好的结果。

## 调查结果：我们的玩家玩得如何

“你们是怎么破产的？”“慢慢地，然后突然地。”

——海明威，《太阳照常升起》

游戏中我们的玩家表现不太好。所有参加测试的玩家的平均收益为91美元，这为研究人员节省了成本，因为如果参与者使用任何接近最优的策略，研究人员预计每人将获得收益大约240美元。

虽然我们预计会观察到一些次优的游戏策略，但我们对结果中普遍存在的次优策略感到惊讶。次优投注的形式和规模各不相同：过度投注、下注不足、不稳定投注和押反面朝上只是大多数玩家浪费他们在30分钟比赛中赢得250美元机会的其中一些方式。

我们将“接近峰值”定义为在游戏结束时至少赚到200美元的玩家，而“破产”则是指在游戏结束时账户中只剩下不到2美元的玩家。只有21%的参与者达到了250美元的最高收益，大大低于本应通过良好的投注策略达到最高收益的95%概率。令我们惊讶的是，三分之一的参与者最终账户里的钱比开始时少了。更令人震惊的是，28%的参与者破产了。一个具有60/40这么大赢率的重复游戏产生了如此多的破产者，他们失去了一切，这令人震惊。

那些没有达到最高限额或破产的人（占样本的51%）的平均最终账户资金为75美元。虽然这是他们最初资金额25美元的3倍，但考虑到所提供的机会，这仍然是一个非常一般的结果。图2.1总结了61名受试者的表现，他们总共投了7253次硬币，其中59.6%是正面朝上。

在我们的61名金融经验丰富的学生和年轻的投资专业人士中，只有5人报告说他们曾经听说过固定比例投注或相关策略[1]。有趣的是，我们的提问并没

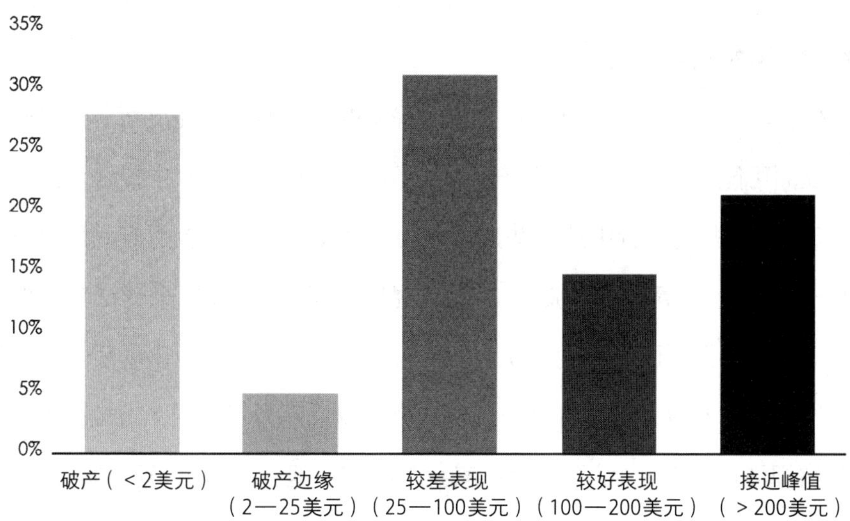


**图2.1　抛硬币者表现总结：投注一枚硬币，正面概率为60%，起始资金为25美元，最高支付为250美元**

[1] 我们真正问他们的问题是，他们是否听说过凯利公式（Kelly Criterion），这是一种固定比例投注的形式，我们将在书中后面的章节讨论。

有启发到其中两个人：他们一个人的资金勉强翻了一番，另一个人在投掷了大约100次后才不赔不赚。在实验后的采访中，我们发现，以当前资金的固定比例投注的想法似乎是玩这个游戏的一种出乎意料的、非直觉的方法。我们的结果并没有提供任何迹象表明，随着时间的推移，参与者会趋同于最优玩法，这一点可以从整个游戏过程中次优投注的规模得到证明。

在61名受试者中，有18名受试者至少一次在抛硬币上押注全部资金，这使得破产的概率从使用固定比例投注策略的接近0%增加到40%（如果他们全部押在正面），破产概率增加到60%（如果他们全部押在反面），令人惊讶的是，他们中的一些人确实如此。所有受试者在每次掷硬币时的平均投注金额为其资金的15%，但投注模式通常非常不稳定，有些人先投注过小接着投注过大，有些人则恰恰相反。通过下注模式的观察和实验后的访谈，我们发现相当多的参与者认为某种加倍下注的策略是最优的。许多受试者遵循的另一种方法是持续地维持小规模地下注，显然是为了降低破产的可能性，并最大限度地提高最终成为赢家的可能性。

我们观察到有67%的受试者在实验过程中的某个时刻押注反面。投注一次或两次反面可能归因于对游戏的好奇心，但48%的玩家在游戏中投注反面的次数超过5次。这些受试者中的一些人可能会质疑硬币正面朝上的概率是否真的有60%——但这一猜想并不被实验事实支持：在测试中有13个受试者，他们超过25%的时间押反面，我们发现他们更有可能在一连串正面出现后立即下注反面。维克多的妈妈，受试者之一，玩这个游戏只是为了好玩，当被问到为什么有几次押注反面时，她说：“我知道我不应该，但我就是控制不住自己。感觉就像反面马上要出现一样。”在行为经济学文献中，这被称为“赌徒谬误”或“控制幻觉偏差”。

除了你自己做一些实际的下注练习，我们鼓励你玩几次我们的硬币投掷游戏，因为它也可以让你更好地理解“非随机”的随机性有时会给人什么样的感觉。很多时候，对大多数玩家来说，前10次投掷完全不会让你觉得是随机的。为什么？有大约60%的可能性，要么你会抛出在你看来非常多或非常少的正面（比如多于7次，或少于5次），要么你会连续抛出4次或更多相同的结果。这还没有算上你在抛硬币中看到的所有“模式”，比如恰好交替掷出正面和反面，或者两个正面后一直是反面。总的来说，你可能会总结出很多原因[1]来解释为什么10次硬币的投掷是“非随机”的。我们邀请你玩几次这个游戏，看看你是否同意我们的观点。

人们普遍认为，苹果的iTunes和Spotify将其播放列表中“随机播放”歌曲的算法设置得有些非随机，因为在早期版本中，当它是真正随机生成时，他们收到了很多用户的抱怨，称播放顺序对他们来说似乎不是随机的。受此启发，我们在2017年进行了一项调查[2]，让受访者猜测他们希望看到多少次抛掷，以便在95%的自信度下分辨出一枚公平的硬币和一枚60%概率为正面的硬币。大约30%的人认为投掷10次或更少的50%概率为正面次数就可以了，大约一半的人认为投掷不到30次就足够了。大多数人，包括作者，一开始都很惊讶，正确的答案是143次，我们认为这是另一个现象，表明人类很难从太小的样本量中得出结论，这种行为偏差被称为“小样本偏差定律”。

## 无上限

如果维克多和理查德允许受试者在没有最高支付的情况下玩这个游戏，并假设玩家每次掷硬币时都押上他们资金额度的20%，这将是有史以来最昂贵的社会科学实验！例如，他们将有25%的概率不得不支付超过1亿美元的金额，并且有一个很小概率但真实可能发生的情况是需要支出超过10亿美元！除了作为一个有趣的实验特征之外，它也给了我们一个想法，即在现实生活中如果

[1] 当然，这些理由都不充分。

得到类似的机会将是多么令人难以置信的美好。

## 抛硬币和股票市场

如果你提前24小时给投资者第二天的新闻，不到一年他就会破产。

——纳西姆·尼古拉斯·塔勒布（Nassim Nicholas Taleb）

抛硬币和投资股市有很多不同之处，但我们也可以得出一些相似之处。在过去的50年里，美国股票的年回报率比美国短期国债高出7.5%左右，收益率的年波动性约为18%[1]。我们可以通过观察超额收益率与波动性的比率来总结这段时间的整体收益质量，该比率约为0.4。一个70/30偏差度的硬币也有类似的比率[2]，所以粗略地说，我们可以把过去半个世纪的股票回报看作是类似于50次投掷70/30的硬币。对美国股市来说，这是非常好的50年！

也许抛硬币和股市投资最显著的区别在于，在股市投资中，没有人先验地知道收益的真实分布。也许过去的50年只是一系列极其有利的抽签。的确，展望未来，我们认为股市的预期收益与风险的比率要低得多，接近0.3，这比较像是抛一个65/35硬币。

大多数投资者认为，股市不是连续地独立地抛硬币，在股市行为中存在均值回归和趋势的因素。股市中例外事件的发生频率也远高于抛硬币。还有一个时间尺度的问题：与我们讨论过这个问题的大多数人认为，在30分钟内抛300次硬币与投资股市时我们必须耐心等待30年才能进行30次年度“抛硬币”有根本的区别。

投资股市比押注一枚有偏差的硬币要微妙和复杂得多，毫无疑问，在30分钟内坚持一个虽然无聊但合理的策略，比保持30年的自我控制要容易得多。

---

[1] 波动性通过收益率的标准差来衡量，这是一个统计学概念，我们将在后面讨论。

[2] 70/30指的是正面概率70%，以下简称70/30硬币。——译者注

但是，尽管有这么多额外的复杂性，我们很快就会看到，在抛硬币和股市投资两者的最佳策略之间，有很多重叠之处。我们希望通过向你展示这个实验最优解的价值，让你更好地采取类似的冒险方式来管理你毕生的储蓄，这是真正重要的。

## 总结

> 这个（掷硬币实验）是一个很棒的实验，原因有很多。它应该成为任何对金融或投注感兴趣的人的基础教育的一部分。
>
> ——爱德华·索普

虽然我们确实预料到我们的研究对象会有一些考虑不周的投注策略，但令我们惊讶的是，如此多的玩家在这样一个对其有利的游戏中投注失败。在这个实验之前，我们没有意识到，在不确定性存在的情况下，这么多人在发现和利用一个简单的有利机会方面的能力是这么的差。承担固定而适度的风险，让机会对自己有利，这种直截了当的概念对大多数人来说似乎并不是显而易见的。我们想知道这些理念是否在大学的金融和经济学课程中被教授，所以我们查看了美国五所顶尖商学院的交易和资产定价入门课程的教学大纲。其中没有任何一门课程明确提到固定比例投注，也没有在有利胜算存在的情况下的最优投注策略这一主题中提到。

考虑到我们的许多研究对象接受过正规的金融培训，我们很惊讶地发现，固定比例投注的概念（或其他控制投资规模的方法）实际上对他们来讲是未知的，而且他们似乎没有分析工具来引导他们将固定比例投注作为一种直观的吸引人的启发式方法。如果没有一个可以依赖的框架，我们发现我们的研究对象表现出一系列被广泛记录在案的行为偏差，如控制幻觉、锚定、过度投注、沉没成本偏差和赌徒谬误。

这些结果提出了不少重要的问题。如果很大一部分在定量分析上很老练、受过金融训练的人在玩一个有偏差的硬币的简单游戏时都有这么大的困难，那么当涉及更复杂、更长期的投资决策时，我们该期待什么呢？人们会为明显无用的建议付费，这不足为奇，正如一些研究文献所记录的那样，比如标题为《为什么人们会为无用的建议付费？》这样的论文。研究表明，年轻的金融和经济学学生所受的教育与本书的中心思想（投资多少好东西对你来说是最好的）存在着巨大的差距。我们支付给61个研究对象的5574美元奖金，如果能帮助教育工作者们填补这一空白，不管是通过直接教导、像我们游戏这样的试错练习，还是指定这本书，那这笔钱就花得非常值！

# 3

# 投资规模很重要

**在你的两边都有一个悬崖：一个是谨慎的悬崖，一个是过度大胆的悬崖。**

——温斯顿·丘吉尔（Winston Churchill）

在第2章中，我们通过一个简单的抛硬币实验学到了很多东西，但它仍然只是一个在课堂上玩的游戏。现在，让我们来探索投资领域的投资规模决策。现在允许你不是从25美元开始，而是从你所有的财富开始，比如100万美元的辛苦积蓄，并取消对收益的限制。硬币仍然有60%的机会出现正面朝上，你可以在每次抛硬币时押上你财富的任何一部分，你有25次抛硬币的机会。这听起来可能还是不太像现实世界的投资！但想象一下，在这种情况下，每轮押上10%的财富。现在每轮有60%的机会赚10%，有40%的机会输10%。25次抛硬币每次的收益模式可以看作接近于投资股市6个月左右。[1]这是对股市投资的粗略表述，但通过这种简单的方式，可以让我们在后面介绍更复杂的东西。

在本章中，我们将继续关注固定比例投注方法，我们的目标是探索我们的投资者在每次投掷中应该投注的最佳财富比例。听起来与前一章非常相似，但有两个关键的不同之处值得我们重新审视整个问题：一是收益没有上限，二是大部分财富都可能处于危险之中。这些变化可能听起来很微妙，但正如我们将看到的，这些朝着更接近现实方向的推动，对我们需要如何处理整个问题产生了巨大的影响。

虽然固定比例投注只是许多可能的投注策略之一，但在一些相当合理的假设下，我们会看到它是涉及一系列独立的、有利的投掷的情况下的最佳整体策略，就像手头的例子一样。但是我们所说的“最佳”是什么意思呢？在第2章的实验中，我们说“最佳”策略是具有最高期望收益的策略，我们发现将当前资金的10%至20%作为赌注使得玩家的期望收益是最优的，即240美元左右，非常接近最大值。然而在更现实的情况下，追求同样的“最佳”将是灾难性的！为了了解原因，我们需要深入研究一下“期望”的含义。

## 定义“期望值”

我们想要准确地解释我们所说的某个策略的“期望”收益。对于每一个可能的25次投掷组合，“期望”收益是使用该策略的每次收益的加权平均值，按该收益发生的概率加权。在表3.1中，我们显示了如何计算连续5次投掷60/40硬币、投注10%的财富所产生的期望收益。

**表3.1　计算期望收益**

| 硬币为正面的数量 | 硬币为反面的数量 | 概率 | 投掷结束后的财富 | 概率 × 财富 |
|---|---|---|---|---|
| 0 | 5 | 1.0% | $590,490 | $6047 |
| 1 | 4 | 7.7% | $721,710 | $55,427 |
| 2 | 3 | 23.0% | $882,090 | $203,234 |
| 3 | 2 | 34.6% | $1,078,110 | $372,595 |
| 4 | 1 | 25.9% | $1,317,690 | $341,565 |
| 5 | 0 | 7.8% | $1,610,510 | $125,233 |
| 期望收益 | | 100% | | $1,104,081 |

## 最大化期望财富?

既然我已经定义了"期望"的含义，那么让我们回到使用固定比例投注策略来尝试最大化预期财富是否有意义。这看似是一个合理的起点，我们来看看表3.2中的结果。

表3.2的最后一行，给出近9500万美元的期望财富，听起来相当不错！如果你的目标是期望财富最大化，那么你应该把100%的财富押在每次抛硬币上。现在你不需要读任何书就知道这是一个疯狂的选择，因为如果25次投注中出现一次硬币落在反面，你会失去所有的钱。在某个时刻你的财富被消灭的概率是99.9997%！但期望收益的计算仍然是正确的——之所以如此之高，是因为有0.0003%的概率硬币连续投掷出25次正面，这种情况下最终可以得到34万亿美元（可见为什么取消上限是一个如此重要的变化）。我们发现这个结果往往会让人们感到惊讶，因为他们直觉地认为，期望财富最大化的策略必须是避免破产并让你继续参与游戏的策略。但数学上的结论却并非如此：每次掷硬币都孤注一掷，才是最终能让你获得最高期望财富的策略。

**表3.2　不同投注比例的期望财富**

| 投注比例 | 25次投掷后的期望财富 |
| --- | --- |
| 1% | $1,051,219 |
| 5% | $1,282,432 |
| 10% | $1,640,606 |
| 20% | $2,665,836 |
| 30% | $4,291,871 |
| 40% | $6,848,745 |
| 50% | $10,834,706 |
| 75% | $32,918,953 |
| 100% | $94,396,217 |

那么，一种为了使期望财富最大化，将重大损失的概率保持在给定阈值以下的策略呢？这背后的逻辑是，如果单次投注存在有利胜算，并且你将被迫出局、无法再下注的概率降到最低，那么就可以实现这个目标。说得更具体一点，为了实现期望财富最大化，你使损失80%以上财富的概率低于5%。实现这一目标的一种方法是把20%的财富放在一边，然后在每次抛硬币时把所有剩余的财富都押上。这样就实现了在限制损失的情况下期望财富最大化的目标，但麻烦的是，实践中你几乎肯定会损失80%的财富。很明显，用最大化期望财富来定义“最佳”策略并不能让我们走得很远。

## 最大化“中等”财富？

让我们继续！现在不是最大化期望财富，而是看看能够最大化“中位数（median）”收益的投注比例的情况。“中位数”收益就是做得比这个结果更好或更差的概率都是50%。我们抛掷有偏差的硬币25次，中位数结果是15次正面和10次反面。表3.3显示了不同投注比例的收益中位数结果。

**表3.3 不同投注比例下最有可能获得的财富**

| 投注比例 | 25次投掷后最有可能获得的（中位数）财富 |
| --- | --- |
| 1% | $1,049,960 |
| 5% | $1,244,731 |
| 10% | $1,456,516 |
| **20%** | **$1,654,316** |
| 30% | $1,445,875 |
| 40% | $940,661 |
| 50% | $427,631 |
| 75% | $4,217 |
| 100% | $0 |

这看起来更有希望。与期望收益目标不同，这里我们在20%的投注比例上有一个明显的峰值，所以从中位数收益的角度来看，有一个自然的“最佳”投注比例。

## 投资规模增加导致的“上升”和“拖累”

但这些结果里也有一些奇怪的事情：对于每次都有60%的获胜机会，每次下注50%的财富，为什么会导致财富中位数比最开始时手里的财富低很多（见表3.3中的50%那一行）？这听起来很奇怪，但是这个游戏中一个有趣的现象，稍微深入挖掘一下就能得到有价值的见解。下图显示了发生了什么，以100美元开始，并在出现正面和反面的两次连续投掷中分别下注50%：

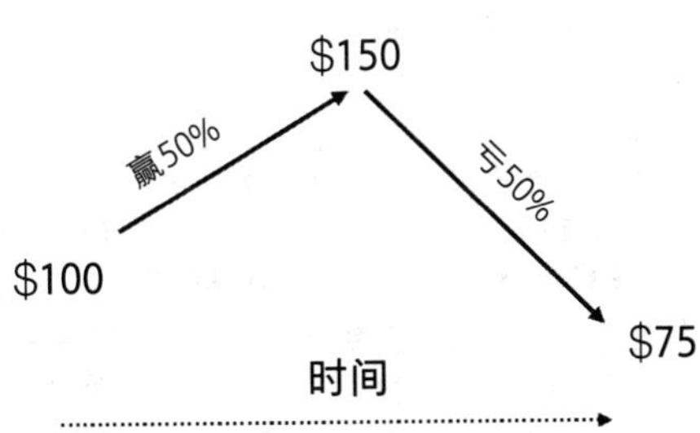

现在使用我们正在讨论的固定比例投注策略，赢与输（或输与赢）这样的两次投注不会让我们回到原点——我们的财富轻微减少了，并且随着投注规模的增加[1]，这种“拖累”会迅速变大：

1. 赢的比输的多，会导致财富“上升”。

2. 很多输/赢或输/赢的组合会导致财富“拖累”。

随着投注规模的增加，上升和拖累都会增加，但拖累增加得更快。这自然产生了我们在表3.3中看到的收益中位数峰值，并解释了为什么对于一系列具有有利胜算的投注，下注太大仍然很可能是一个失败的策略。所以毫不奇怪，我们将这种由结果的波动性引起的拖累称为“波动性拖累”。

这个例子完美地说明了我们所说的投注规模与找到好的押注对象同样重要。过度下注，我们很有可能会赔钱，即使是在胜算对我们有利的情况下。拥有一个有吸引力的重复的机会，然后得到完全符合预期的一系列结果之后，损失了99.6%的财富，大多数人会认为这是一个残酷的笑话。但这就是我们在每次投掷中把75%的财富押在硬币正面会发生的事情（见表3.3倒数第二行）。[2]

正如在玛丽亚·康尼科娃（Maria Konnikova）关于学习玩职业扑克的书《人生赛局》（*The Biggest Bluff*）中精英玩家艾瑞克·西德尔（Erik Seidel）所说的那样，即使在顶级扑克玩家中，大多数人也会因为糟糕的资金管理而在一段时间后破产。我们认为西德尔的意思是，不像那些平庸的玩家，这些高技能的玩家可以预期从比赛中获得正平均回报，但他们在比赛中使用了过于激进的投

---

[1] 麻省理工学院经济学教授罗闻全（Andy Lo）在斯坦福大学为迈伦·斯科尔斯的80岁生日庆典上（2022年10月）做一个关于波动性拖累这个话题的演讲时讲了一个幽默的故事：当我还在纽约的皇后学院时，有一次我决定去旁听一节经济学课。讲课的是个研究生，他举了一个GDP的例子。GDP开始是100，假设GDP下降了20%，所以GDP=80。之后，GDP从80上升了20%，升到96。班上一个感到困惑的学生举起手说：“对不起，教授，为什么当你将GDP下降了20%，然后又上升了20%，GDP不会回到原来的100呢？”研究生挠了挠头，在黑板上做了一些计算，然后说：“嗯，经济学是一门不精确的科学，所以不用担心。”

[2] 稍后，在第23章中，我们将更深入地挖掘这个残酷的笑话，看看一项投资怎么可能赔钱，以及那像投资的反面也可能赔钱！在掷硬币上过度下注的例子让我们了解了这一点：每次掷硬币将75%的财富押在正面上的策略在大多数可能的情况下是赔钱的，比如在最可能出现的15次正面10次反面的情况下。

注规模，所以尽管他们的职业技能使他们赢的比输的多，进而增加了财富，但他们最终还是会因为他们选择的极端投注规模下的高波动性拖累而破产。

## 刚刚好[1]的投注规模

回到没有回报上限的60/40硬币的25次投注中，我们发现20%的投注规模可以最大化你的中位数利润。对于更小的投注规模，波动性拖累很小，但利润也不多；对于更大的投注规模，拖累就很大。因此，最大化中位数利润当然看起来是值得关注的重要问题，但就仅仅是这样吗，我们完成了目标任务吗？我们离目标越来越近了，但还需要继续深入研究。表3.4显示了我们一直在讨论的所有方式，投注比例从1%到40%不等。我们还展示了更多描述不利方面

**表3.4 用60/40硬币投掷25次，押注“正面”，起始财富为100万美元**

| 投注规模（财富的百分比） | 1% | 5% | 10% | 20% | 40% |
|---|---|---|---|---|---|
| 损失80%或更多的起始财富的概率 | 不可能 | 不可能 | 0.005% | 3% | 27% |
| 损失50%或更多的起始财富的概率 | 不可能 | 0.03% | 3% | 15% | 41% |
| 25次中有13次正面情况的最终财富 | \$1,008,789 | \$1,018,930 | \$975,023 | \$732,252 | \$172,774 |
| 25次中有15次正面情况的最终财富（中位数情况） | \$1,049,960 | \$1,244,731 | \$1,456,516 | \$1,654,316 | \$940,661 |
| 期望最终财富 | \$1,051,219 | \$1,282,432 | \$1,640,606 | \$2,665,836 | \$6,848,475 |

[1] 原文是Goldilocks，出自英国童话故事《金发姑娘和三只熊》。故事讲述了一位金发姑娘在未经允许的情况下进入三只熊的房子，她尝试了三碗粥、三把椅子和三张床，最终选择了不冷不热的那碗粥、不硬不软的那把椅子、不大不小的那张床，因为这些对她来说是“刚刚好”。这种选择的原则被称为“金发姑娘原则”，意指“刚刚好”的原则。——译者注

的数字：不同下注比例的初始财富损失50%和80%的概率，以及正面只出现13次而不是15次的情况下的最终财富。我们鼓励你花几分钟看一下这个表格，想想哪种下注比例最吸引你。

哪一种投注比例最适合你？从我们自己的经验、我们进行的调查和学术研究来看，我们猜测在表3.4中给出的五个选择中，几乎所有读者都会将选择范围缩小到5%、10%或20%的投注比例，而最受欢迎的投注比例是10%。20%的投注比例能够产生最高中位数利润，但它带来严重损失的概率一样巨大。请注意，如果我们下注比例为20%，最终25次投掷硬币中有13次正面的话，这个数字非常接近中位数的15次（而且赢的比输的多），我们将损失26%的初始财富——天啊！作为对比，在中位数情况下（25次投硬币出现15次正面），10%的投注比例仍然会产生健康的利润，但损失的风险要低得多。5%的投注比例也不错，因为它完全消除了损失80%或更多财富的可能性。1%和40%的投注比例并不合理：1%的赌注太小了，不值得，而40%的投注比例出现大损失的概率很高，即使在能够抛出15次正面的中位数情况下，它也会赔钱。所以10%的投注大小看起来相当不错。我们并不是说这对任何人或所有人来说都是绝对最优的，但我们认为对很多人来说，在这种特殊情况下，这是一个合理的选择，是一个很好的投注比例。

## 作为风险度量的标准差

期望利润使我们能够比较掷硬币的收益结果。我们还需要一个衡量标准来比较它们的风险。毫无疑问，最常见的风险度量是标准差，一种变化性的统计度量。它不是唯一有用的风险度量标准，也不能完全代表许多投资的风险。在本书的后面，我们将讨论如何在标准差之外更普遍地评估风险，但为了形成一个关于投注规模的简单经验法则，标准差的效果和任何其他度量一样好，甚至更好。对投掷一枚50/50硬币的结果下注1美元，其标准差为1美元。

对我们来说，标准差有两个最重要的特征，一是标准差如何随投注规模的大小成比例地改变，二是标准差如何在一系列投注中增长。标准差与投注规模成1比1的比例，所以在一枚50/50的硬币上押2美元，标准差将是2美元。一开始可能不那么符合直觉的部分是，4次独立的1美元硬币投掷的标准差是2美元。如果投掷9次，则为3美元，以此类推。所以对于任意N次1美元的投注，其结果的标准差是$\sqrt{N}$美元。稍微思考一下，我们就能直观地理解为什么两个1美元投注的标准差是$\sqrt{2}$美元=1.41美元而不是2美元。当一枚硬币被抛两次，正面跟着反面的情况下，或者反面跟着正面的情况下，会导致结果抵消，这减少了可能结果的分布。

## 寻找通用的经验法则

在我们对刚刚好的投注规模的讨论中，我们"感觉良好"的投注规模比例为10%，我们给出了一个统计分析表，该表分析了25次投掷60/40硬币的不同下注规模策略。生成表3.4的唯一所需是投掷硬币出现正面的概率 $p$。如果我们有一个经验法则，告诉我们根据概率$p$的值来决定投资多少财富，那就太好了。投注越有吸引力——$p$越大，就似乎很自然地想要投入更多的财富。事实上，在这种情况下，我们可以得出一个仅基于$p$的有用法则。但如果我们稍微推广一下，我们的法则在更现实的情况下也是有用的，比如我们应该在股票市场上投资多少。所以，让我们尝试基于任何概率分布都具有的两个最重要的统计量，期望值（或平均值）和标准差[1]来推导我们的法则。

让我们假设你经过努力得到了表3.4，并得出结论，对于60/40硬币，10%是你的最佳投注比例。掷硬币要有多大的吸引力才能使最佳投注比例翻倍至

[1] 我们这样处理是为了让你对为什么这个投注规模规则是有道理的有一个直观的和更一般的感觉。在www.elmwealth.com/research上Rosenbluth和White（2023）的"默顿比例"中提供了更严格的推导。关于原始的推导，见Merton（1969）和Campbell & Viceira（2002），第2章。

20%？我们可以简化讨论，避免不断地说“你财富的10%”，而是简化为最优投注金额从100美元翻倍到200美元。那么让我们考虑一下，连续4次把100美元的赌注押在60/40的硬币上。每次单独投注的预期利润是20美元（获得100美元的60%概率减去损失100美元的40%概率），所以连续4次100美元投注的预期利润是80美元。而这4次100美元的投注，每一次都有100美元的标准差，所以这个系列加起来的标准差是200美元，和一次200美元的投注的标准差一样。[1]

由于一次投注200美元与连续4次投注100美元具有相同的风险，即标准差，因此希望获得相同的预期利润似乎是合乎逻辑的。如果200美元是只押注一次的最佳金额，那么你需要在200美元的赌注中获得80美元的期望利润。这意味着你需要硬币有70/30的偏差，才能在一次投掷中下注200美元而期望收益是80美元（80美元=获得200美元×70%概率减去损失200美元×30%概率）。

逐渐扩展，我们发现如果标准差翻倍，你需要得到4倍的期望盈利。如果是3倍，你需要得到期望收益的9倍；如果它减半，你只需要期望收益的四分之一，以此类推。这表明了期望收益与标准差的平方之间存在一个关系，标准差的平方称为方差。因此，对于给定的风险偏好水平和最优投资比例，期望收益与方差之比将是常数。

我们将个人风险偏好常数称为$\gamma$（希腊字母“gamma”），将最优财富投资比例称为$\hat{k}$[2]。这将是我们在本书中唯一一次做代数运算，但我们这样把上面这些名词变成数学符号对于理解是很有帮助的。如果你投注了$\hat{k}$到一个期望收益为$\mu$和标准差为$\sigma$的投资，那么你的投注的期望收益是$\hat{k}\mu$，标准差为$\hat{k}\sigma$，方差是$(\hat{k}\sigma)^2$。我们可以写出如下的等式：$\gamma=\frac{\hat{k}\mu}{(\hat{k}\sigma)^2}$。简化重排一下，我们

[1] 更准确地说，对于60/40的硬币，1个200美元的赌注或4个100美元的赌注的标准差都是196美元。为了清楚地阐述，我们在这里和本章的其余地方对一些数字做了四舍五入。

[2] 如果有帮助的话，你可以把“$k$”看作投资于风险资产的“资本”的比例。

得到：$\hat{k}=\dfrac{\mu}{\gamma\sigma^2}$ 。

把这些符号用文字表达出来就是我们关于投注规模的经验法则：

*以财富的比例来表示的最佳下注规模与下注的期望回报成正比，与它的方差和你个人的风险厌恶程度成反比。*

如果你最理想地把10%的财富押在预期收益为0.20美元、标准差为1美元的抛硬币上，这意味着你的个人风险偏好常数将等于2。我们可以看到，根据这一经验法则，对于一枚60/40的硬币，你可以选择10%的最佳下注比例❶：

$10\%=\dfrac{\$0.20}{2(\$1)^2}$ 。

我们已经证明了这个关于投注规模的一般经验法则是合理的，但我们还没有证明它绝对是最优的。罗伯特·默顿（Robert Merton）的一篇论文用更复杂的努力证明了，在给定正态分布的回报、持续的再平衡和其他一些假设的情况下，$\hat{k}=\dfrac{\mu}{\gamma\sigma^2}$ 确实是最优下注规模，将理论和直觉完美地结合在一起。[2]作为20世纪最有影响力的金融理论家之一，默顿在发展将数学用于回答金融领域的许多问题上起到了重要作用。这个公式通常被称为“默顿比例”（Merton share）。他的关注点从离散的二元投注扩展到更为连续的投资机会，比如股票。他接着把最优投资策略和最优支出策略联系起来。这不是我们最后一次在本书看到他的成果和影响。

## 凯利公式

在寻找一般法则的过程中，我们还有另一条路可以走，这条路最早是由贝尔实验室（Bell Labs）的物理学家约翰·凯利（John Kelly）在1956年一篇关于信息论的经典论文中提出的。[3]凯利考虑的是在二元投注中下注的最优财富的数量，并得出正如我们在本章开头所得出的那样的结论，最大化期望财富是没

❶ 这是一个近似值，因为60/40硬币的确切方差是0.96。这一经验法则还隐含地假设了回报的连续分布，而掷硬币的结果是离散的，所以它通常不会完美地重现寻找首选投注规模的长期方法，尽管它通常会接近。

有意义的。相反，他提出了最大化财富增长率。他写了一个财富增长率的数学表达式，将其作为投注条件的函数，并从中得出了一个最大化财富增长率的最佳投注规模的公式，这个公式后来被称为凯利公式：$\hat{k}=\frac{edge}{odds}$。其中“edge”是期望收益与潜在损失的比值，“odds”是潜在收益与潜在损失的比值[1]。举个例子，冒10美元损失的风险赚30美元表示“odds”为3。我们的抛硬币游戏的“edge”为20%，odds为1，因此凯利公式得出的最佳投注大小为20%。对于像我们抛硬币这样的对称的二元结果的投注，可以简化为一个易于记忆的公式：$\hat{k}=p-q$，这里$p$和$q$分别是赢和输的概率。

但我们已经发现10%实际上是我们首选的下注比例。我们如何调和这种差异呢？在得到10%的时候，我们考虑了个人的风险厌恶，在默顿比例公式中体现为$\gamma$。但凯利公式没有明确的风险厌恶概念，它只是最大化财富的增长率，仅此而已。事实证明，对于连续时间维度上的投资来说，这正是相当于$\gamma=1$时的默顿比例（我们要到第6章才能知道为什么）。许多职业赌徒在实践中使用凯利公式的一个被称为“部分凯利”的变形体。在这个变形体中，他们根据自己的风险偏好，把个人的风险偏好和凯利公式结合起来，通过投注“凯利公式”算出的投注数额的一个比例来反映个人风险偏好，最常见比例是根据凯利公式算出的投注数额的一半。我们可以看到，“凯利最优投注数额”的一半正好等于我们的首选投注规模，即60/40硬币时的10%，70/30硬币时的20%。在抛硬币游戏里，根据凯利公式算出的投注数额的一半和根据默顿比例风险厌恶系数为2算出的投注数额非常接近，尤其是在最佳投注规模很小的情况下，尽管它们不会完全一致（除非回报是连续正态分布的）。

---

[1] 凯利公式经常被表示成$\hat{k}=p-q/b$，这里$p$和$q$是赢和输的概率，$b$是“*odds*”或者称其为赌赢的收益与赌输的损失之比。这个公式也可以改写为$\hat{k}=(pb-q)/b$，这样分子就是“*edge*”，即下注的期望盈利，而$b$就是“*odds*”。

## 总结

我们在本章讨论的内容没有出现在金融课程或银行培训的课程中。维克多在大学商学院和投资银行培训项目上做过几次演讲，他写出默顿比例，$\hat{k}=\frac{\mu}{\gamma\sigma^2}$。并请以前看过的人举手，几乎没有观众举手。相比之下，当看到下面这个复杂得多的布莱克-斯科尔斯期权定价公式时，大多数观众在所有这些场合举起了手。

$$C=N(d_1)S_t-N(d_2)Ke^{-rt}$$

$$d_1=\frac{\ln\frac{S_t}{K}+\left(r+\frac{\sigma^2}{2}\right)t}{\sigma\sqrt{t}}$$

$$d_2=d_1-\sigma\sqrt{t}$$

我们知道，银行和大学一般不会对教人们在体育、纸牌或掷硬币游戏上打赌感兴趣，但他们应该让人们做好准备，理智地思考市场、风险和投资。随着我们在接下来的章节中对市场和我们的金融生活进行越来越现实的描绘，我们最终需要超越这种抛硬币的范式和简单的默顿比例。但实际上有一些重要的个人财务决策，我们可以通过目前为止所介绍的来回答了。

# 4

# 感受一下默顿比例

在前一章中，我们得出了一个非常有用的投资规模决策的经验法则，即默顿比例：

$\hat{k}=\frac{\mu}{\gamma\sigma^2}$，其中$\mu$是你的风险投资的期望超额回报，$\sigma$是投资的风险，表示为回报的标准差，最后$\gamma$是你个人风险厌恶系数。

让我们来感受一下默顿比例，看看它能给一些实际的投资问题带来什么启示。

## 你应该静态配置还是动态配置股票

如果你相信股票市场的预期收益和风险随着时间的推移导致的变化是可以

估计的话，那么你对股票的最佳配置也应该改变。在下一章中，我们将更深入地探讨这个话题。

## 传统60%/40%投资组合的股市预期收益和风险是什么

使用默顿比例，我们可以得出图4.1，它显示了在三种不同的风险厌恶水平下，股票市场什么样的期望超额回报和风险的组合会让你想要在股票和债券之间按照60%/40%的比例分配财富。因为我们认为债券是无风险的，所以我们用债券的收益率作为标准来衡量超额回报❶。对于典型的风险厌恶系数（$\gamma$）为2和股票的年回报标准差为20%❷的股票市场，所需股票相对于债券的超额年回报率约为5%。广受推荐的60%/40%的股票债券配置并不是什么随意的建议，因为自1900年以来，美国股票相对美国政府债券的实际超额年平均回报率约为6%。[1]

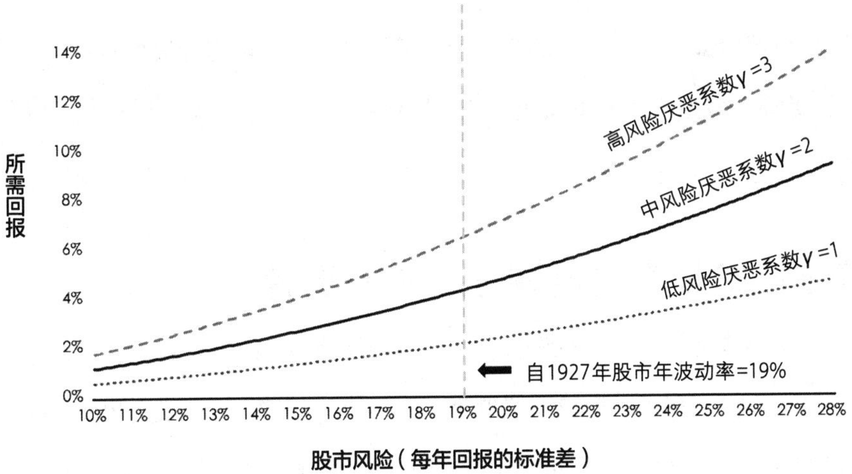


**图4.1 使用默顿比例公式计算60%/40%股票/债券配置对应的回报与风险**

❶ 超额回报=股票回报－债券回报。——译者注

❷ 20%是取整的结果，这个数字略高于标准普尔500指数从1928年到2022年年底日回报的19.2%的年波动率。

我们用来说明核心概念的许多例子都假设我们生活在一个有两种资产的世界里，其中一种是风险资产，另外一种是无风险资产。在第14章的末尾，我们将更多地讨论如何建立一个多种资产的投资组合，但我们希望下面的一些话能让你在一段时间内更舒适地与我们一起探讨一个由两种资产组成的世界。在两种资产的世界里，我们可以专注于投资规模决策本身，而不必担心每种投资或策略如何与其他投资或策略相互作用。在资产价格表现良好的理想世界中，投资组合的构建可以分两步进行[2]：

1. 将期望收益和相关系数作为输入，将超额收益定义为与无风险资产回报之差，找出产生期望超额收益与风险之比最高的风险资产组合。这就是你的最优风险投资组合。

2. 根据它的吸引力和你的风险偏好来决定你想拥有多少最优风险投资组合。然后把剩下的资金投入无风险资产，或者如果你想把超过100%的资金投入风险投资组合就去借钱。

## 怎样才能成为“全押特斯拉”的投资者

在社交媒体上，我们发现许多自称“全押特斯拉”的投资者，他们几乎把所有的财富都投资在了特斯拉的股票上。事实上，埃隆·马斯克（Elon Musk）几乎动用贷款在特斯拉（Tesla）上孤注一掷，尽管他同时还持有SpaceX和Twitter的大量股份。这些投资者中的许多人在这个过程中惊人地增加了他们的财富[1]。通常情况下，通往巨富的道路涉及承担大量风险，因此，这类投资者

[1] 他们中的许多人并不羞于让全世界知道。

往往难以转换到更合理的投资规模也就不足为奇了。

考虑到自特斯拉上市以来，其股价的波动率一直在每年60%左右，一件有趣的事情是你需要多看涨才能证明这样的投资规模是合理的。使用默顿比例公式，并假设风险厌恶系数为2，我们发现你需要相信特斯拉股票的期望年回报率为72%[1]。事实上，特斯拉自2010年6月首次公开发行股票至2021年11月的年回报率为60%，与要求的期望相差不远。如果你相信特斯拉的年回报率将比无风险利率高出12%，这仍然是一个非常看涨的预期，大约是美国股市期望超额年回报率的两倍，那么默顿比例就会建议你把17%的财富投在特斯拉上。

我们应该注意到，在之前的两次使用默顿比例公式时，我们都做出了不切实际的假设，即特斯拉是唯一可投的风险资产，或者它与股市大盘的相关性为零。更现实的假设需要对特斯拉持更乐观的态度，才能证明对这只高波动率股票的高配置是合理的。

## 那非常小的投资呢

与其说人类的幸福来自偶尔发生的鸿运，不如说来自每天都发生的微小优势。

——本杰明·富兰克林

如果你的净资产是100万美元，那么要使抛一次硬币时最佳投注额为100美元，需要多少期望收益？使用默顿比例公式，答案是我们只需要在100美元的投注中能够获得2美分的优势。用投掷一枚有偏差的硬币来表示，这就是说，假设你有100万美元的财富，硬币偏向正面的概率只要有50.01%，你就会很高兴地在这枚硬币上投注100美元。这是一个微小的优势！如果这看起来太小了，想想这个情况：如果你把60%的钱投入股市，剩下的钱投入无风险资

[1] $\frac{72\%}{2\times 60\%^2}=100\%$。这是相对于无风险资产的超额回报率。

产，在短短15秒内，你的财富就会波动100美元左右，就像抛硬币一样。[3]如果你的股票和债券投资组合的回报率是3%，那么这15秒的期望收益大约是2美分，就像抛刚才的硬币一样。

虽然这种对小投注下注多少的探讨对大多数现实世界的投资者来说似乎无关紧要，但事实上，它是许多成功的做市商、高频交易公司以及专业投注活动的基础。一个拥有100亿美元资金的华尔街交易部门，只要他们所做的许多单笔交易彼此之间的相关性很低，就会很乐意为了只有2万美元的期望收益，在一笔交易中承担1000万美元的风险。但是找到大量相关性低的交易是很困难的，因此出于竞争原因，这些公司往往对自己的赚钱策略守口如瓶。但文艺复兴科技基金（Renaissance Technologies）的前联合首席执行官罗伯特·默瑟（Robert Mercer）表示，从历史上看，他们的交易只有50.75%的成功率。[4]由于能够找到许多对他们稍微有利的投资机会，并对它们采用合理的投资规模，文艺复兴科技基金从1988年到2021年创造了超过60%的年复合回报率。

职业赌徒面临的许多下注也只有略高于50%的获胜机会。例如，在赌场六副牌的21点游戏中，精通算牌的赌徒在牌面朝着有利于他们的方向发展时，每一手都只有大约51%的胜算。正确的赌注大小是成功的关键，许多专业赌徒已经写了大量的文章。其中最著名、最多产的是数学教授、职业赌徒、对冲基金经理爱德华·索普，在1962年写的《击败庄家：21点的有利策略》。

对于那些风险厌恶属于正常程度的人来说，一个很好的经验法则是，如果有人给你提供一场独立于你所承担的现有风险的投注，而且损失风险占你财富的比例不到0.1%，那么如果它的期望收益为正，你就应该接受，因为这样一场投注只需要很小的赢率优势。

## 时间维度重要吗

在默顿比例公式中，你可能已经注意到时间不是输入参数之一，这表明时间维度可能并不重要。事实上，就给定优势而言，一次抛硬币或连续100次抛硬币的最佳投注金额都是相同的。在某种程度上，投资就像一系列抛有偏差的硬币一样的随机漫步，无论我们选择投资一个月、一年还是十年作为我们投资的期限，都不会影响最优投资金额。

大多数观察人士合理地认为，在现实世界的投资中，事情要复杂得多。金融资产价格不像抛硬币那样表现良好，而且我们的个人情况，包括需要缴付资本利得税，可能会使投资的时间维度成为投资规模决策的一个相关参数。然而，在一组简单的假设下得出的时间维度不影响投资规模决策的结论仍然是一个有用的起点。我们将在第9章中花更多的时间继续讨论这个问题，那时我们会对终身投资、储蓄和支出决策提出多期投资框架。

## 100万美元，输了不许哭

用一个例子来结束这一章似乎是合适的，这个例子把我们带回到一个本质上属于抛一次硬币的情况。迈克尔·刘易斯（Michael Lewis）的经典之作《说谎者的扑克牌》（*Liar's Poker*）讲述了20世纪80年代华尔街的故事，书的开头描述了所罗门兄弟（Salomon Brothers）两位高管之间一段未实现的一手游戏。其中一人是约翰·梅里韦瑟，他当时是维克多的老板。

一手，100万美元，输了不许哭。梅里韦瑟立刻领会其意义。这位“华尔街之王”（正如《商业周刊》所称呼的）想玩一手“说谎者的扑克牌”游戏，赌注是100万美元……

古特弗伦德（Gutfreund）这次挑战的独特之处在于赌注的大小。通常情况下，他下的注不会超过几百美元。100万美元是闻所未闻的……但是为什么要这样做呢？……梅里韦瑟是游戏之王，是所罗门兄弟交易大厅里玩的“说谎者的扑克牌”游戏的冠军……

“说谎者的扑克牌”的规则……要求交易者接受所有挑战……因为这条

规则——这是他的规则——约翰·梅里韦瑟觉得必须和他玩这场游戏。但他知道这样做很愚蠢。对他来说，这没有什么好处。如果他赢了，他会让古特弗伦德不高兴……如果他输了，他就输了100万美元……虽然梅里韦瑟是目前为止更擅长这个游戏的玩家，但在只玩一手牌的游戏中，任何事情都可能发生……梅里韦瑟整天都在避免愚蠢地下注，这次他也不打算接受。“不，约翰，”他说，“如果我们要赌这种数额，我宁愿玩真的。1000万美元。输了不许哭。”……

古特弗伦德拒绝了……他露出自己特有的勉强的笑容说：“你疯了。”

不，梅里韦瑟想，这非常非常好。

## 总结

我们所看到的是，投注所需的期望利润不是随着风险的大小而增加，而是随着风险大小的平方而增加。一手“说谎者的扑克牌”游戏是随机的，基本上没有期望利润，所以当梅里韦瑟提议将风险提高10倍时，他实际上是将双方游戏的“成本”提高了100倍（记住，重要的是标准差的平方）。正如梅里韦瑟猜测的那样，这种风险成本的增加对于古特弗伦德来说太大了，是无法接受的。而且，正如迈克尔·刘易斯（Michael Lewis）准确推测的那样，这是一个经过深思熟虑的决定，这个决策出自一个对风险的代价有充分理解的人。

# 5

# 应该投资多少在股市

前几天我在一辆救护车前，注意到救护车引擎盖上的“救护车”这个词是反写的。然后我想，嗯，这不是很聪明吗？我看着后视镜，我能读出身后的“救护车”这个词。当然当你在看这个词的时候，你没有看前面的路，你撞车了。你需要救护车。我想他们是想在吃完午饭回来的路上招揽一些生意。

——杰瑞·宋飞（Jerry Deinfeld），喜剧演员

在前一章中，我们开始讨论使用一个公式，即默顿比例，来决定像股市这样的高风险投资应该投入多少。这个规则融入了一项风险投资的期望回报较高或风险较低时，我们应该持有更多风险投资这样一个想法。我们似乎很自然地想把这个公式作为动态资产配置策略的一部分。在这个策略中，我们改变投资

组合中股票投资所占的比例。

相信股市的期望收益会随着时间的推移而变化，与相信市场是有效的并不矛盾。就像牛奶和鸡蛋的价格一样，市场上预期总实际收益是供给和需求的函数，特别是投资的供给和来自储蓄者的需求。由于这种供给/需求之间的关系随时间而变化，即使在金融理论家想象的完全有效市场中，市场期望回报也会随着时间而变化。以美国国债市场为例。市场是高度有效的，期望到期收益率在每个时间点都是已知的，可是它们每天都在变化。

仅仅相信期望收益会随时间变化是不够的——为了能够明智地行动，我们还必须能够合理地估计它们是如何变化的。令人高兴的是，我们有充分的理由相信，对一些主要资产类别来说，这是可以做到的。最流行的衡量股票市场期望回报的指标是席勒的周期性调整市盈率（cyclically adjusted price-to-earnings ratio，简称CAPE）[1]。当CAPE比率高，投资者为正常的盈利流付出高价，因此股票市场的预期回报就会低。这一发现具有逻辑性且符合直觉，并在长期的历史数据中得到了证实。然而，我们要提醒的是，这种关系只适用于股票市场大盘，而不适用于个股或行业。

我们可以说一个更具体、更有力的指标：$\frac{1}{CAPE}$ 是一个虽然不完美但相当好的预测经通货膨胀调整后（即实际）股票市场长期回报的指标。$\frac{1}{CAPE}$ 被称为周期性调整收益率（我们经常将其简称为“收益率”），因为它是用盈利除以价格。如果你在收益率为6%的时候投资股市，你的最佳预期是你将获得6%的长期回报（扣除通货膨胀）。[1]这告诉我们，与一些流行观点相反，当收益率较低时，我们不应预期在长期内因收益率回归到某个更高的平均水平而亏损。

---

[1] 尽管CAPE比率与耶鲁大学教授罗伯特·希勒联系最为密切，但它最早是由本杰明·格雷厄姆（Benjamin Graham）和戴维·多德（David Dodd）在其经典著作《证券分析》（1934）中提出的。它也可以被称为坎贝尔-席勒CAPE比率，因为约翰·坎贝尔（John Campbell）在1988年的论文《股票价格、收益和期望股息》（Stock Prices, Earnings and Expected Dividends）中指出，“实际收益的长期移动平均线有助于预测未来的实际股息。”

换句话说，收益率均值回归的假设不能提高收益率对长期回报的预测能力。重要的是市场的初始收益率，就如同你在购买10年期固定利率债券时的到期收益率几乎完全可以预测其未来10年的收益率一样。[2]图5.1使用10年期这个时间维度，展示了收益率与未来实现的实际回报之间的关系。

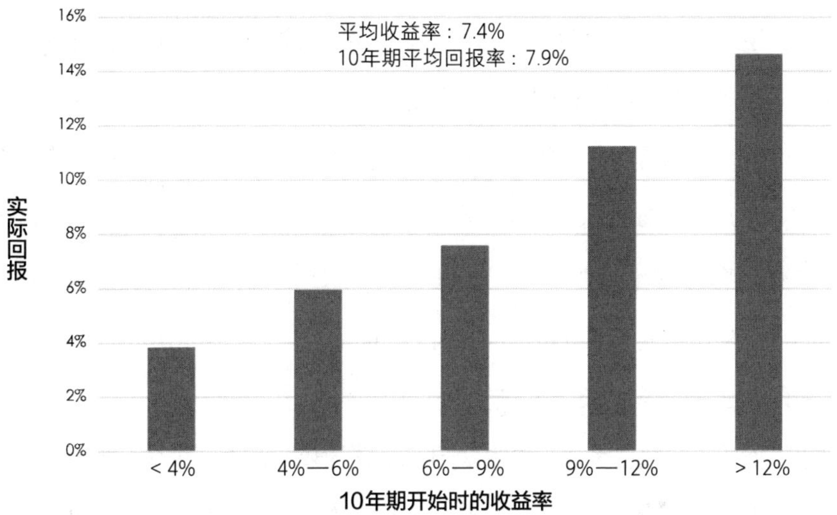


**图5.1 未来10年实现的实际回报率与10年期开始时的收益率之间的关系（美国股市1900—2022年）**

看起来合理吗？问问你自己，美国股市在1965年时的收益率为4.3%，你是否期望从1965年开始美国股市会提供同样的长期实际回报，对比1985年美国股市的收益率为10%，那么你该期望美国股市会提供什么样长期实际回报？[3]如果你的回答是否定的，那么你的答案是正确的。因为我们只看了两个数据点，我们将在30年的长期范围内对它们进行评估。我们发现从1965年开始，在随后的30年里，美国股市的实际回报率只有4.2%，但从1985年开始的随后30年却高达8.2%，这两个结果与起始点的收益率相差都不太大。此外，虽然以1965年为起点的期望收益和以1985年为起点的期望收益有很大不同，但在随后的两个30年期间，实现的市场风险实际上是相同的。重要的是要认识到，图5.1中的柱状图代表了许多10年期的平均回报，它们并没有将任何一个特定10年的预测回报和已实现的实际回报之间有时存在的相当大的差异给显示出来。例如，从2012年开始的10年期已实现的实际回报与预测回报出现了较大的误差，预测实际回报率约为5%，已实现的实际回报率为14%。

如果我们想用收益率和期望实际回报来决定在股市投资多少，为了保持一致，我们还需要评估股票参照资产的期望长期实际回报。将美国通胀保值国债（TIPS）作为股票的低风险参照物看上去是很自然的，因为TIPS的收益率是其期望实际回报，因此提供了与股票收益率直接可比的衡量标准。[4]事实上，哈佛大学教授坎贝尔（Campbell）和维埃拉（Viceira）在《谁应该购买长期债券》（2001）中有强有力的论点，“（与通胀挂钩的）永续年金对长期投资者来说是无风险资产，因为它为长期的消费流提供了资金”[❶]。从实际角度来看，长期TIPS与他们所建议的与通胀挂钩的永续年金非常接近。

我们似乎更自然地去考虑股票相对于通胀保值债券的吸引力，而不是孤立地考虑二者的期望回报。例如，如果股票市场的收益率是4%，TIPS的实际收益率也是4%，我们为什么要持有股票呢？[5]或者用一段历史作为例子，2000年年底和2021年年底美国股市的收益率约为2.7%，但2000年10年期TIPS收益率为3.6%，2021年年底10年期TIPS收益率为-0.7%。一个理性的投资者在股票和TIPS之间进行选择，会仅仅因为收益率相同，就希望在两个时间点上都持有相同的股票敞口吗？我们认为，大多数投资者都应该希望在2021年年底持有比21年前更多的股票。然而，使用市场收益率的传统分析不会考虑无风险资产提供的实际回报，会建议在这两年持有相同数量的股票。

到目前为止，我们只关注期望超额回报，即默顿比例公式的分子部分。要

❶ 正如斯坦福大学经济学家约翰·科克伦（John Cochrane）在《长期投资者的投资组合》（2021）中进一步阐述的那样，“如果你看一下回报，他们[坎贝尔（Campbell）和维埃拉（Viceira）]的主张是显而易见的。与通胀挂钩的永续年金提供了完全稳定的实际收入流，可以为稳定的无风险消费流提供资金。这是无风险的收益”。

用它来指导我们对股票投资的配置，我们还需要对市场的风险进行估计，也就是公式的分母部分。遗憾的是，我们无法直接观察到对市场长期风险的预期。即使我们可以观察流动性强的长期期权市场，我们也很难将真正的预期与这些价格中包含的期权费区分开来。我们也不可能像确定股票或债券的长期期望回报那样，从预期现金流中得出对风险的预期。我们能做的是综合考虑长期和短期的已实现的波动率，建立对市场风险的估计。[6]这是大多数银行的期权交易部门用来预测市场波动性的方法。

有了默顿比例公式的所有输入参数，并且假设风险厌恶系数和之前一样为2，我们可以在图5.2中看到自1997年年底以来你对美国股票的理想配置（1997年是最早能获得TIPS数据的时间）。

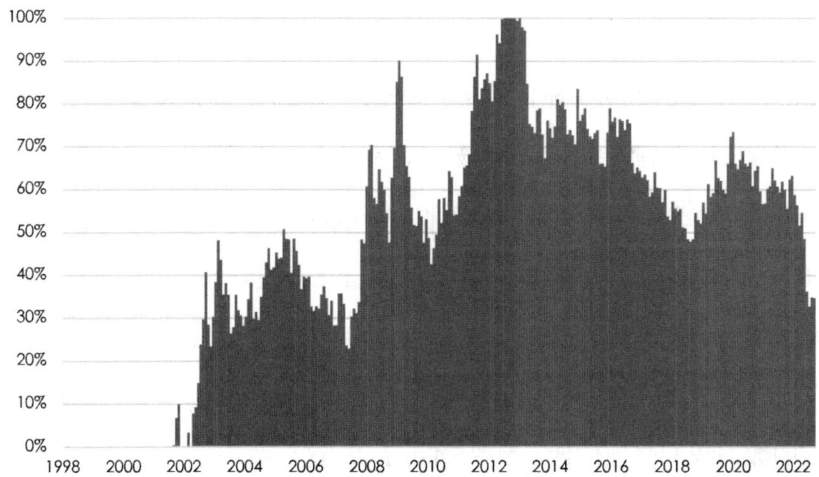


**图5.2　使用1997—2022年的超额收益率，基于默顿比例公式对美国股票的配置**

请注意，从1997年年底到2001年年中，假设我们不允许做空头寸，默顿比例建议我们应该完全不投资美国股市。这是因为在这段时间里，美国股市的预期回报率低于10年期TIPS的实际收益率。[7]相比之下，股票配置的最高水平出现在2012年下半年，当时收益率约为4.7%，而10年期TIPS收益率为-0.7%，并且我们估计股市的年波动率略高于16%。[8]

| 从1997年年底到2022年年底 | | | |
|---|---|---|---|
| | 动态 | 静态 | 差异 |
| 投入1美元的最终价值 | 8.05美元 | 5.23美元 | |
| 回报率 | 8.7% | 6.84% | 1.86% |
| 风险 | 9.67% | 10.89% | −1.22% |
| 无风险收益率 | 1.58% | 1.58% | |
| 夏普比率 | 0.78 | 0.54 | 46% |

**图5.3　动态vs静态资产配置的超额收益率，1998—2022年的美国股票和10年期TIPS**

图5.3显示了这种动态配置策略的表现，与65%的股票和35%的TIPS组成的静态配置相比要好得多（这两种策略每月都会重新平衡），其年化回报率比静态策略高出约2%，风险更低，超额收益与风险比（通常被称为夏普比率[9]）高出近50%。请参阅后面的内容来了解有关夏普比率的概念。

你可能想知道这个分析在更长的历史窗口中会是什么样子，事实上我们已经把它追溯到了1900年。我们已经提到美国TIPS始于1997年，因此对于1997年之前的数据我们必须估计（如图5.4所示），这样我们才能得出自1900年以来美国股市相比于TIPS的超额收益率。[10]

将这个估计的TIPS收益率和实际收益率的历史数据相结合，我们得到了图5.5，显示了基于默顿比例的动态资产配置策略的表现，这次我们一直追溯到1900年。我们的结论是：动态策略的超额收益表现比静态策略好得多。动态策略不仅是在绝对收益和收益质量上表现得更好，更值得注意的是它的表现还优于100%投资美股的策略，后者的总回报更低，风险却高出40%。

**图5.4　美国股票：收益率减去实际收益率和实际收益率，1900—2022年**

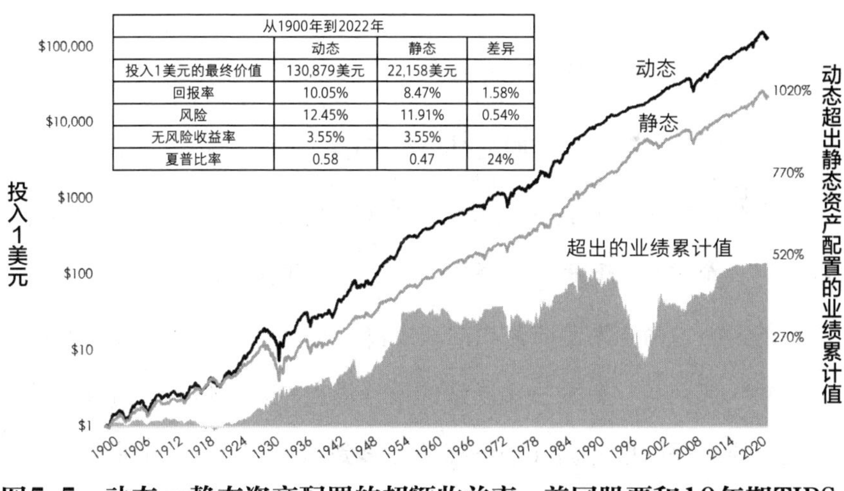


| 从1900年到2022年 | | | |
|---|---|---|---|
| | 动态 | 静态 | 差异 |
| 投入1美元的最终价值 | 130,879美元 | 22,158美元 | |
| 回报率 | 10.05% | 8.47% | 1.58% |
| 风险 | 12.45% | 11.91% | 0.54% |
| 无风险收益率 | 3.55% | 3.55% | |
| 夏普比率 | 0.58 | 0.47 | 24% |

**图5.5　动态vs静态资产配置的超额收益率：美国股票和10年期TIPS，1900—2022年**

还有一件需要考虑的事情是，如果不使用某种框架（比如为风险定价的默顿比例），很难说投资者一开始会如何决定65/35的股票/债券资产配置。如果你在1900年，考虑根据其他目标（比如期望财富最大化）投资多少股票，你就会尽最大可能使用杠杆来投资股票。按照这样的方法，你可能会在1929—

1933年股市暴跌近90%的时候破产，也可能在这段时间内经历其他几次股市下跌50%以上时破产。

我们使用了一系列不同的假设用于历史模拟，并发现动态资产配置策略的表现在所有测试中都更优异。动态资产配置在12个10年周期中的10个周期提供了更高的夏普比率。[11]

在使用实际TIPS收益率历史数据的情况下，本分析的时间周期仅为24年多一点，而当我们使用估计TIPS收益率的话，时间周期长达120年。从统计学的角度来看，这两个时期都相对较短。因此，我们提出的证据远非坚如磐石。我们建议你不应该根据历史分析或模拟的结果来决定遵循某种策略。但如果你有理由相信动态投资方法是有意义的开始，就像我们由第一性原理相信的一样，那么这些实证结果可以给你更大的信心。

## 夏普比率简史

早在20世纪50年代，学者和投资者就发明了各种汇总统计数字，以使用一个数字来代表一项投资的质量。人们认识到，期望收益是不够的，因为两项期望收益相同的投资，其风险水平可能截然不同。大多数人都同意，有关投资质量的统计量应该是类似于“期望回报/风险”的东西，但问题在于细节，尤其是风险的定义。20世纪60年代，威廉·夏普（William Sharpe）还是一名研究生，与哈里·马科维茨（Harry Markowitz）一起研究现代投资组合理论和资本资产定价模型，他们后来与默顿·米勒（Merton Miller）共同获得了诺贝尔奖。在《公募基金业绩》（1966）一文中，夏普提出了一个风险/报酬比率，他称之为“回报—变化性比率”，或称“R/V比率”，定义如下：

期望回报 – 无风险利率
回报的标准差

这个名字并没有被人记住。30年后，在1994年一篇名为“夏普比率”的论文中，夏普本人承认，他最初的术语并未流行起来，并默许了“夏普比率”一词，这个词我们今天仍在使用。虽然最初的名字并未流行起来，但其概念被广为接受：最初在一个理论模型的特定背景下创造的一个衡量标准，后来成为学术界和投资者衡量各种现实世界投资的风险/回报质量的标准[1]。

今天，夏普比率在谈论和实践中的使用是无处不在的，自然，对其的批评也几乎是不计其数。以下便是一些广为人知的批评：

- 标准差代表的是相对于期望回报的风险，而不是损失风险，有些人认为损失风险是投资者应该关心的主要风险类型。
- 标准差不能直接衡量收益分布不对称或肥尾的程度。大多数真实的投资，从个股到股票市场指数再到公司债券，其回报分布都表现出不对称或肥尾这些特征，这就导致夏普比率无法正确地反映投资的真实风险。在更长的时期，这种非正态分布行为减弱，尽管对于正态分布是否是一个足够好的模型来表示长期回报的分布，人们仍然存在分歧。
- 由于抽样误差、生存者偏差或肥尾特征，有限的历史数据可能导致夏普比率估计存在显著偏差。

这些批评并没有错，像其他任何工具一样，夏普比率也有其用途和弊端，必须谨慎使用，并了解其局限性。虽然在某些情况下，夏普

[1] 夏普比率的三个输入参数通常以年化数量表示。

比率可能是一个误导性的指标，但我们发现，在许多主流投资问题的情形下，它仍然是一个有用的代表投资的质量的简单统计量，尽管它无法代替一个更完整、更稳健的框架。我们将在第6章讨论这个框架。

接下来，在本章中，我们将更深入地探讨我们一直在讨论的动态资产配置方法的细节、扩展和各种批评。

## 记住，回报并不是全部

当我们回顾过去，评估动态资产配置是否有效时，我们必须谨慎地看待结果，不仅要基于回报，还要考虑到我们在这一过程中承担了多少风险。为了说明我们的意思，想象一下你有机会赌一枚硬币，它有70%的概率是正面朝上。你决定在每次抛硬币上押20%的财富。然后你被告知，这枚硬币将被另一枚有60%正面概率的硬币所取代。这时候你应该改变你的投注比例，每次抛硬币只押你财富的10%，因为60/40硬币的优势是70/30硬币的一半。在接下来的100次抛硬币中最有可能的结果是，60次出现正面，40次出现反面。你计算一下，如果你在每次投注中仍然投入20%的财富，你可能会拥有更多的财富。把你的投注规模从财富的20%减少到10%，你是否做了一个错误的决定？我们希望你会说你没有做出错误决定，因为对于60/40硬币来说，出现更糟糕结果的可能性更高，而你通过相应地降低投注规模，正确地考虑了这种风险。在下一章中，我们将解释如何量化风险成本，这将使我们能够计算经风险调整后的回报。

## 仅仅是一次好的运气?

过去的120年有可能只是一个有利于动态资产配置策略取得好业绩的时期。即便如此，根据历史上股票提供的期望超额回报的范围，我们可以确定动态资产配置策略在未来的表现也会更好。为了证明这一点，我们进行了一个模拟，其中一半时间股票的期望超额回报为1%，另一半时间为9%，这与过去120年的期望超额回报的分布大致相符。[12]我们发现，与静态策略相比，在许多模拟中动态改变股票敞口可以使夏普比率平均提高约30%。在此背景下，过去120年的历史经验似乎比我们期望的仅糟糕一点。模拟还表明，在更短的40年时间内，与静态资产配置策略相比，动态资产配置策略有85%的可能性产生更高的回报，65%的可能性产生更高的夏普比率。

## 夏普比率增长带来复合收益

自1900年以来，动态策略产生的夏普比率比静态策略高30%左右。夏普比率的这种增长到底有多重要？[13]确实是一件非常大的事！30%的涨幅，无论是来自更高的期望超额回报还是更低的风险，都会给投资者带来复合收益，原因如下：

1. 它每单位风险增加了30%的回报。
2. 在夏普比率高出30%的策略中，你的最佳风险资产配置会增加30%。

因此，夏普比率增加30%，最优投资组合的超额回报将大致是这一增幅的一倍（确切地说是69%）。这种幅度的增长，再加上为退休而投资的长期性，可以为投资者带来真正改变人生的提升。

## 收益率的替代方案

还有许多其他的流行指标用于动态资产配置策略，我们仅举几个例子，例如托宾Q、股票市值占GDP的比例，以及全市场权益配置比例（AIAE）。而我们更喜欢收益率，因为它直接给出了股票市场长期实际回报的估计，而所有其他指标都需要根据其历史平均水平进行回归，才能提供回报估计。有一种共识是，通过纳入留存收益和股票回购的影响，可以使经周期调整的收益指标更具预测性，但代价是增加了一些复杂性。基于调查的未来盈利预测是使用历史盈利数据的一种替代或补充，但很难评估这一指标的价值，因为此类调查数据无法追溯到很久以前，也不能预测遥远未来的收益。另一个指标，经周期调整的股息收益率加上股息增长率（这个指标与收益率密切相关），可以有效地与收益率结合使用，但这一指标的缺点是需要估计增长率，并且对公司随时间变化的盈利支付政策更敏感。

## 动量

股票市场的时序动量[1]可以被视为预期风险或预期回报的指标。动量通常是通过比较市场当前水平和过去一年的平均水平来计算的。当市场高于以往水平时，动量被称为正动量，并且近期股票的期望风险一般低于正常水平，反之亦然，即处于负动量。俗话说，股市往往是一点一点走高，暴跌却直线下降。

可以有效地将动量与收益率结合使用，在动量为正时增加股票配置，在动量为负时减少股票配置。关于使用长期估值指标和时序动量来驱动资产配置策略的学术文献相当多，例如阿斯尼斯等人（2013）的《价值和动量无处不在》（Value and Momentum Everywhere），哈加尼与杜威（2016）的《在资产类别层面使用价值和动量的案例研究》（A Case Study for Using Value and Momentum at the Asset Class Level），以及莫斯科威茨等人（2012）的《时间序列动量》（Time Series Momentum）。

在图5.6中，我们比较了静态资产配置策略与基于超额收益率和动量来改

[1] 与横截面动量不同，横截面动量是根据相对动量建立个股投资组合。

变其股票配置的策略的历史模拟表现。[14]与静态配置策略相比，这个动态策略在120年期间产生了更高的回报和夏普比率。特别是在过去的50年里，它也比我们在图5.4分析的动态策略产生了明显更高的回报，后者是基于历史波动率的风险估计。

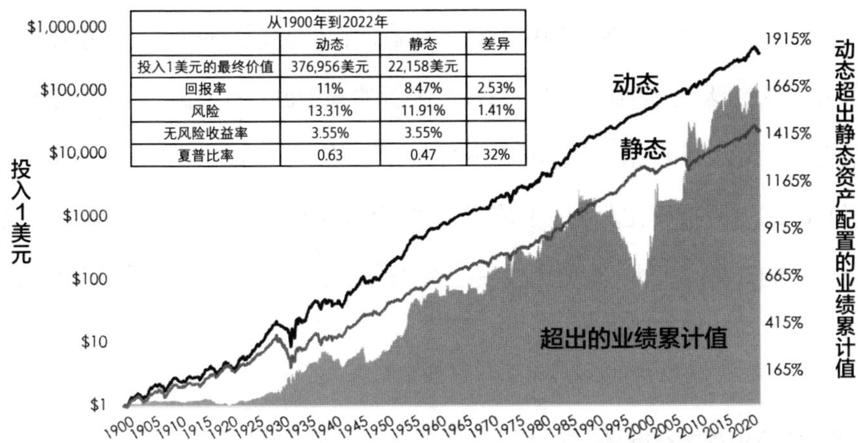


**图5.6　使用动量代替风险的动态配置策略与静态资产配置的超额收益率对比：美国股票和10年期TIPS（1900—2022年）**

动量的许多“表兄弟”也产生了类似甚至更好的结果，但代价也是增加了复杂性和更多需要确定的参数。另一个具有动量策略简洁性的近亲（更像是兄弟姐妹而不是表兄弟）的投资方法也产生了类似的历史结果。就是投资“止损”方法（stop-loss）。它几乎得到了成功的宏观对冲基金交易员的普遍认可，包括乔治·索罗斯、保罗·都铎·琼斯、路易斯·培根和艾伦·霍华德。在杰克·施瓦格（Jack Schwager）的《金融怪杰》系列图书中，在每次采访结束时他都会问这样一个问题：“你会给有志成为成功交易者的人什么建议？”超过四分之三的受访者给出了这句格言：“尽早止损，让你的利润飞奔。”

## 国际多元

在动态资产配置分析中，我们将美国股票和债券市场作为仅有的两种资产。正如你所预料的，如果我们到目前为止讨论的想法是合理的，那么在资产配置菜单中添加非美国股票确实会使动态资产配置方法比历史上的静态资产配置更具吸引力。有关国际股票市场回报、风险和收益的高质量数据始于1975年左右。在哈加尼与杜威（2016）的文章中，我们发现，使用包括美国和非美国市场在内的股票投资组合的动态资产配置的模拟回报率比相关静态资产配置策略的投资组合每年高2.5%（1975—2015）[1]。在同一时期，仅使用美国股票的动态方法的年回报率比其相关的静态投资组合高约1%，而比全球动态策略的回报率低约1.5%。国际多元化投资组合的夏普比率为0.78，而仅使用美国股票的投资组合的夏普比率仅为0.58。

## 换手率和税收效率

动态策略很可能比静态策略有更高的换手率，因此可能产生更高的交易成本，也可能产生更高的税收成本。我们在图5.4和图5.6中展示的每月都再平衡的模拟中，动态策略的平均换手率分别为每年30%和65%，而静态策略仅为10%。这些策略的税收效率可能比人们根据这些换手率数据猜测的要高得多。这是因为买卖通常仅限于投资组合中最近交易的部分。这使得长期的税收递延可以建立在最早和最低的税基上。税收损失叠加，以及不那么频繁和不那么完全地实施再平衡目标，这些策略甚至可以提高税收效率。

## 默顿比例修正：对冲需求和波动性偏差

当市场在短时间内下跌时，经周期调整后的收益率会上升（因为它是基于

[1] 请注意，哈加尼与杜威（2016）文章中的动态资产配置模拟的细节与本章讨论的并不相同，但我们认为这些差异对结果不会有实质性影响。

过去10年的收益，而过去10年的收益每天几乎没有变化）。如果股市的期望收益在市场下跌时持续上升（反之亦然），那么你应该选择比默顿比例建议的更高的股票配置，因为默顿比例假设预期收益不变。默顿（1971）将这部分额外的股票配置称为“对冲需求”，因为它代表了对你所面临的投资机会的对冲。当市场下跌时，你的投资组合价值下降，但是预期收益的增加抵销了部分价值损失，因此你的风险比看上去要小。

与这种对冲需求相反的是，当股市下跌时波动性更大。这反映在期权市场中，被称为“偏斜（Skew）”，我们将在第16章讨论期权时详细讨论。在表现出这一特征的市场中，你的最佳投资规模应少于默顿比例。由于对冲需求和波动性偏斜倾向于相互抵消，对于股票市场，我们仍然将默顿比例视为考虑资产配置的绝佳起点。

## 每个人都能成为动态资产配置者吗

经济学家会说，不能让所有投资者同时追求的策略不具有“宏观一致性”。这是对一种投资方法的相当严格的测试，因为任何需要你与其他市场参与者进行交易的策略都不符合这个条件。例如，即使是一个静态的资产配置策略，其目的是将固定比例的财富投资于股票，也不具有“宏观一致性”。当一个投资者在考虑采取一种并非所有人都能同时遵循的策略时，他需要有信心，相信他所做的事情对他来说是有意义的。[15]动态资产配置策略可能对长期投资者更合适，因为他们的风险厌恶系数不会随着时间的推移而变化，并且他们愿意并能够估计他们的投资所提供的期望实际回报和风险。

## 并非所有的动态资产配置都是“市场择时”

任何根据一套规则或观点改变风险敞口的投资方法都可以被称为“市场择时”。不幸的是，这个词名声不佳，由于某种原因，投资者一般都没有通过

“交易市场”获得很好的收益。大多数个人交易都是临时的，有时根据近期回报或形态的推断来追求回报，有时则遵循激进的反向策略（依赖于快速回归平均水平或对公允价值的一些主观评估）。最常用的“市场择时”策略有一个共同点，那就是它们都依赖于一定程度的市场无效率来产生短期或中期的利润。押注某个形态会重演，或者某个板块从“热”到“不热”，都属于这一类，靠的是投资者比市场有更多的信息。

相比之下，使用默顿比例进行动态资产配置策略并不依赖于市场无效率。市场期望收益自然会随着资本供需的变化而变化，即使在高效率的市场中也是如此，长期收益在某种程度上是可预测的不意味着市场一定是低效的。

## 总结

我们同意先锋集团创始人约翰·博格和伯顿·麦基尔（Burton Malkiel）等投资者拥护者的观点，即作为一名买入并持有（buy-and-hold）的投资者，保持对市场的固定敞口，比遵循一种被误导的动态资产配置策略要好。许多财务顾问——无论是人类还是机器人——遵循这条路线，建议投资者选择一个他们感到舒适的股票敞口水平，并长期坚持下去。目标日期基金（Target Date Funds）目前管理着2万亿美元的投资者储蓄，遵循着类似的原则，即随着投资者年龄的增长，资产配置应该沿着一条平稳的下滑路径，逐渐降低股票持仓。

投资股市通常是一件好事，但相对于投资安全资产，投资股市的程度应有差异。有一个合乎逻辑的、简单的框架（比如默顿比例）来决定在条件变化时持有多少股票，而不是采用由市场时机引发的那种更凭经验的主观方法，是有用的。

在其他条件相同的情况下，当股市提供较低的期望超额回报时，持有少一些股票既是理论上的好选择，也是明智的选择。我们认为，给个人的主流投资建议存在一个根本性的缺陷，即投资者仅仅根据他们的风险承受能力是“高”

还是“低”来决定承担多少风险，而没有考虑他们承担风险的“报酬”是多少。这就像决定把同样数额的钱押在一枚有偏差的硬币上，而不管你的胜算是70/30，还是50/50。

还有一种更反常的做法是，在掷硬币的结果对你不太有利的时候，你却下了更多的注，你认为需要通过承担额外的风险来弥补较低的期望回报。在默顿比例公式中，风险资产的最佳持有量是其相对于安全资产的期望超额收益的函数。对于给定的期望超额收益水平，无论绝对收益高或低，配置都不应该改变。然而，一些投资者确实以这种反常的方式行事——这种行为甚至有一个名字：“追求收益。”[16]

毫无疑问，实施动态策略比执行静态策略更复杂，需要关注的更多。另外，基于规则的动态策略可能更容易让投资者坚持下去，因为它可以满足投资者在面对不断变化的世界时能够反应灵敏的愿望。

随着超额回报和风险随着时间的推移而变化，对那些改变股票敞口的投资者来说，投资者福利的改善太大了。当然，现实世界的投资与迄今为止我们大部分分析所使用的投掷有偏差的硬币是非常不同的。但不用担心。在下一章中，我们将开发一套比默顿比例更通用、更强大的工具。尽管如此，记住这个简单易记的启发性公式，需要时还是很有用的。

# 6

# 选择的机制

哈利，相比我们的能力，更多的是我们的选择显示了我们是什么样的人！

——J. K. 罗琳

在第3章中，我们有了面对风险的投资规模的直觉，并得出了一些有用的经验法则：

- 投注大小是个人风险态度（$\gamma$）的函数，但在具有不同吸引力的投注中应保持一致的投注策略。
- 投注规模应与期望收益成正比（$\mu$）。
- 投注规模应与风险的平方（$\sigma^2$）成反比：如果风险减半，投注规模应翻两番。

我们看到了这三个特征是如何结合在一起给了我们一个最优的投注规则，默顿比例：

$$\hat{k}=\frac{\mu}{\gamma\sigma^2}$$

正如我们将这条经验法则扩展到考虑股票市场敞口大小时所看到的那样，这条经验法则可不仅仅是用于简单的投注。

但现在我们准备介绍一些更具实力的东西，不仅是一个经验法则，而是一个确定金融风险规模的完整框架，它比我们迄今为止所介绍的更现实、更具相关性。

这个框架与我们已经研究过的规则和直觉是相通的。事实上，我们会看到它们非常地一致，但这个更通用的框架将使我们能够针对更广泛的金融风险更直接、更稳健地做出投资规模决策和许多其他财务决策。在此之前，我们先来看看关于投资风险的基础，以及我们的欲望和需求与我们愿意承担的风险之间的关系。

# 愿望101

那么，好的东西会嫌太多吗？

——莎士比亚，《皆大欢喜》

我们都有不同的品味和欲望，但我们有一个显著的共同点，那就是对我们大多数人来说，我们的欲望是自我调节的。人类欲望的一个法则是，我们拥有某种东西越多，我们对它再想要的就越少。这不是一种特定文化的缺陷或人类心理的怪癖，而是人类正常运作的深层要求。两位作者都对小熊软糖[1]有着不可思议的热情，但我们过着正常、成功的生活，因为在吃了几颗小熊软糖之

[1] 你在糖果店买的那种，而不是药房。

后，我们通常会感到满足，不想再吃了。想象一下，如果不是这样的话，如果吃了一打软糖之后，我们想要下一打甚至更多，吃到第三打之后依然想要更多，以此类推。要控制这种欲望，需要一种非人的意志力。幸运的是，多亏了大自然，我们基本上不需要这么做。当然也有一些例外，上瘾是最突出的一个。但是，成瘾正确地说应该被视为一种紊乱，一种偏离正常生活方式的行为，而不是一种行为规律。生活"规律"是，我们拥有的越多，我们就越感到满足。经济学家亲切地称之为"消费边际效用递减"，这意味着每增加一件物品给我们带来的幸福感都比前一件少。这是一个非常简单的想法，但它是本书所有内容的核心。

你现在可能想知道，为什么我们要在一本主要讨论承担风险的书中讨论这个问题。事实证明，我们的欲望结构和承担风险之间存在深刻的联系：我们获得满足的速度决定了我们对风险的厌恶程度。在一个投注游戏中，我们从一打软糖开始，多赢一打得到的满足并不等同于输掉一打产生的懊恼，因为我们对第二打软糖的享受比第一打少得多。这意味着，在50/50的掷硬币游戏中赌上一打软糖是一个糟糕的下注，因为如果我们输了，懊恼的程度会比获胜得到的幸福程度更多。相反，我们可能需要赢得诸如两打软糖这样的东西来抵消失去一打软糖的风险。对于失去一打软糖的风险，我们需要多少额外的软糖，衡量了我们的风险厌恶程度。

很少有人经历过明确校准个人风险厌恶程度的过程，尽管我们所有人都在人生中定期地要决定承担多大的风险。当我们决定将多少储蓄投入股市或我们正在努力建立的企业时，决定是租房还是买房时，买房是有抵押贷款还是没有抵押贷款时，我们所做的决定都与我们的个人风险厌恶程度有关，即使我们没有意识到这一点。

每个人在不同的情况下，面对不同的对象，都有不同的欲望特征和风险厌恶程度，没有正确的量。詹姆斯吃比萨很快就吃饱了，但他几乎可以吃无限量的白面包，所以他对比萨的风险厌恶程度要比对白面包的程度高得多：多余的比萨值不了多少钱，所以承担风险去买比萨的动机就更小。在这本书中，我们将主要讨论与金钱相关的风险承担和风险厌恶。当然，我们都重视金钱，强烈希望拥有更多而不是更少，但几乎每个人都经历过财富满足度递减的经历。第一个百万美元能够改变人生，第二个百万美元就不那么重要了，第三个百万美元就更不重要了。这自然会产生对财富重大变化的风险厌恶。在第12章中，我们将更详细地讨论我们发现和校准个人风险厌恶程度的过程。

## 一个愚蠢的游戏产生了一个明智的想法

量化风险厌恶行为的愿望并不新鲜。在18世纪早期，丹尼尔·伯努利（Daniel Bernoulli）就在思考一个现在被称为圣彼得堡悖论（St. Petersburg paradox）的经典问题。这个问题是这样的：想象一个赌场给你提供一个投注游戏，在这个游戏中，一枚50/50的硬币被反复投掷，直到掷出反面。一开始的回报是2美元，每次正面出现，回报就会翻倍，直到硬币反面出现。所以，如果第一次抛硬币时出现反面，你就得到2美元。如果你掷出一次正面，接着是反面，赌场会付给你4美元。如果你连续两次正面朝上，然后是反面，你可以得到8美元。一般来说，赌场会付给你$2^{h+1}$美元，其中$h$是在出现反面之前连续投掷出正面的次数[1]。

伯努利试图回答的问题是：你应该花多少钱来玩这个游戏？事实证明，这个游戏的期望值是无限的，但伯努利认为，把你所有的财富，甚至一大部分财富，都用来换取玩游戏的权利是疯狂的——这样做几乎肯定会造成灾难性损失，而获得收益的可能性微乎其微。我们在前面提到抛硬币游戏时就介绍过这种情况：为了使期望结果最优而决定下注大小，这几乎必然会导致灾难。伯努

[1] 不可否认，这是一个非同寻常的赌场，因为，正如我们所看到的，他们提供的这个游戏总是为赌场带来负的期望值！

利想要明确说明为什么会出现这种情况，他想要用一个总结性度量来实现这一点，而不是要求玩家查看结果的完整分布，并主观地评估回报和风险的最佳平衡（就像我们在第3章中所做的那样）。伯努利认为，计算数学期望是正确的，但不应该是计算游戏中货币收益的期望值。相反，他建议我们应该计算我们在每个结果中获得或失去的幸福感或利益的期望，他称之为利益效用指数。

确定一件物品的价值，一定不能以它的价格为依据，而应该以它产生的效用为依据。

——丹尼尔·伯努利，瑞士数学家和赌徒（1738）

## 幸福感曲线

因此，他提出，出于承担风险的目的，我们不应该直接关注货币财富，而应该关注效用，这是一个衡量一定数量的财富能带来多少利益的指标。他还提出了财富与效用关系的一个函数，现在这个函数通常被称为对数效用函数[1]。图6.1显示了根据伯努利和对数效用函数，效用是如何随着财富而上升的。

我们可以看到，这或多或少描述了我们如何评估不同数量财富的重要特征。当财富接近于0时，效用下降得越来越快，这是理所当然的：当你的财富很少时，每多出来的一点点财富对你来说都是非常有价值的。在另一个方向上，随着财富的增加，效用会不断上升，但上升的速度会越来越慢。一旦你变得非常富有，额外的财富就不会像以前那样显著地改变你的状况。当然，这还不是一幅个性化的效用函数图——很难说对数效用函数是否符合你个人风险偏好，但这是一个起点，总体而言，这种形状看起来相当不错。

[1] x的自然对数，简称ln（x），是数学常数e必须取到等于x的幂。例如，ln（2）= 0.693，因为$e^{0.693}=2$。e的值约为2.718。

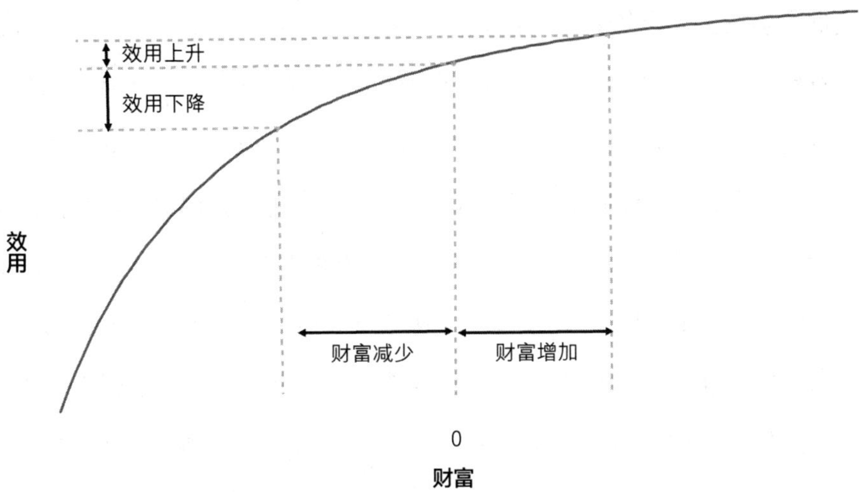


**图6.1　凹形效用曲线和财富边际效用递减**

我有机会观察到，几乎在所有情况下，痛苦都是一种比相反的、相应的快乐更强烈的感觉。痛苦使我们沮丧的程度，几乎总是远远大于快乐让我们更幸福的程度。

——亚当·斯密，《道德情操论》

如果你上过经济学导论课，你可能还记得关于效用的讨论，你可能还记得当时它给人的感觉是多么抽象和不切实际。在构建高度泛化的经济模型，将各种商品和服务混合在一起的背景下，效用确实会让人感觉高度抽象。但就本书的目的而言，我们只对财富的效用感兴趣，在我们将要使用它的上下文中，我们会看到它实际上是相当具体和直观的。

在对数效用函数下，财富和效用的正式关系是：

$$U(W)=\ln(W)$$

也就是说，在给定的财富水平（$W$）下，你的效用（$U$）等于该财富水平的自然对数。这个效用函数的一个性质是，你的财富翻倍和财富减半对你的效用有相等但相反的影响，或者更一般地说，你的财富乘以$N$和乘以$1/N$在效用方面是相等且相反的。

我们会尝试去思考给定水平的效用意味着什么。我们知道10万美元的财富意味着什么，但是对应的11.513的对数效用意味着什么呢？它本身并没有什么直观的含义，因为效用只是一个指数（index），就像给你阅读这本书的幸福感打分，从一到五星。你知道四星评分显然比二星评分好，但如果没有任何参照点，三星评分本质上也没有多大意义。而且就像我们用星级来比较不同图书的质量一样，我们用效用作为“评级”来比较不同的财富变化，如下文所示。

引入效用的概念使伯努利暂时解决了圣彼得堡悖论。一个寻求最大化期望效用的玩家只会支付一小笔钱来玩这个游戏，就像我们的直觉所期望的那样，而与此相反的是，对于寻求最大化期望财富的玩家，尽管几乎肯定会输掉一切，但他还是会付出所有的财富来玩这个游戏。表6.1明确了一个具有对数效用的人玩圣彼得堡游戏的情况（初始财富为100,000美元）。

**表6.1　圣彼得堡游戏的期望效用**

| 连续正面的次数 | 概率 | 回报 | 概率 × 回报 | 财富 | U（W）=ln（W） | 概率 × 效用 |
|---|---|---|---|---|---|---|
| 0 | 50% | \$2 | \$1 | \$100,002 | 11.5129 | 5.75647 |
| 4 | 3.125% | \$32 | \$1 | \$100,032 | 11.5132 | 0.35979 |
| 10 | 0.049% | \$2048 | \$1 | \$102,048 | 11.5332 | 0.00563 |
| 20 | 0.000048% | \$2,100,000 | \$1 | \$2,200,000 | 14.6027 | 0.00001 |
| 40 | 0.00000000005% | \$2.2万亿 | \$1 | \$2.2万亿 | 28.4190 | 0.0000000001 |
| 概率 × 回报之和 | | | 无穷大 | | | |
| 概率 × 效用之和 | | | | | | 11.5131 |
| 与期望效用等价的财富：$e^{11.5131}$ | | | | | | \$100,018 |
| 初始财富 | | | | | | \$100,000 |
| 初始财富的效用：ln（100,000） | | | | | | 11.51293 |
| 参与游戏的效用增量 | | | | | | 0.00018 |
| 愿意为了参与这个游戏而支付的最大费用 | | | | | | \$18 |

玩家参与这个游戏的期望财富是无穷大的，因为持续多掷一次硬币的收益翻倍，而概率减半，从而导致期望财富的无限增长。因此，根据期望财富的大小，他应该高兴地支付任何数量的费用来玩这个游戏。但是，从期望效用的角度考虑，再掷一次硬币的效用增量小于两倍，导致期望效用的增量无限递减。对于合理的效用函数，包括对数效用，这会导致总效用是有限的。

如表6.1所示，玩游戏带来的期望效用增量非常小，只有0.00018，而初始效用为11.51。这是符合我们的期望的，也符合常理。我们可以通过计算与游戏带来的额外期望效用相等的额外财富来将效用的增量换算成美元。结果证明，在效用等价财富中，玩家玩游戏只相当于获得了18美元！所以玩家不应该愿意花超过18美元的钱来玩这个游戏，这就解决了“悖论”[1]。这种从期望财富到期望效用的观点转变所产生的影响在近300年后的今天仍能感受到。

## 期望效用与选择理论

如果人们不相信数学是简单的，那只是因为他们没有意识到生活有多复杂。

——约翰·冯·诺依曼（John von Neumann）

伯努利对圣彼得堡悖论、效用和期望效用的反思发生在18世纪初。在接下来的两个世纪里，经济学家和哲学家借用并扩展了伯努利的效用概念，将其应用于广泛的经济、政治和道德模型，有时甚至应用到与最初应用相去甚远的个人财务决策。伯努利最初想法的余烬多年来一直被少数经济学家和数学家燃烧着。1944年，随着博学多才的约翰·冯·诺依曼和经济学家奥斯卡·摩根斯坦（Oskar Morgenstern）合著的《博弈论与经济行为》的出版，这团火焰再次熊熊燃烧，这本书催生了两个新的研究领域：选择理论和博弈论。他们采用了

[1] 他愿意为游戏支付多少钱将取决于他的初始财富。如果他的初始财富只有1000美元，他愿意支付的最高金额将是11美元，如果他是一个万亿富翁，他愿意支付的最高金额将是41美元。

伯努利的主观效用概念，并将其扩展成为在充满不确定性的世界里理性决策的逻辑与公理框架。简而言之，他们证明了任何个人，只要其偏好满足四个“理性选择的公理”，就会选择期望效用最大化的行为。

## 理性选择的公理[1]

1. 完备性：个体有明确的偏好。如果A和B是两种结果，那么个人总是可以明确指出三种可能性中的一种：A优于B，B优于A，或者A和B有同样的吸引力。

2. 传递性：偏好在任何三个选项中都是内部一致的。如果A优于B，B优于C，那么A优于C。

3. 连续性：如果A优于B，那么与A几乎相同的结果也必须优于B。

4. 独立性：一种独立于不相关的第三种结果C的偏好保持不变。如果A优于B，那么第三个“不相关”的选项C不会导致个体从A转向B。

最大化期望效用似乎是一件好事，因为它为我们提供了一种在面对不确定未来固有风险时衡量积极结果好处的方法。而冯·诺依曼和摩根斯坦提供了一个语境，证明在所有可能的选择中，它是最好的选择。到目前为止，在这本书中，我们已经讨论了为什么期望财富最大化不是一个好的目标，但我们肯定无法一一尝试做出好的决策的所有其他可能的目标。通过证明期望效用的最优性——在他们的假设下——冯·诺依曼和摩根斯坦把我们从搜索这无限多种决策规则的不可能的任务中拯救了出来。他们的工作对现代经济学、金融学和博弈论的影响有口皆碑。

## 广泛适用的效用函数

我富过也穷过。相信我，有钱更好。

——梅·韦斯特（Mae West）

你可能会好奇，如果到目前为止我们一直作为例子在使用的对数效用函数并不能正确地代表不同财富水平对你的相对价值呢？这确实是一个问题：对数效用函数可能看起来很合理，解决了圣彼得堡悖论，但它是不可定制的。令人高兴的是，对数效用函数是一个更大的效用函数族的成员，这个函数族称为常数相对风险厌恶（constant relative risk-aversion，简称CRRA）。这个家族有一个特殊的性质，那就是无论你的绝对财富水平如何，它对财富百分比变化的风险厌恶程度都是相同的。例如，假设你是CRRA效用，在初始财富为100万美元的情况下，损失10%的财富相当于赚取15%的财富，那么这个比率在其他任何财富水平上也是相等的。经济学家被CRRA函数族所吸引的原因有很多。一个重要的原因是它独立于财富水平，这是解释两个世纪经济增长中利率和资产回报的稳定性所必需的。

哈佛大学心理学家丹尼尔·吉尔伯特（Daniel Gilbert）在《哈佛幸福课》（*Stumbling on Happiness*）一书中解释说，预测你在不同环境下的感受最有效的方法不是想象你会有什么感受，而是去寻找到那些真正经历过这种环境的人的感受。总的来说，我们的个体差异并不像我们自己想象的那么大。可能很难想象如果你的财富比现在多很多或少很多，你会比现在厌恶（或喜欢）风险多少，但你可以通过观察其他财富比你高得多或低得多的人的风险厌恶程度来了解你的情况。我们看到不同财富水平的人有相似的风险厌恶程度，这一实证研究发现支持了CRRA效用函数对大多数人来说是合理的这一论点。

每一个CRRA家族成员都代表着不同程度的相对风险厌恶，每一种（合理范围内）利润与风险的可能选择都有一个风险厌恶程度。CRRA效用函数的公式如下：

$$U(W)=\frac{1-W^{1-\gamma}}{\gamma-1}$$

其中$\gamma$是描述风险厌恶水平的参数，$W$是你的财富[1]。

图6.2显示了代表不同风险厌恶水平的CRRA效用曲线。我们通常设定初始财富为1，这不会影响结果，但使计算更容易。随着财富的增加，每条风险厌恶为正数的曲线上升的速度都更慢，对于风险厌恶程度更高的人来说，这种影响更为显著。

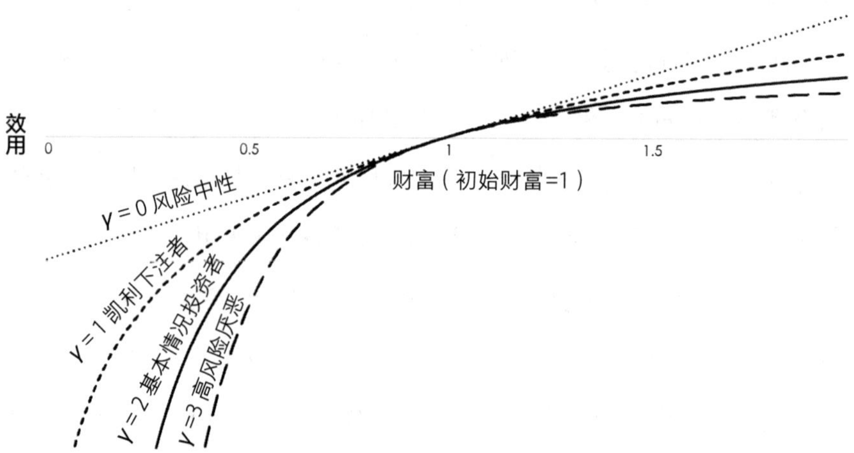


**图6.2　常数相对风险厌恶效用函数（针对不同的风险厌恶系数γ）**

$\gamma$越高，产生一个更高曲度的凹形效用函数，这意味着风险厌恶程度越高。$\gamma=0$的投资者被认为是“风险中性”的。他的效用函数是一条直线，因此期望效用最大化等价于期望财富最大化。$\gamma$小于0的投资者会追求风险，其效用曲线呈凸

[1] 也被称为等弹性效用函数或幂指数效用，它也可以被写成其他的等效形式，主要要求是$-\frac{WU''(W)}{U'(W)}$（也被称为相对风险厌恶系数）是一个常量。我们所选择的表达式就是我们所偏爱的函数形式。当$\gamma=1$，$U(W)=\ln(W)$

形，随着财富的增加，其增长速度越来越快。我们认为，对于拥有大量财富的投资者来说，即使是接近于风险中性也是没道理的，更不用说追求风险了。

许多专家担心，大多数人没有能力确定自己的风险厌恶程度——这个概念要么太抽象、太困难，要么人们对风险问题给出了不一致的回答，以至于他们的答案对决策没有用处。我们不同意这种观点，至少对于一个相对有财务知识的投资者来说是这样。因为无论如何，我们都无法回避选择某种风险态度的必要性，理想情况下这种态度应该是一致的。如果你的目标是在你的财务生活面临的许多问题中做出提高你期望福利的决定，那么你必须采取一种立场，决定你如何看待不同的财富水平，从而确定你应该承担多少风险。

使用如CRRA函数这样的效用函数可以为你的选择问题提供一个本质上合理的结构，并将你的问题简化为你必须选择的一个数字。研究人员（包括作者）对大多数人都会具有的风险厌恶程度有一些建议，即有一个相对狭窄的合理值范围，在这个范围内你可能会找到一个与你的偏好相符的值。这些建议使你更容易校准到一个适合你的风险厌恶水平，而不会被各种可能的认知偏见所干扰。我们也认为，这不是一个需要过于精确的领域——或者说，过于精确是不可能的。主要目标是选择一个对你来说“差不多合适”的风险厌恶水平，并且你能够始终如一地应用它。

理论上，存在无穷多的效用函数的可能形式，学术界也有广泛的被普遍研究的函数族[1]。但是我们聚焦在CRRA效用函数，因为我们发现它在实践中是直观、有用和可用的。在现实世界中，我们认为使用更复杂的东西很少出现优点多于缺点的情况。

值得安慰的是，对于小到中等规模的风险，大多数合理的效用函数将与CRRA非常吻合。具体来说，给定一个边际效用平滑递减的效用函数，如果你

[1] 常数绝对风险厌恶函数（constant absolute risk-aversion utility）和二次效用函数（quadratic utility）在学术界研究投资组合理论中都是常用的，但它们通常被认为对大多数人的个人偏好来说是不符合现实的。

将其校准到在某个给定财富水平的特定下注上与CRRA一致，那么它在相同初始财富附近的其他中等规模下注上也将近似于CRRA。这意味着默顿比例公式以及它所体现的不随财富水平改变的收益与方差之间的权衡，可以作为各种效用函数形式（不仅限于CRRA效用）的一个相当好的指导原则。

我们和其他研究人员已经发现了直接的证据，证明至少一些人有能力并且乐于校准他们的个人风险厌恶，而CRRA效用函数很好地描述了他们的偏好。在2018年年底为期6周的时间里，我们对31位来自金融行业的朋友、客户和前同事进行了一项调查，以测试一群精通金融的投资者是否能够轻松地表达他们的偏好，然后我们可以将其转化为有用的衡量个人风险厌恶程度的指标。我们发现，这个群体——不代表普通大众，但可能代表本书的读者——乐于以直接的方式思考风险厌恶，他们对多个问题框架的回答在很大程度上彼此一致，并与CRRA效用函数大体一致。另一个非常积极的发现是，受访者的答案集中在我们认为合理的风险厌恶水平周围，这应该为其他人提供一些信心和指导。

## 使用效用的指南

我的铅笔和我比我聪明。

——阿尔伯特·爱因斯坦（Albert Einstein）

你可能已经准备好看到这个效用思想的实际应用了。在本书的其余部分，我们将假设我们个人的CRRA效用函数具有的风险厌恶系数为2，这是一个很好的整数，并且在我们调查的受访者所表达的风险厌恶水平范围内。在我们之前的所有例子中，我们都假设了这种程度的风险厌恶。选择一个基本情况作为参考点是有用的，但我们从现在开始讨论的所有内容几乎都将适用于任何形式的效用函数和任何程度的风险厌恶水平。

在继续讨论更多现实世界的例子之前，让我们通过回顾抛硬币的例子来看看使用期望效用机制。无论我们的示例变得多么复杂，其底层机制都是相同的。现在，假设你有100万美元的财富，风险厌恶系数为2；你可以抛25次1枚60/40的硬币，你必须决定每次投注多少钱。假设我们知道每次投注的概率，并且知道每次投掷都是独立的，那么我们可以计算出每种潜在结果的概率，从连续投掷25次反面到连续投掷出25次正面。

表6.2给出了每次抛硬币我们都将10%的财富押注正面的情况下，期望财富和期望效用的计算结果。为了使表中的数字更容易处理，我们用百万美元来表示。

## 表6.2

| | |
|---|---|
| 正面概率 | 60% |
| 投注次数 | 25 |
| 初始财富（百万美元） | 1 |
| 投注大小 | 10% |
| 风险厌恶（CRRA） | 2 |

| 赌赢的次数（正面） | 概率 | 利润（百万美元） | 最终财富（百万美元） | 最终财富的效用 |
|---|---|---|---|---|
| 0 | 0.00000001% | (0.93) | 0.07 | −12.93 |
| 1 | 0.0000004% | (0.91) | 0.09 | −10.397 |
| 2 | 0.00001% | (0.89) | 0.11 | −8.325 |
| 3 | 0.0001% | (0.87) | 0.13 | −6.629 |
| 4 | 0.0007% | (0.84) | 0.16 | −5.242 |
| 5 | 0.005% | (0.80) | 0.20 | −4.107 |
| 6 | 0.023% | (0.76) | 0.24 | −3.179 |
| 7 | 0.092% | (0.71) | 0.29 | −2.419 |
| 8 | 0.312% | (0.64) | 0.36 | −1.797 |
| 9 | 0.884% | (0.56) | 0.44 | −1.289 |
| 10 | 2.122% | (0.47) | 0.53 | −0.873 |
| 11 | 4.341% | (0.35) | 0.65 | −0.532 |
| 12 | 7.597% | (0.20) | 0.80 | −0.254 |
| 13 | 11.395% | (0.02) | 0.98 | −0.026 |
| 14 | 14.651% | 0.19 | 1.19 | 0.161 |
| 15 | 16.116% | 0.46 | 1.46 | 0.313 |
| 16 | 15.109% | 0.78 | 1.78 | 0.438 |
| 17 | 11.998% | 1.18 | 2.18 | 0.540 |

（续表）

| | | | | |
|---|---|---|---|---|
| 18 | 7.999% | 1.66 | 2.66 | 0.624 |
| 19 | 4.420% | 2.25 | 3.25 | 0.692 |
| 20 | 1.989% | 2.97 | 3.97 | 0.748 |
| 21 | 0.710% | 3.86 | 4.86 | 0.794 |
| 22 | 0.194% | 4.93 | 5.93 | 0.831 |
| 23 | 0.038% | 6.25 | 7.25 | 0.862 |
| 24 | 0.005% | 7.86 | 8.86 | 0.887 |
| 25 | 0.0003% | 9.83 | 10.83 | 0.908 |
| 期望值 | | 0.64 | 1.64 | 0.224 |

使用表6.2中的计算过程，我们还可以查看每次投注财富的0%到25%时的期望回报和期望效用（见图6.3）。就如同我们通常以年化回报表达多年的市场回报，我们将表示每次投掷的期望回报。

我们可以看到我们喜欢使用期望效用的一个原因——它直接告诉我们一些关于投注规模的事情。期望效用有一个峰值，在这个例子中是在投注比例为

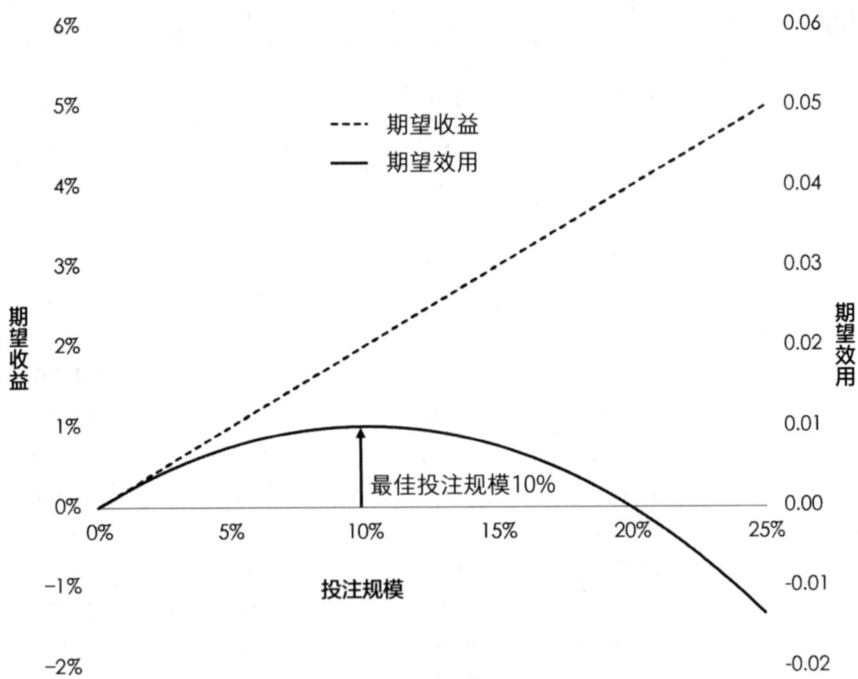


**图6.3 单次抛硬币时不同投注规模的期望收益和期望效用**

10%时，我们称之为“最优投注规模”，因为它是使期望效用最大化的投注规模。相比之下，随着投注规模的增大，期望收益不断上升；在100%的投注规模下看起来最好，即使在短短几次投注之后几乎肯定会输掉一切。

## 案例研究：弗洛伊德 · 梅威瑟（Floyd Mayweather）对战康纳 · 麦格雷戈（Conor McGregor）

2017年的职业拳击比赛被称为“格斗体育史上最盛大的一场比赛”，11次拳击世界冠军弗洛伊德 · 梅威瑟（49胜0负）与从未参加过职业拳击比赛的综合格斗世界冠军康纳 · 麦格雷戈进行了对决。我们有一位职业赌徒朋友，他在比赛前告诉我们，这是他见过的实力最悬殊、金额巨大的体育对抗赛之一。他认为麦格雷戈获胜的可能性就像世界上最好的壁球运动员在网球比赛中对阵罗杰 · 费德勒（Roger Federer）一样！事实上，赌城的赔率一开始是梅威瑟获胜的概率为95%，但媒体的炒作和对弱者的偏爱最终使梅威瑟获胜的概率变为74%。我们的这位喜欢赌博的朋友不同意市场的概率，觉得梅威瑟输的概率是市场暗示的一半，只有13%。结合典型的风险厌恶系数，我们的期望效用框架提议最优的投注是冒28%的财富风险，如果赌梅威瑟输，则损失28%的财富，如果赌梅威瑟赢，则收益10%。

让我们更深入地分析一下这个简单的投注。首先要说的是：哇，把28%的财富押在一个事件上，看起来是很大的一个投注[1]！我们的朋友需要对他的概率估计非常有信心才能下这么大的注。但如果他对他的估计坚定不移，那这真的是一个很有吸引力的投注。它的夏普比

[1] 也许更值得注意的是，凯利投注者（Kelly Bettor）最理想的投注是50%的财富，我们相信大多数人会觉得这很荒谬，这更像是导演塔伦蒂诺（Tarantino）电影情节的一部分。

率是0.4，高于我们一般投资股市的预期，而且如果你把75%的财富投入股市，在一年内损失28%的财富也是可能的。最后，梅威瑟在一场胜算极大的比赛中轻松取胜，在第10轮以技术击倒对手获胜，将他的职业拳击不败纪录扩大到50胜0负。

## 用确定性等价更直观地表达效用

确定性等价度量的原则是我们对产生相同期望效用的两项投资保持无差别的态度。这就是期望效用的神奇性：它将我们的偏好与可能结果的所有分布结合成单一总结性指标。

一项风险投资的确定性等价回报（Certainty-equivalent Return，简称CER）指的是无风险、确定的投资的回报所产生的效用与风险投资产生的期望效用相等。如果我们知道风险投资的期望效用，我们也就知道它的CER，这允许我们互换地使用CER和期望效用。这是一个重要的概念，它使我们能够将效用的抽象度量转化为现实世界的美元和回报率。

我们可以将我们的目标描述为“找到带来最高CER的投注规模”，而不是“找到具有最高期望效用的投注规模”，其实我们会得到相同的结果。不同的效用函数可以有不同的尺度，这使得直接考虑期望效用很难，但CER总是有相同的百分比数值。我们建议始终将期望效用转换为CER；这样不会改变结论，而且讨论期望回报率为6%、CER为3%的投资要比讨论期望效用为0.0289的投资容易得多。我们仍然依赖期望效用的机制——记住，CER的定义使用了期望效用——我们只是将CER作为一种工具，将效用转化为更具体、更直观的度量。

## 经风险调整后回报与风险价格

投资专业人士经常谈论“经风险调整后回报”[1]。特别是，各种类型的主动基金投资经理倾向于将他们的目标表述为“获得更高的经风险调整后回报”。这个概念从直觉上讲是有道理的。提供给定回报水平所涉及的风险显然是我们应该关心的。但经风险调整后回报的确切含义往往有点模糊。我们现在有了一个清晰而准确的思考方法：CER具有我们想要的经风险调整后回报指标的两个性质：

1. 假设有两种投资，它们的风险和回报情况非常不同，而且彼此独立，与你持有的其他资产也相互独立，如果它们对我们总财富的CER有同样的影响，我们就会认为在它们之间选择谁是无差别的。

2. 对于无风险资产的投资，绝对回报和CER是相同的。

CER包含了投资回报分布的所有已知信息，并与投资者的效用函数相结合，将其转化为一个数字，可以用来比较非常不同的投资。接下来，我们将交替使用CER和经风险调整后回报（RAR）。

对于任何给定规模的风险投资，我们可以将“风险价格”视为期望回报与经风险调整后回报之间的差额，即我们承担所涉及风险需要多少额外回报。

风险价格＝期望回报－经风险调整后回报

图6.4让我们看到了抛60/40硬币这一风险投资的期望回报、经风险调整后回报和风险价格之间的关系。

从期望效用的数学中得出了四个有用的观察结果，可以在图6.4中看到这些观察结果适用于这个特定的投资案例。[2]

1. 期望回报随投注规模线性上升，但风险价格随投注规模的平方增长。

2. 在最佳投注比例的两倍，即投注比例为20%时，经风险调整后回报为

---

[1] Risk-Adjusted Return，也可译为风险调整后收益，以下两者将互换使用。——译者注

[2] 这些见解仅严格适用于CRRA效用和特定投资设置，但它们被证明在其他地方也是有用的。

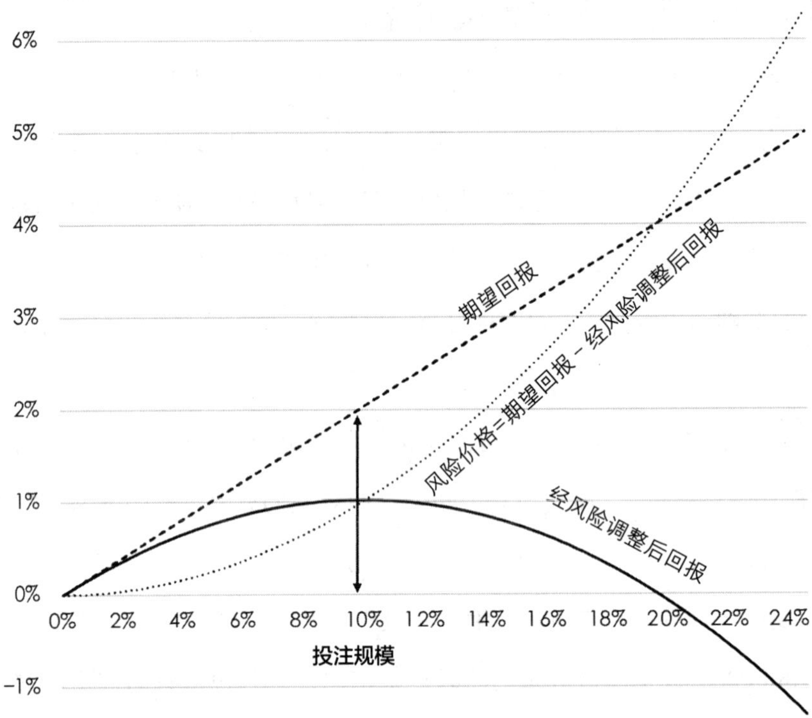


**图6.4　不同的单次投注规模的期望回报、经风险调整后回报和风险价格**

0，这意味着不如根本不抛硬币。要小心孤注一掷的危险！如果你下注30%，也就是最佳投注比例的三倍，那么每次抛掷的经风险调整后回报将是-3.2%，其绝对值是最佳投注比例的经风险调整后回报的三倍多。

3. 在最佳投注比例下，经风险调整后回报是期望回报的一半，风险价格等于经风险调整后回报。

4. 经风险调整后回报曲线在其最优点附近相当平坦。这意味着如果你在最优点的左一点或者右一点，你的经风险调整后回报会非常接近最优值。即使只达到最佳投注比例的一半，也能获得最大经风险调整后回报的四分之三。举个例子，如果你的储蓄是现金，而你觉得股票的长期最优配置是70%，那么一半，即35%的股票配置也会给你带来最佳收益的四分之三。[2]这是少数几个1/2=3/4的例子！

## 投资市场的最佳方式是什么

考虑投入更多储蓄到股市的投资者面临着许多选择。是一次性全部入市，还是逐步定期投资入市，还是等待市场回调？除了“市场里的时间”比“择时”更有价值这一有用原则之外，期望效用框架是否提供了新的视角？

首先，你需要了解在当前条件下，你希望在市场中投入多少资金。我们已经看到期望效用框架可以帮助你做出决定。冷冰冰的逻辑告诉我们，我们应该立即将配置调整到最优点，最大限度地减少在次优配置上花费的时间。随着时间的推移而进行的增量调整，即“平均投入”，并不是严格意义上的最优配置。然而，对于那些不能或不愿一次做出重大改变的人来说，这种做法确实有好处。如果你的投资低于你的目标配置，那么平均投入虽然是次优的，但总比根本不投资要好得多。

除此之外还有其他好处。我们已经看到，经风险调整后回报在最优配置附近相对平稳，因此，从风险调整的角度来看，花些时间达到最优在风险调整后成本上可能并不大，如果它能让投资体验更令人愉快，或者从长远来看更可持续，那对投资者来说可能是一种胜利。对于我们这些在过去的决策中倾向于看到“杯子是半满”的人来说，如果市场在我们平均投资入市的时期上涨，我们会很高兴我们在一开始就投资了一些储蓄，如果市场下跌，我们也会感到欣慰，因为我们没有在一开始就投入全部资金。

我们一直在讨论的平均投入是一个有纪律性的投资计划，在预定的时间段内，定期将你储蓄的一小部分投资到市场中。还有其他的投资方式吗？一些投资者被“条件性平均投入”的想法所吸引，他们计划只有在股价跌破某个目标水平时才增加对股票的配置。这里的问题是，你承担的风险是市场上涨，没有再次回到这一目标水平，因此会产生非常大的机会成本。因为股票往往有超额回报，这是一个非常真实的风险。

选择一个计划最终是个人偏好的问题，因为除了直接达到你的最佳配置之外的任何方法在财务上都是次优的。然而，有些计划比其他计划更优，期望效用的视角在决定什么对你最有利时非常有用。最后，只要能克服阻碍我们抵达投资目的地的惰性和焦虑，任何计划都是好计划。一旦我们进入市场一段时间，健忘会让我们想知道为什么我们花了那么多时间考虑入市。

这些观察结果适用于投注规模小而且彼此独立的投注，比如抛硬币，在许多其他情况下也是近似的。

如图6.4所示的一个经验法则是，最优的投注大小是使得你对这个机会感到矛盾时的投注大小的一半。以下是维克多和他的朋友兼合著者安德鲁·默顿[1]（Andrew Morton）在2016年一篇关于冒险的文章中的阐述：

*你可以通过询问以下问题，来获得对问题及其解决方案的直观认识：你的薯条上加多少番茄酱，才会多到你对不加番茄酱和加那么多番茄酱感到无所谓[2]？然后问：你最理想的番茄酱用量是多少？我们的第一个问题是通过感到*

[1] 除了担任花旗集团（Citigroup）全球市场联席主管，安德鲁还因是HJM利率期限结构模型（1987）中的M而在学术界广为人知。

[2] 很抱歉，我们假设你是北美人，喜欢在薯条上涂番茄酱。

无所谓的点来校准你的风险厌恶程度，接下来的问题是在两者之间选择一个最优点。中间点是一个相当好的估计值，在一些投资模型中是精确的。

把线性增长的期望回报和二次方增长的风险价格放在一起，我们可以得到投资组合的经风险调整后超额回报公式，其中$k$代表风险资产的配置比例。

$$\text{经风险调整后超额回报} = k\mu - \frac{\gamma(k\sigma)^2}{2}$$

公式中$\mu$为风险资产的超额期望回报，$\sigma$是衡量风险的标准差，$\gamma$为投资者的风险厌恶系数。请注意，投资组合的经风险调整后回报是经风险调整后超额回报加上无风险利率[1]。

当 $\hat{k} = \frac{\mu}{\gamma\sigma^2}$ 时，最优投注规模将使经风险调整后超额回报最大化。

我们又回到了默顿比例公式！在第3章中，我们用逻辑论证推导出了这条规则，但我们没有证明它是最优的。罗伯特·默顿运用期望效用的数学方法证明，这确实是在短期回报具有正态分布，并且投资者具有CRRA效用的假设下单一风险资产的最优持有规模。

这是我们从默顿比例公式中得到的最后一个非常有用的结论，它证实了我们从图6.4中得出的第三个观察结果：将最优投资规模 $\frac{\mu}{\gamma\sigma^2}$ 代入经风险调整后超额回报公式中的$k$，我们发现在最优投资规模的经风险调整后超额回报等于期望超额回报乘以最优投资规模的一半，或者用符号表示：

$$\text{在最优投资规模的经风险调整后超额回报} = \frac{\hat{k}\mu}{2}$$

## 省一分钱等于赚两分钱

我们大多数人都把“省一分钱就是赚一分钱”这句格言和本杰明·富兰克林联系在一起，但他实际上说的话要深刻得多：“省一分钱等于赚两分钱。”富

[1] 如果你的风险厌恶系数恰好为2，那么风险价格 $\frac{\gamma(k\sigma)^2}{2}$ 可以被简化为 $(k\sigma)^2$，这个就是你的投资组合的标准差的平方。如果你的投资组合的风险是年化20%，那么这个风险的成本就是年化4%。但是如果投资组合的风险减半到年化10%，那么这个风险的成本仅为年化1%。

兰克林在《穷理查德年鉴》(*Poor Richard's Almanac*)的“给那些可能致富的人的提示”一文中写下这句话的时候，已经是一位经验丰富的商人，他了解风险和不确定性的本质。虽然他没有详细阐述这条精辟的建议，但也许他是在试图传达一种比“省一分钱就是赚一分钱”更深刻的想法。我们相信他想表达的意思是，一分钱的无风险储蓄抵得上两分钱的期望但不确定的业务收入。或者正如我们听到的一句谚语，“一鸟在手胜过双鸟在林”。

本·富兰克林是一个远远领先于他的时代的人：直到大约230年后，学者们才利用数学金融工具得出了同样的结论。他们从风险厌恶的投资者和一次风险投注的标准假设开始，证明了如果投注比例“完美”，投资者在确定、无风险回报与有风险、是无风险回报的两倍的期望回报之间进行选择时，投资者是同样高兴的。

这个想法的一个有趣的含义是，如果获得额外的期望回报会增加投资者承担的风险，那么投资管理费用增加1%就需要额外的期望回报超过1%。需要多少额外的期望回报来抵销更高的费用，取决于经理承担了多少额外风险，以及它与其他风险的相关性。主动型基金经理通常会承担更大的风险，这是一个自然的结果，因为他必须持有比市场投资组合多元化程度更低的投资组合，承担更大的风险来覆盖更高的管理费用，并提供有吸引力的扣除费用后的回报。[3]

这意味着，即使你相信主动型基金经理会帮你获得额外的1%投资回报来覆盖他收取的较高费用，但在经风险调整后的基础上，你可能仍然不会比拥有费用更低、风险更低的指数基金好。

这位费城最著名的居民孜孜不倦地宣扬效率和理性思维的优点，这些优点为美国的经济成功做出了巨大贡献。令人鼓舞的是他的一些想法最终被200多年后发展起来的数学理论证明是正确的。

### 用夏普比率重新表述默顿比例公式

在本章所有的投资规模计算公式中，我们一直在关注公式的分子，期望超额回报（$\mu$），和表示风险的分母（$\sigma$）。我们知道超额回报与风险的比等于（$\frac{\mu}{\sigma}$）夏普比率（SR），因此我们可以通过用SR代替回报与风险的比来简化其中的一些公式。对于我们的风险资产和无风险资产的情况，假设资产价格表现良好，投资者具有CRRA效用，我们得到 $\hat{k}=\frac{SR}{\gamma\sigma}$，$\hat{k}$ 是投资于风险资产的最优比例，$SR$是夏普比率，σ是用标准差衡量的风险，$\gamma$ 是投资者的风险厌恶系数。

而对于最优投资组合经风险调整后超额回报，我们得到：经风险调整后超额回报$=\frac{SR^2}{2\gamma}$ 。

因此，对于我们的基本情况投资者，在两类资产的世界中，风险资产的夏普比率为0.3，他的最优投资组合的经风险调整后的超额回报将应该是2.25%。

这个公式传达的信息是，在理想假设下，具有较高夏普比率的投资产生较高的经风险调整后回报，并且这种关系就像是涡轮增压，因为夏普比率翻一番会使投资组合的经风险调整后超额回报翻两番。但我们马上就会看到，在现实世界中，我们对不同投资的吸引力进行适当的排名时要知道的不仅仅是它们的夏普比率。

虽然我们最初是在一个简单的抛硬币思维实验的背景下，将默顿比例公式作为一个明智的投注规则提出来，但令人欣慰的是，它与不确定性下决策的基本原则是一致的。但正如我们在本章开头所说的，我们介绍期望效用的目的是给你一个更灵活、更强大的工具，让你在现实世界的情况下做出更好的财务决策。让我们试着把它应用到一些有趣的问题上，这些有趣的问题不仅仅是找出投资资产的最佳财富比例，这些资产的价格在很短的时间间隔内波动，就像一连串的抛硬币一样。

## 比夏普比率更清晰的透镜

一旦我们离开了理想化的资产价格行为——特别是具有正态分布的回报——我们就需要了解更多关于投资的信息，而不仅仅是它的期望回报和标准差（这是夏普比率和默顿比例公式的两个输入参数），因为当应用于具有严重非正态分布的投资时，两者都可能失败。

例如，考虑表6.3中的三个投资。它们被设定为具有相同的期望回报、风险和夏普比率，但它们在收益和概率方面具有不同程度的不对称。

**表6.3　具有相同期望回报和风险，但回报的对称性不同的三个投资**

| | 正不对称性 | 对称的 | 负不对称性 |
|---|---|---|---|
| 盈利概率 | 20% | 50% | 80% |
| 亏损概率 | 80% | 50% | 20% |
| 盈利 | 45% | 25% | 15% |
| 亏损 | –5% | –15% | –35% |
| 期望回报 | 5% | 5% | 5% |
| 风险 | 20% | 20% | 20% |
| 夏普比率 | 0.25 | 0.25 | 0.25 |

使用期望效用来评估不同的投资，我们的基本情况投资者将计算每个投资产生的经风险调整后回报作为投资规模的函数，如图6.5所示。在每种投资的最优投资规模下，回报具有正不对称性分布的投资产生的经风险调整后回报比具有负不对称性回报的投资多50%左右，这在具有相同期望回报、风险和夏普比率的两项投资之间是非常显著的提高。CRRA效用函数中隐含对正不对称性回报的偏好是这个效用函数族中一个有吸引力的，但往往被低估的特征。

许多投资的回报分布与我们迄今为止关注的正态回报分布明显不同。例如，如果投资者不仅仅关注回报和风险指标，短期高收益债券似乎对他们有吸引力。这些债券通常被认为不太可能违约，不会带来太多的日常市场风险，在正常情况下，它们的收益率比具有相似期限的国债等无风险资产高出3%至5%[1]。对于认为股票投资仅产生相对微薄的回报的投资者，这些债券提供了一种风险较低并有足够的超额回报的选择。

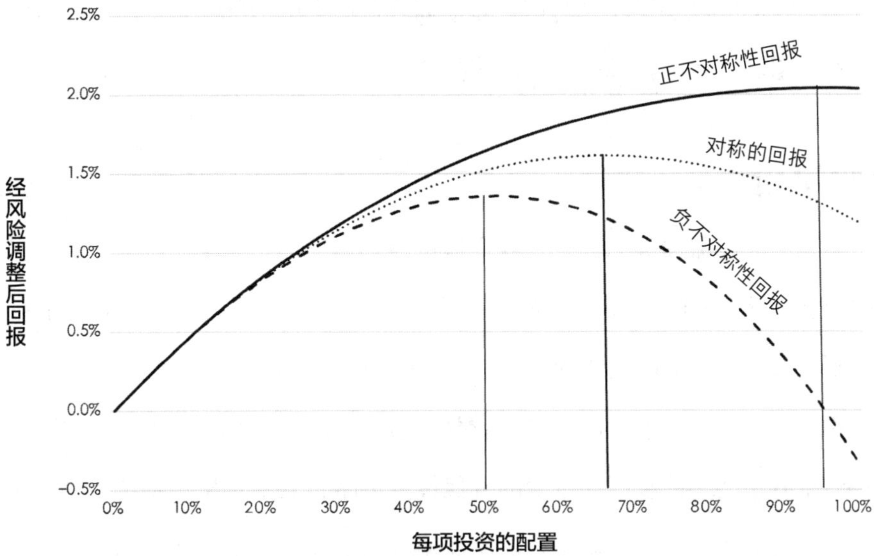


**图6.5 投资对称性对经风险调整后回报的影响**

一种看待这种投资的方法是专注于最可能的结果。我们已经看到，专注于分布的中位数对于决定在抛硬币上下注多少是有用的，但与我们讨论的投掷硬币情况相比，这些债券的回报模式是非常负不对称的。在我们快速且直觉性地思考时，我们都有一个倾向，那就是过度关注高度可能出现的结果——而忽略那些非常不可能但极端的结果。[4]我们往往会将高收益债券承诺的超额回报视为期望回报，自然地将违约导致损失的概率设为零。从这个角度来看，你可

[1] 银行和其他金融公司的债券占这一资产类别的很大一部分。这些债券通常是次级的或在控股公司层面发行的，甚至可能是优先股。

能会决定在这些债券上进行相当大的配置，这种策略有时被描述为“在压路机前捡硬币”。

当然，我们知道天下没有免费的午餐；承诺额外3%—5%收益率的债券不可能是无风险的。在评估这些债券时，我们需要对违约的可能性做出一些估计，如果发生违约，我们将承受多大的损失，以及这与其他可能的投资（比如股市）回报之间的关系。总之，对于这种情况，最好是进行全面灵活的期望效用分析。我们应该会发现，对这些短期高收益债券的最优配置，远低于只考虑它们的期望回报和回报标准差所建议的仓位。

## 风险平价

继续看高收益债券的例子，我们假设股票市场的超额期望收益是高收益债券的两倍，标准差也是高收益债券的两倍，所以它们的夏普比率相同。我们已经看到，仅仅因为高收益债券和股票有相似的夏普比率，对于我们的最佳配置并不意味着什么，因为它们的回报模式形态是如此不同。然而，风险平价（Risk Parity）是一种被广泛讨论的现代投资策略，其基本思想是在一系列不同的资产类别（假设这些资产类别具有相同的夏普比率）中承担相同的风险。风险平价策略通常使用杠杆来实现所有资产类别的同等风险贡献，这需要经常重新平衡头寸以保持恒定的杠杆和相等的风险权重。

最大化期望效用，明确地衡量不同的回报分布，会建议在高收益债券上的投资应小于在股票上的投资，因为债券的回报具有负不对称性。这可能会让风险平价的支持者感到惊讶，他们认为在两种资产上持有相同的风险是最优的，因为两种资产具有相同的夏普比率。只有在所有资产回报都服从正态分布、具有相等的两两相关性、夏普比率相等且对杠杆没有限制的情况下，期望效用框架才会认为风险平价是最优的。

或多或少，许多流行的投资策略，如在股票市场上卖出看跌期权，购买投资级债券，或投资于没有或不采用严格止损限制的杠杆对冲基金等策略，都具有不对称的回报分布，使用期望效用框架比单独使用夏普比率可以更准确地评估。

## 案例研究：如何应对IPO（首次公开募股）锁定期

我们有一个朋友伊基（Iggy），他向一家社交媒体初创公司投资了10万美元，最终这家公司获得了巨大的成功。这家公司即将IPO，伊基所持股份的估值为2000万美元，占他总净资产的90%。他被告知，在IPO后，股票将"暴涨"25%左右，但不管他在IPO时没有卖掉多少股份，他必须持有一年。在IPO大涨和人们普遍对该公司持乐观态度的形势下，他预计该股明年的回报率将达到20%，波动性将在50%左右。关于如何思考他应该怎么做，他向我们征求意见。自然地，我们使用期望效用作为指导。

我们花了一些时间探索伊基的个人风险厌恶程度，并确定他接近我们的基本情况假设。我们还讨论了如果他没有如此大量地投资于这只股票的话，他对投资股市的风险和回报的看法。使用期望效用分析，我们建议他的最佳投资组合是35%的这家社交媒体公司的股票和25%的股票市场。我们建议他在IPO时卖出一半多一点的股份。

过了一会儿，伊基回来告诉我们，承销商只允许他不卖出或者卖出全部持有的股份。我们再次从这两个选择中计算他的期望效用，发现他通过卖出全部股份并将约60%的资本投资于广泛的股票市场，而不是集中在这只股票上再持仓一年，他将拥有更高的经风险调整后回报。事实上，我们发现如果他将90%的资金投资于这家社交媒体的股票，他的经风险调整期望回报年化率将低于-2%。

这对他来说是一个非常重要的决定，期望效用框架给了他安慰，让他相信自己在做一个合理的决定，不管明年股票会发生什么。事实证明，如果他继续全力投资该股，他将经历一趟惊险刺激的过山车，因为该股在IPO后立即上涨了约40%，但在当年剩余时间里下跌了约20%，总回报率仅为12%。如果在一年内将90%的资金投入到这只股票中，他确实可以赚到更多的钱，但伊基意识到，在做出这个决定时，他必须考虑到自己所承担的风险，并对自己的决定感到满意。

2007年年底，亿万富翁投资者卡尔·伊坎（Carl Icahn）在投资一家专门从事压裂技术的初创企业桑德里奇能源公司（Sandridge Energy）时，也面临着类似的决定。伊坎被告知，IPO将会非常顺利，但如果他不在IPO时出售股票，他必须持有6个月。他认为，持有一只波动性很大的股票6个月的风险超过了首次公开募股暴涨可能带来的好处，于是他以每股18美元的IPO价格出售了这只股票。在首次公开募股后，该股确实飙升至每股26美元，但到2008年年底，该股的交易价为6.15美元。如果伊坎在6个月的禁售期结束后立即卖出这只股票，他可能会做得更好，但公司在首次公开募股后一年内就倒闭了，这也支持了他的决定，即以更低的风险接受更低的预期回报。桑德里奇能源公司的首席执行官汤姆·沃德（Tom Ward）几乎把自己所有的财富都投资在了这家公司上，但随着该公司股价的暴跌，他的财富损失了大约90%。[5]

# 当经济学家说你不理性

好吧，那又怎样？有经济学家说你不理性。你为什么要在意？

——史蒂文·兰茨伯格（Steven Landsburg），经济学教授，

著有《你能比经济学家聪明吗？》

经济学家史蒂文·兰茨伯格提供了一个丰富多彩的思想实验，强调了他所谓的“非理性”决策的潜在成本。[6]“非理性”是一个含意颇深的词，所以我们用“不一致”这个词来代替。兰茨伯格提出了三个问题❶：

1. 你愿意花10美元买一张彩票，让你有百万分之一的机会赢得1000万美元的大奖吗？

2. 你愿意花10美元买一份保险，让你免受百万分之一概率损失99%财富的风险吗？

3. 你愿意接受50/50的抛硬币：正面朝上，你赢得1000万美元的头奖，背面朝上，你损失99%的财富吗？

根据你的个人喜好，对这些问题中的任何一个单独回答“是”或“否”都是合理的。可能没有多少富人会对第三个问题回答“是”，但有些人很可能会这样做。然而，有些答案的组合在逻辑上是不一致的。

我们将重点关注以下这种组合：对问题1回答“是”，对问题2回答“否”，对问题3回答“否”。这在形式上是不一致的，因为你说赢得彩票的机会的效用比10美元对你的效用更大，而避免失去99%财富的机会的效用比10美元的更小。把你的两种偏好放在一起，说明问题3中的抛硬币对你来说是一个效用为正的问题，你应该接受。

这对你来说可能有什么问题呢？兰茨伯格接着提出了一个游戏：有一个大瓮，里面有一百万个球——一个红色的，一个黑色的，其余的都是白色的。

❶ 我们在保留问题精髓的同时对问题做了一些修改。

他问你是否愿意付他10美元让他为你抽一个球，如果球是红色的，你就能得到1000万美元。根据你对问题1的回答，你确实会愿意。然后他问你是否愿意接受他给你10美元，如果球是黑色的，他就可以拿走你99%的财富。根据问题2，你还是会接受的。然后你开始玩这个游戏。最后他抽到一个有颜色的球，但在透露颜色之前，他问你是否愿意再付他10美元，让他把球扔回去再抽一次？你还是会的，因为根据第三个问题，你是不会接受一个有50/50机会赢得1000万美元以及损失99%财富的游戏。如果游戏时间足够长，你就会发现兰茨伯格偶尔会从你那里获得钱财，而你却什么也得不到！

这个游戏就是一个“钱泵”的例子，这个游戏会随着时间的推移从你身上榨取钱财，以一种无风险的方式把钱给你的对手。头脑正常的人都不会想玩这个游戏，然而你发现自己在玩这个游戏的过程中，做出的每一个单独的决定都符合你的偏好，但连起来却不一致。如果你玩的时间足够长，你肯定会输掉所有的钱，但在每个决策点做出的决定你都非常满意。

显然，这只是一个极端且人为设定的例子。我们和兰茨伯格都不认为这些游戏是由邪恶的经济学家故意设计的，也不认为游戏的参与者是不幸的受害者。然而，就像所有幻想寓言一样，这里传达了一个关于现实世界的宝贵信息。在我们的财务（以及非财务）生活中，我们经常被迫做出相对狭窄的个人决策，而不知道或无法看到未来我们需要做出的所有相关决策。我们可以看到面前的问题，但看不到整个游戏。这使我们容易受到兰茨伯格游戏中相同类型的问题的影响，在这些问题中，我们对每个单独的决策都感到满意，但由于我们偏好的不一致性，整体结果却是我们绝对不会选择的。

兰茨伯格总结道：

当一位经济学家说你不理性时，这几乎总是意味着，如果你坚持自己所陈述的偏好，一个足够聪明的对手可以让你一路微笑的同时拿走你所有的钱。对这类事情保持警惕是值得的。

## 大数谬误

1963年，麻省理工学院（MIT）的经济学家保罗·萨缪尔森（Paul Samuelson）在一篇名为《风险与不确定性：大数谬误》（Risk and Uncertainty: A Fallacy of Large Numbers）的文章中讲述了一个故事，他让“一些午餐同事每人投注100到200美元，赌他们指定的硬币的一面在首次投掷时不会出现”。一位杰出的学者——他并没有说自己有高超的数学技能——给出了以下答案：“我不会打赌，因为我觉得100美元的损失比200美元的收益更多。但如果你答应让我赌100次，我就跟你赌。”

他接着说，“这个有趣的答案的背后是什么？……‘一次投掷并不足以合理地确定平均法则会对我有利。但如果是抛一百次硬币，大数定律会让它成为一个非常好的下注。可以说，在这样的投注序列中，我几乎肯定会赢，这就是为什么我接受多次投掷而拒绝单次投掷’。”

在评估这种立场的逻辑时，萨缪尔森做出了一个合理的假设（他可以通过询问来验证这个假设）：在任何可能通过进行100次下注达到的财富水平上，他的同事也会拒绝以这样的财富水平进行单次投掷。

萨缪尔森接着说：“如果一个人关心的是最大化所有可能结果的效用的期望值或平均值，我的同事向我保证他想要这样做……那么仅仅关注得失的概率是不够的。每种结果的效用都必须以适当的概率来计算；而当这样做的时候，就会发现如果它的每个单次决策都是不可接受的，那么就没有一个决策序列是可以接受的。这是一个基本定理……如果在一定范围内的每一个收益或财富水平上，某项投资或下注的期望效用都比不参与更差，那么任何这样的独立投注的序列（使人保持在特定的收入范围内）都不可能具有有利的期望效用。因此，如果你总是拒绝接受有利概率的单次投掷，那么你必须理性地拒绝参与任何（有限的）这样的连续投掷的序列。”

他接着给出了一个定理证明❶。这个定理可以概括为“重复的（每次相同且独立的）游戏产生一个公平的游戏；而重复的不公平游戏会产生一个不公平的游戏”。

由于萨缪尔森的同事已经预先指出，他的偏好是这样的，任何一次游戏都是负期望效用的、“不公平”的游戏，于是就重复100次，使这个序列还是负的期望效用❷。

萨缪尔森的这篇文章确实触动了许多人的神经，之后有很多文章试图展示在什么情况下他的同事的立场是合理的。[7]也许让萨缪尔森在这个例子中的论点如此难以让人认同的是，进行这100次投注的机会实在是非常吸引人，他怎么能认为他的同事接受这样的机会是“不理性”的呢？毕竟，这100次投注的预期收益是5000美元，损失的概率不到1/2000，损失超过2000美元的概率只有百万分之一！实际上，任何正常人都应该并且会接受这100次投掷，但如果只能投掷一次，也应该接受。正如我们在第4章中“那非常小的投资呢”那一

---

❶ 如果你不接受一次投掷，你就不能接受两次——因为后者可以被认为是由（不明智的）接受第一次的决定加上第二次的决定组成的。即使你被第一个结果困住了，你也会减少你的进一步（效用）损失，并拒绝最后的投掷。通过扩展推理，从2到3 = 2 + 1，……以及从n － 1到n，我们完全排除了任何序列。

❷ 萨缪尔森警告读者，“不要过分延伸我的定理。它并没有说，如果一个人拒绝单一的冒险，他就一定要拒绝一个冒险序列：如果在较高的收入水平上，单一投掷的损失是可以接受的，并且在较低的收入水平上，输了的惩罚不是无限的，那么很可能有一个序列是可选的”。

节所讨论的那样，对于一个占财富很小一部分的投注所需的期望收益是非常微小的，因此在这个例子中，真正奇怪的是，萨缪尔森的同事的风险厌恶程度居然高到足以让他拒绝这个单一投注。而当萨缪尔森的同事的起始财富为100,000美元时，风险厌恶程度需要比我们假设的典型水平高出250倍（即$\gamma=500$），才能合理地拒绝这笔单一投注，而当起始财富为1,000,000美元时，他的风险厌恶程度需要高出2500倍。拥有如此高度的风险厌恶，很难想象这样的人会走出家门。[1]

## 为实现目标而投资

以目标为基础的财富管理方法强调以实现特定的生活目标为目的而进行投资。这是财务顾问用来帮助人们规划他们一生的投资和支出决策的新增技巧。我们将这种方法定义为确定一项投资计划，以最大限度地提高在选定的期限内达到预设财富目标的可能性。目标导向系统的一些支持者可能会对我们的简单定义提出异议，并指出该方法的其他重要方面，但我们认为这是它的核心特征。让我们使用期望效用框架来探索它是如何工作的及其功效。

我们已经提到，当面临一系列相互独立的、有吸引力的投资机会时，固定的投资比例是可行的。例如，如果这些投资的特点类似于押注一枚60/40硬币，那么在每一枚硬币上押上10%的财富将是一个很好的甚至是最优的选择。但我们还没有专门研究过基于目标的投资，也许它提供了比固定投资比例方法更好的整体结果，或者它虽然是一样好的，但更令人舒适，更有直观的吸引力。现在让我们来看看。

[1] MIT的经济学教授的财富可不止10万美元这么点儿，所以在对于同事初始财富的合理假设范围内他都需要极高的风险厌恶程度才会拒绝单次游戏。——译者注

假如一个投资者试图使财富增加50%这个适度目标实现的概率最大化，我们将使用蒙特卡罗模拟来了解这个投资者的最佳投注策略。这个最佳投注规则的一般形式是，目标离当前的财富水平越远，投注的力度越大（投注力度根据剩余的投掷次数进行调整）。[8]

在图6.6中，我们展示了基于财富增长50%为目标的策略，以及每次抛硬币时固定投资10%的策略，结果的分布情况。请注意，基于目标的策略不会产生任何高于目标的结果，因为一旦你达到目标，你就不会再承担任何风险去投资，因为这样的风险只会降低你完成目标的可能性。此外，以目标为基础的方法，存在出现非常糟糕结果的概率，虽然很小，但确实存在——大约有7%的机会失去超过50%的初始财富。固定投注比例策略只有大约1%的概率产生如此巨大的损失。

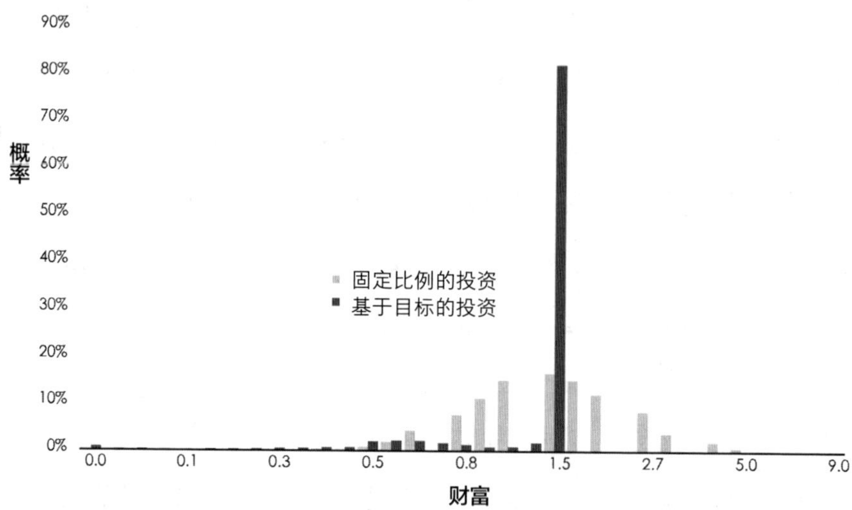


**图6.6　基于目标的投资与固定比例的投资的财富结果比较，起始财富为1**

人们可能想象效用函数会支持基于目标的投资，例如，如果你觉得若你的财富不增加50%，生活就不值得过下去，或者你的配偶会离开你。耶鲁大学金融学教授詹姆斯·崔（James Choi）将这些称为“要么致富，要么死于尝试效用函数”。然而，你疑似具有这些偏好（而实际上你没有）的行为，可能会对你的福利造成很大的破坏。虽然这个掷硬币的案例研究是一个相当不现实的情况，但值得注意的是，你从固定比例策略中获得的确定性等价财富比基于目标的投资方法高出约75%。事实上，在这里采用基于目标的方法，你的确定性等价财富将会比起始财富少26%。

在财务规划行业，很多人关注的是最大化或最小化各种投资结果的概率。我们希望这一关于基于目标的投资方法的简短探讨能让你对任何只关注一种或几种结果而排除所有其他结果的方法持怀疑态度。为了达成最佳决策，我们需要使用一种方法来评估所有可能的结果以及它们发生的可能性，简而言之，这正是期望效用框架的目的。正如麻省理工学院经济学家保罗·萨缪尔森所言："没有一个奴隶能同时服务于两个独立的主人。如果一个人是期望效用最大化者，那么他一般不会是寻找某种收益概率最大化的人。"[9]

## 总结

在本章中，我们讨论了很多内容，从伯努利提出的最大化期望财富不是做出财务决策的最佳目标，到冯·诺依曼和摩根斯坦提出的最大化期望效用在什么情况下是最优的行动方案。但最重要的是，我们尝试展示如何将期望效用框架应用于实际的现实世界情境中（只需要一个电子表格来计算概率加权和）。在下一章中，在我们继续讨论研究其他案例和延伸之前，我们将探讨对期望效用作为决策框架所提出的一系列批评。

# 7

# 对期望效用决策框架的批评意见

只了解自己立场的人对此了解甚少。

——约翰·斯图亚特·穆勒（John Stuart Mill）

## 这不是普通人做决定的方式

最大化期望效用由现代经济学家米尔顿·弗里德曼（Milton Friedman）和保罗·萨缪尔森（Paul Samuelson）提出，作为一种描述性和规范性的决策模型。如果一个经济中的个人或群体表现得像效用最大化者，人们希望许多微观和宏观经济现象都可以使用期望效用方法这个模型。尽管对这一观点仍存在一些争论，但大多数证据倾向于反对这种观点。实际上，如果人们真的能够可靠地做出最大化他们期望效用的决策，我们就不会觉得有必要写这本书了！

然而，认为期望效用不是一个有效的描述性模型的论点，不应该用来否定它作为人们应如何做决策的规范性、指示性模型的地位。理性、一致的决策是一个值得追求的有价值目标，即使它永远无法完全实现。我们认识到，当涉及日常面对的影响没那么大的决策时，作为“满意者”❶去行动常常也是有意义的，但当我们做出影响重大的财务决策时，仔细权衡我们的决策并尽可能理性地采取行为是有益的。

由卡尼曼（Kahneman）和特沃斯基（Tversky）开创的行为经济学领域提供了一个关于我们如何做出奇怪且常常不一致决策的庞大目录。这些是认知上的缺陷。经济学家和心理学家一直希望通过让人们意识到他们的偏差，帮助他们做出更好的决策。卡尼曼在2011年不仅没有贬低期望效用，认为它是一种被他工作所否定的过时理念，反而宣称冯·诺依曼的期望效用假说是“迄今为止社会科学中最重要的理论”。[1]

毫不奇怪，即使是非常聪明的人也需要帮助才能做出好的决策。在1953年的巴黎会议上，诺贝尔奖得主、经济学家莫里斯·阿莱（Maurice Allais）让数学家和决策理论家吉米·萨维奇（Jimmy Savage）在一组相对复杂的赌局中做出选择，这一思想实验后来被称为阿莱悖论（Allais' paradox）。萨维奇做出了他的选择，阿莱扬扬得意地表示，在此过程中，他违反了期望效用理性选择的公理之一，而萨维奇正是这一理论的主要倡导者。然而，当萨维奇回到办公室有时间思考时，他得出结论，自己只是在匆忙间做出了错误的回答，而实际上他想要做出严格最大化其期望效用的选择。我们从中得到的教训是，即使是非常聪明的人也需要一些好的工具来实现一致的决策，这并不总是自然发生的。在我们看来，拥有一个可靠的、理性的框架的好处之一是，你不需要依赖

❶ 满意是一种决策方法，它搜索可用的替代方案，直到达到可接受的阈值。

直觉和本能，这些行为经济学家已经有力地证明它们是有偏差和不一致的。

## 发生在拉斯维加斯的事……

很容易找到人们表现得像是没有风险厌恶或者有着极端低或高的风险厌恶的例子。然而，我们要强调的是，这些例子通常是例外，而不是常规。这些例子往往涉及以下几个常见特征之一：

1. 相对于财富来说，风险金额很小。

2. 存在显著的非货币奖励因素（例如，赌博的“刺激”）。

3. 系统性地错误估计或忽略了真实的概率。

买彩票或去拉斯维加斯是人们知道投注是不公平但仍愿意接受的常见例子。此外，我们广泛观察到，人们在小投注中通常要求过多的优势，这种在小投注面前表现出拒绝更大投注的风险厌恶程度，使“一个好律师可能会认为你拒绝这种投注在法律意义上疯了”。[2]这种对小风险与大风险的态度不一致被称为拉宾的校准悖论（Rabin’s calibration paradox），并被视为对期望效用有效性的批评。我们同意，大多数人如果顺其本能，其在小投注上做决策时的风险厌恶程度，与他们面对重大风险时表现出的风险厌恶程度是不一致的，但这并不是对人们应如何做决策的有效批评。无论如何，只要我们在涉及高额财务风险的决策上表现出理智，而这些风险主要是货币性质的，并且我们能够合理估算概率，那么拒绝几个小投注对我们不会造成太大伤害。

让我们考虑那些经常光顾掷骰子或二十一点赌桌的人，这些游戏的概率显然是有利于赌场的❶。在许多情况下，这种行为可以通过存在一些与赌桌上的下注无关的额外附加值来解释，例如获得昂贵的表演门票和晚餐的高价酒水，或者从掷骰子和祈求幸运女神的过程中肾上腺素激增获得愉悦。有时，玩家只

❶ 我们排除了职业赌徒，他们可以通过算牌或其他辅助手段使获胜概率略微偏向自己，而这些辅助手段会让你被赶出赌场。

是自欺欺人地认为自己有一个获胜的策略。有一次维克多在投资银行谈论投资规模的讲座中，一位年轻的交易员问道："期望效用如何告诉我们在赌场里获胜概率不利时该下注多少？"

维克多当时正在详细讨论具有吸引力的赌博的投注规模策略，所以他也许不应该对这个问题感到惊讶。答案当然是，对于具有负期望值的风险，有一个非常简单的原则：最佳下注量是零。你可能会因为非货币的原因而选择继续玩，但如果你的唯一目标是增加你的现金，那么最好避免这种风险。

我们在华尔街的日子里，偶尔会遇到一些声称自己完全是风险中性的人。他们声称完全不厌恶风险。一个真正的风险中性的人会愿意承担任何有正期望值的风险，无论这种期望值多么微小。不变的是，当我们深入询问他们是否愿意接受一些高风险回报甚微的投注时，却总是发现事实上他们并不愿意。这些交易员的风险厌恶程度可能相对于同行来说较低，但他们仍然是厌恶风险的，而他们说自己是风险中性通常是基于一种误解。一个真正的风险中性投资者在第三方观察者看来就像是在"失控"。这样的人会很乐意在一个有50.1%胜算的抛硬币上押上全部财富。我们相信，几乎没有一个正常的人会真正这样做[1]。

我们还听说过一种稍有不同的变体，即风险承担者把20%的财富放在一边，然后对剩下的80%的财富采取风险中性甚至是风险爱好者的行为。我们还没有发现有任何人能长期这样做——如果他们真的这么做了，很快就会失去按照风险中性管理的那80%的财富。对于那些财务决策是风险爱好型的人来说，总会有无穷无尽的对手方排队与他们对赌。这正是赌场最纯粹的形式，去掉了表演和牛排晚餐，赌场往往是极其盈利的[2]。从纯财务角度来看，做一个

❶ 我们确实知道有一个人公开表示他会以这种方式做出决定，而且他似乎也确实这么做了。在我们2022年11月的文章《SBF拼图中缺失的一块》中，我们探讨了山姆·班克曼-弗里德自称的风险中性，以及它是如何导致他的企业和财富崩溃的。

❷ 利润如此之高，以至于许多国家对允许的胜率实施了严格的规定，以限制它们的盈利能力。

风险爱好者（无论是在赌场或其他地方），确实是一个糟糕的事情。

## 个人无法明确其个人效用函数

在《机构投资的创新之路》（2000）一书中，大卫·史文森（David Swensen）认为效用的概念在实践中是无法使用的：

> 经济学家可能会建议使用效用函数来确定合适的资产配置。由于几乎没有市场参与者知道如何明确这样的函数，这种技术显得非常无用。

相反，我们发现效用的概念在实践中是可用的，对我们自己、我们的许多客户以及多年来与我们讨论过这一问题的人来说都是如此。在我们将在第12章中更详细描述的对金融专业人士的更正式的调查中，所有受访者能轻松回答问题以校准他们的个人效用函数。此外，他们的偏好通常与CRRA效用（最常见的效用函数形式）一致。绝大多数人的风险厌恶系数在2—3的较窄范围内。与我们客户的互动也证实了调查结果，即CRRA效用对于大多数富裕个人和家庭来说是一个合理且易于处理的效用模型。

史文森也是正确的，目前很少有市场参与者知道如何校准他们自己的效用函数，但这是一个教育问题，而不是可能性的问题。合理的校准程序既可行又简单，我们将在第12章中详细探讨。

## 前景理论和“损失厌恶”

前景理论由心理学家丹尼尔·卡尼曼（Daniel Kahneman）和阿莫斯·特沃斯基（Amos Tversky）发展，用来解释人们在面临风险决策时的行为。他们观察到，人类行为系统性地与经典经济学中期望效用最大化理论预测的不一致。

特别是，他们一次又一次地观察到三种值得注意的行为模式：

1. 人们对小额损失感到的痛苦大于对小额收益感到的快乐。

2. 人们对大额损失感到的痛苦仅比对小额损失感到的痛苦稍大一些。

3. 这些偏好似乎不取决于财富水平，而仅取决于相对于最近“参考”点的财富变化。

他们最著名的实验之一是询问人们是否更愿意选择：

1. 确定获得3000美元。

2. 80%概率获得4000美元，20%概率没有收益。

大多数受访者更愿意选择确定的3000美元收益，而不是期望收益为3200美元的有风险的收益。然后同样的人被再次问到他们更愿意选择：

1. 确定损失3000美元。

2. 80%概率损失4000美元，20%概率没有损失。

大多数受访者回答他们宁愿选择第二个选项，冒更大损失的风险，即使期望损失是3200美元，高于确定的3000美元损失[1]。

单独来看，这些观察中的任意一项都可能与期望效用理论一致。但综合来看，这些观察结果与经典理论不一致——当风险涉及潜在损失时，与风险涉及潜在收益时相比，投资者似乎具有路径依赖和不同的风险偏好。如果你有我们的基本情况CRRA效用偏好，你会做出相反的选择，除非财富水平极低，在这种情况下，你会在两种情况下都拒绝风险。

前景理论提出，人们的“幸福”函数看起来与伯努利和其他经济学家提出的经典效用函数有很大的不同。

前景理论将与图7.1展示的“扭结”的效用函数一致的行为描述为“损失厌恶”，这不同于经典期望效用所暗示的“风险厌恶”行为。两种理论都认为，个体相对于盈利来讲是厌恶损失的，而卡尼曼和特沃斯基用“损失厌恶”来描

[1] 对于拥有10万美元财富、CRRA效用风险厌恶系数为2的个人，在赢得4000美元或0美元的80/20投注中，确定性等价回报是3175美元，因此比3000美元的确定收益多175美元，而在损失4000美元或0美元的80/20投注中，确定性等价损失是3226美元，比3000美元的确定损失多226美元，因此更糟糕。随着初始财富的增加，两场投注的确定性等价价值趋同于它们的期望值3200美元。

述这种具体的观察到的偏好行为是不幸的，并导致了许多混淆。扭结和损失区域的凸面意味着人们表现得仿佛在较低财富水平上具有负风险厌恶。这意味着他们对小额损失非常敏感，而对大额损失则仅仅稍微更敏感。

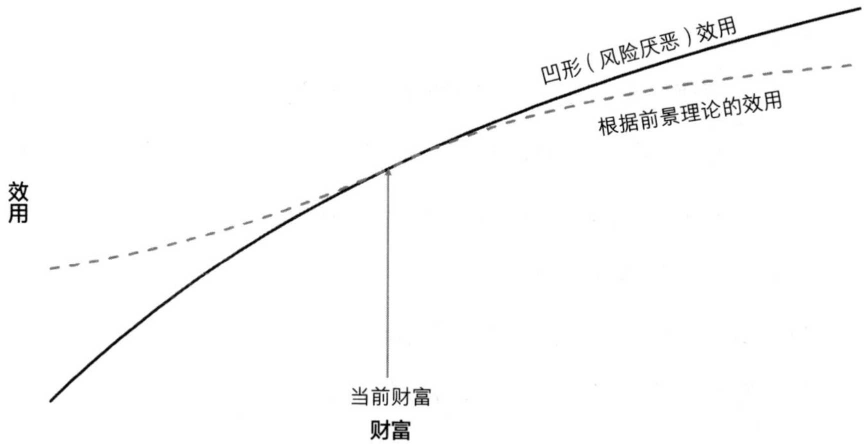


**图7.1　前景理论与经典效用偏好的比较**

我们非常欣赏卡尼曼和特沃斯基及其在行为经济学方面的工作，卡尼曼因此获得了2002年的诺贝尔经济学奖[1]。他们在数学化我们对人们实际行为的理解方面做出了巨大贡献，并令人信服地证明前景理论在许多情况下比经典效用理论更能预测行为。但这对我们来说意味着什么呢？你可能会想，为什么我们到现在还没有讨论过损失厌恶和前景理论。原因是本书的目的是帮助人们做出良好的财务决策，而不是数学化充满我们日常行为中所有怪癖和缺陷的决策过程。你不需要一本书来做这件事；你只需要去做就行了！卡尼曼和特沃斯基的工作在于识别和记录人们行为中的系统性特征，这些特征与经典经济学不相符，但他们的项目与我们的目标截然不同。正如我们在本章开头讨论的那样，他们在寻找一种描述性理论来解释行为，而我们在寻找一种规范性框架，以帮

[1] 如果特沃斯基还活着，他肯定也会获得这个奖项。

助我们比以往更好地做出一致的财务决策。

## 对理性选择公理的批评

在上一章中，我们列出了理性选择的四个公理。冯·诺依曼和摩根斯坦证明，只要这些公理成立，就可以证明在不确定性下最大化期望效用是做出决策的最佳方式。然而，这些公理及其适用性受到了批评。大多数批评集中在以下担忧：在现实世界中，经常观察到违背独立性公理的行为。该公理的内容是：一种独立于不相关的第三种结果C的偏好保持不变。如果A优于B，那么第三个“不相关”的选项C不会导致个体从A转向B。

一个用于说明显然违背该公理的例子是，服务员为一位用餐者提供了鸡肉或鞑靼牛排的选择。用餐者选择了鸡肉。然后服务员说：“等一下！我们的菜单上还有青蛙腿。”用餐者于是改变了选择，选了鞑靼牛排，这似乎违背了独立性公理。然而，在这个美味的例子中，菜单上有青蛙腿可能并非无关，因为它可能表明厨师更有可能是法国料理的专家，因此鞑靼牛排会比鸡肉更好。[3]

大多数观察到的独立性公理被违背的情况涉及非货币商品，通常可以通过额外的背景来解释。然而，当确实发生真实的反例时，我们并不认为这是一个值得担忧的问题。即使行为上的缺陷有时会让我们陷入奇怪的决策中，但在涉及重大财务问题时，我们应希望我们的选择符合所有四个公理，这些公理构成了一致且理性决策的坚实基础。

## 恶性游戏

一个有趣的反对使用效用的理由是，它并不能真正解决圣彼得堡悖论。虽然使用期望效用在狭义上解决了该悖论，但很容易重新表述该游戏，使问题依然存在。如果连续掷出$n$次正面后的收益为$e^{2^n}$而不是$2^n$，那么一个试图最大化对数效用的决策者将愿意支付几乎所有的财富来参与游戏。更一般地说，对于任何程式化的效用函数，我们怀疑可以找到足够不寻常的收益，即最优化期望效用会导致一个不合理的结果。

我们认为这不是一个问题。这个结果往往源于使用一个通用的效用函数，该函数并不完全匹配一个人在极端财富情况下（例如存在微小概率赚得大于世界上所有的钱或失去一切）的真实效用。在实践中，我们真正关心的是，当我们的规则应用于在现实生活中遇到的金融问题时，是否会导致合理的决策。

## 未来结果的概率是未知的

（我们大多数的决策）去做一些积极的事情……只能是出于动物性的结果……而不是作为定量收益乘以定量概率的加权平均值的结果。

——约翰·梅纳德·凯恩斯，《就业、利息和货币通论》

人类知识令人沮丧地有限，尤其是在自然科学之外的领域中，普遍定律、强有力的实验证据和精确的概率估计都很匮乏。金融也不例外。金融数据以其棘手著称：通常数据不足，受到制度变化的影响，回溯历史可能无助于未来的预测，稳定关系稀有而短暂，竞争力量影响巨大。市场始终处于不断变化之中，不是我们可以依赖的永恒机械装置。

在这种不确定性世界中，怎么可能使用定量框架进行投资？我们的看法是，不同领域的不确定性程度是不同的，我们可以专注于那些我们有合理（即使只是部分）信心的领域和市场，避免那些我们几乎没有信心的领域。例如，在具有大量上市公司的股票市场情况下，历史和理论的结合可以为我们提供合理的预期回报、变动性的范围以及不完美但仍然有用的预测技术。我们永远不会确切知道美国股票市场在任何给定时期的回报分布形态，但我们可以大致判断，足以从定量框架中提取出有价值的信息。相比之下，新行业中新公司的不确定性则完全不同。

金融市场固有的非平稳性和不确定性意味着我们必须以谦逊的态度对待我

们的方法，意识到它们可能会脱离情境而被滥用，并小心避免依赖极端结果精确估计出来的输入参数。但我们无法避免做出财务决策，因此我们认为，以这种精神来利用一个框架比简单地将所有决策交给我们的“动物性”要更好。

## 凯利公式是好的，期望效用是坏的

凯利公式的支持者往往充满激情，我们不难找到各种赞美凯利公式的文章，这些文章贬低了期望效用的有用性，常常试图将凯利公式和效用描绘成不仅是不同的而且是对立的观点。我们认为这种描绘有失偏颇，因为“完整的”凯利公式与最大化期望效用产生的决策规则完全一致。

优化财富的几何增长率（如凯利公式所示）与优化对数效用（如伯努利所提出的）导致完全相同的方程和决策规则。对于二元投注，优化$\gamma = 1$的CRRA效用完全再现了经典的“完整的”凯利公式。使用$\gamma = 2$进行同样的操作非常接近于“半凯利”。我们发现，当在相同的假设下两种方法得出的结果非常相似时，说一种方法非常好而另一种方法存在致命缺陷有点奇怪。部分凯利策略旨在减轻完整凯利策略的风险性，而使用CRRA效用提供了灵活性，可以解释比对数效用所暗示的还要更厌恶风险的投资者。这两种校准风险厌恶的方法并不完全相同，但我们认为它们在精神上极为相似，并且在财富发生小幅变化的结果上也非常相似。读者不应感到他们必须在“凯利公式与效用”的不幸争论中选择一方——在适用凯利公式的问题上，凯利公式和效用更像亲密的兄弟，而不是毫无关联的对立者。

一些凯利公式的支持者认为，最大化财富的期望增长率是确定风险敞口规模的唯一合理方法。然而，我们发现严格的凯利下注对大多数个人来说风险容忍度太高。例如，一个有低风险厌恶程度的人将愿意接受50/50的掷硬币来翻倍或减半其财富。我们不认识这种人，特别是那些接近职业生涯结束，会愿意冒失去一半财富的巨大风险的人。

凯利公式的支持者有时还会争辩说，随着你进行的投注数量变得任意大，根据凯利公式确定风险敞口规模将导致最高的财富。这是正确的，但在实践中并不相关：这一结果要求有大量可供选择的有利投注，无论你是按照凯利公式还是更厌恶风险的策略来进行，你都将成为亿万富翁。这个反驳在保罗·萨缪尔森1979年的文章《随着行动时间的增长，为什么我们不应该把财富的平均对数做大》中提出（这篇文章以仅使用单音节词语而闻名）。

## 长期是非常长

用凯利公式确定风险敞口规模的拥护者提出的一个说法是，从长远来看，根据凯利公式下注，几乎可以肯定你会比用其他方式下注赚更多的钱。为了稍微探讨一下这个问题，让我们回到我们值得信赖的硬币上，它有60%的机会正面落地。我们来比较一下凯利投注法，即每次投20%的财富，和符合CRRA效用（风险厌恶系数为2）的每次投10%的财富。

抛10次、100次和1000次后，你用凯利策略赚更多钱的概率分别是63%、70%和94%。对你来说，如果有1000个机会赌60/40的硬币该多好啊！如果你把财富的10%（半凯利策略）押在每次抛硬币上，你有99%的机会把10万美元变成2亿美元或更多。而如果你得到中位数结果（600次正面），你将把10万美元变成3400亿美元！我们认为在这种情况下关注严格最优是很愚蠢的，无论你使用完整凯利公式，还是使用默顿比例，都肯定会产生巨大的结果。

利用凯利公式对期望效用的批评被新兴的遍历性经济学领域所采纳，这一理论由一群物理学家提出，认为期望效用理论是有缺陷的，因为通常效用不是遍历性的。遍历性是统计力学中的一个重要概念。一个遍历性变量是指在多个单周期试验的平均值（样本内平均值）会随着试验次数变得无限多而趋于多个时间上连续不断试验的平均值（时序平均值）。

这一学派的支持者认为将期望效用作为一种描述性和规范性框架是不对的。他们认为投资的唯一合理方法是最大化财富的增长率，这相当于凯利公式。我们刚刚讨论了“凯利公式更好”这一论点，同样的分析也适用于这里。

期望效用工具包包括凯利公式，而不是与之分离的。最严格形式的遍历性观点甚至排除了半凯利公式等策略，而许多凯利公式的支持者在实践中倾向于采用这些策略。此外，虽然我们同意遍历性是时间序列的一个吸引人的特性，它与完美遍历性有差别（这可以在真实世界的时间框架内的真实示例中体验到），但相对较小。

## 期望效用用于生死选择

持枪男子：“这是抢劫。要钱还是要命！”

（停顿片刻。）

“我说，这是抢劫——要钱还是要命——你怎么选，先生？”

不持枪的男子：“我正在考虑。”

——喜剧演员杰克·贝尼（Jack Benny），20世纪30年代

期望效用框架有时被批评在某些情况下不适用，比如一种极有可能愉快的经历，比如在又深又厚的雪中滑雪，但伴随着非常小概率和非常不好的后果——死亡或重伤。使用期望效用做出此类选择存在许多挑战。量化小概率事件很困难，但最核心的困难是为死亡赋予一个效用值。总是可以为死亡指定一个足够负的值，这样期望效用计算将得出“永远不要做任何好玩的事情”的结论。然而，即使在我们普通的日常生活中，我们也在不断地冒着遇到早亡的

小风险，很难想象在不冒这些风险的情况下能够过上充实和有意义的生活。有大量的文献讨论了我们作为个体和整个社会应如何评估小概率的生死风险。就我们的目的而言，我们承认这是对面临生死抉择问题的期望效用框架的合理批评，但我们不认为这是反对在财务决策中使用期望效用的有力论据。

## 那为什么不是每个人都已经在使用期望效用呢

在20世纪50年代和60年代，当关于选择理论的许多开创性工作正在进行时，这种方法的大规模实际应用所需的计算能力还不存在。即使在今天，构建能够处理一系列现实世界复杂情况的用户友好模型也并非易事。我们怀疑这阻碍了期望效用方法从学术界走出来，特别是许多认同这个理论的研究人员接着研究出了突破性的衍生品定价模型——如布莱克-斯科尔斯期权定价模型——这些模型可以立即应用于市场。后来大量进入金融领域的具备技术技能的人，主要关注于“套利”理论和衍生品定价，而期望效用方法则被搁置一旁。这种情况目前也没有得到改善，因作为在不确定性下的决策框架的“效用理论”常常被错误地与一组不受欢迎的政治和伦理学说——“功利主义”联系在一起。这种学说由19世纪的道德哲学家杰里米·边沁和约翰·斯图尔特·密尔提倡，主张社会应做出最大化其成员期望效用总和的决策。这不仅在实施上几乎不可能实现，而且还会做出侵犯个人自由、权利和追求幸福的决策。效用不能跨个体相加的事实并不减少它作为每个个体做出良好决策的指南的价值。

## 总结

本章讨论的批评并不是对期望效用使用的仅有的反对意见，但它们涵盖了我们熟悉的大多数反对意见。做出良好的财务决策并不容易，但正如传奇投资者塞思·卡拉曼所说：“不要以为你可以避免做出选择，无动于衷也是一种决策。”[4]

# 8

# 对冲基金作手回忆录

有些事情无法通过语言或图像向一个新手充分解释。我在这里提供的任何描述甚至都不能近似描述你失去你曾拥有的一大笔钱的感觉。

——小弗雷德·施韦德（Fred Schwed Jr.），

《客户的游艇在哪里》（1940年）

本章讲述了维克多从他作为对冲基金长期资本管理公司（LTCM）合伙人的经历中学到的个人教训，他在该基金中投入了其个人财富的很大一部分。在许多情况下，“你应该在游戏中押注多少？”这个问题非常重要，比如对初创公司创始人、家族企业、演员、运动员和公司高管等而言。当然，当在考虑是否押注于你的第三方看到你在“吃自己做的饭”时会感觉更好。正如纳西姆·塔勒布（Nassim Taleb）在他的《非对称风险》一书中所说：“亏损10亿美元是一件值得尊重的事情，只要那是你自己的钱。”然而，让这种向第三方投资者发出信号的欲望分散你的注意力，而不去首先回答什么对你最有利的问题，这是很危险的。我们认为，通常情况下，就像维克多的情况一样，对你而言，正确的东西将足以让投资者相信你已经全心全意地为他们着想。

关于LTCM的交易决策、其兴衰过程以及涉及的人物，已经在其他地方得到了充分讨论，最著名的图书包括《赌金者：长期资本管理公司的升腾与陨落》（*When Genius Failed*）和《创造金钱：长期资本管理公司的传奇》（*Inventing Money*），以及包括迈克尔·刘易斯（Michael Lewis）于1999年1月在《纽约时报》上发表的一篇长篇文章《聪明人如何崩溃》在内的许多文章[1]。相反，我们这里的重点将是这个故事中一个基本上不为人知的部分，我们认为这个故事不仅仅与对冲基金投资者和管理者有相关性。也许是因为当时写书和文章的作者们没有得到前LTCM合伙人的帮助，所以LTCM最显著、最有用、最无可争议的教训之一被忽略了：LTCM合伙人承担多少风险是合理的？更具体地说，维克多应该如何决定投资多少他的个人财富在LTCM基金中？

## 背景

LTCM是一家对冲基金，它从1994年到1999年有着短暂而相当辉煌的历史。其合伙人由一群来自所罗门兄弟投资银行的债券交易员和几位著名的学者组成，其中两人后来获得了诺贝尔经济学奖。主要合伙人是约翰·梅里韦瑟

[1] 还有一份哈佛商学院的案例研究报告，其中充满了精心收集的数据和细节，由安德鲁·佩罗尔德教授于1999年11月撰写，报告的标题为“长期资本管理有限责任公司”。

（John Meriwether），一位杰出的债券交易员，他于20世纪70年代中期在所罗门兄弟成立了债券套利业务。LTCM所采用的投资方法与为所罗门兄弟带来大约持续20年的丰厚利润的投资方法完全相同。[1]

难怪当LTCM于1994年年初开始运营时，市场和对冲基金投资者充满了兴奋。最初的资本为10亿美元，其中包括合伙人投资的超过1亿美元，这在当时是有史以来最大的对冲基金启动资金。相信这个故事的人没有失望，因为LTCM在最初的四年里表现稳健——有些人甚至可能会说是辉煌的盈利能力。扣除费用后，截至1997年年底，向初始投资者提供的年回报率为31.2%。盈利月份数量是亏损月份的四倍，且该基金从未连续两个月亏损。在不到四年的时间里，该基金成为世界上最大的对冲基金之一，资本达到75亿美元，尽管从1995年中期开始就基本上不再接受新的投资者。

然而，1998年，LTCM损失超过90%。在纽约联邦储备银行的介入下，由14家大型商业银行和投资银行组成的财团——这些银行都是LTCM的交易对手方，面临巨大损失——投资了36亿美元获得了该基金约90%的所有权。该基金于1999年年底清算，银行财团从中获得了大约10%的投资回报。

1997年年底，合伙人做出了一个重大决定，将基金约35%的资本返还给投资者。这是一个极具争议的决定，无论是在LTCM合伙人内部还是在其投资者之间。基金返还资本给大约100位外部投资者对其来说有好的一面，那就是使得这些投资者的累计回报率中位数在包括了1998年的亏损后仍达到了每年19%。事实上，在LTCM整个寿命期间，该基金实现了小幅的净利润，总体上大多数投资者由于资本返还而获得了不错的回报。然而，少数投资者，特别是瑞银（UBS），因其在基金晚期不合时宜的投资遭受了巨大损失。不幸的是，对于LTCM的合伙人而言，1998年的损失几乎抹去了他们在基金中的所有个人投资。

## 重大决策

维克多是LTCM的创始合伙人之一，这里是他对这一切的回忆。之后，我们将通过在本书中一直讨论的期望效用框架来讨论他今天如何看待这一点。我们强调，这是维克多个人的回忆，并不一定代表LTCM的任何其他合伙人。

在LTCM成立之初，我们的投资者希望我们自己将很大一部分财富投资于基金，以显示我们自身利益在其中，以此表明我们确实相信自己所做的事情。到1997年，这已不再是一个考虑因素，如果有什么不同的话，我们的投资者更希望我们在基金中的投资少一些，这样他们就能投资更多。此时，我觉得我可以自由地决定在基金中投入多少。基金看起来像一个极具吸引力的投资。像我这样的合伙人不需要支付激励费用，所以我在基金中的投资收益在四年里每年复合增长超过40%，而根据月度收益的标准差来看，实际风险每年约为10%到15%。在LTCM之前，合伙人们已经用所罗门兄弟的资本进行了接近20年的投资，获得了类似的高质量实际回报。

似乎每个人都想在我们的基金中投资更多，我们听说有些投资者在以比净资产价值高出很多的溢价买入基金其他投资者持有的份额。当时我35岁，是LTCM合伙人中最年轻的。我看到其他所有的合伙人（许多人对我来说就像家人一样），也认为该基金是一个非常有吸引力的投资。此外，这个基金对我来说远非一个黑匣子。事实上，它是我能够投资的所有东西中我最了解的。毕竟，我是一名高级交易合伙人，对基金所投资的一切以及每个决策背后的理由我都有全面了解。

所以，我认为我想把我大部分财富投资于该基金是可以理解的。但到底多少才合适？我意识到当时我没有任何有条理的、逻辑上的框架来思考这个问题。我是一个非常注重量化的人，别人可能会称我为“数字控”，但在这里我面对一个有吸引力的投资机会，却没有一个令人满意的方法来确定合适的投资金额。我希望有人写过这样一本书——或者有人把这样一本书所基于的研究给我看——让我读一下并记住这些内容。

最终，我不得不做出一个决定。我觉得无论投资机会多么有吸引力，我都想保留一部分资金，投资最安全的资产，按照我家庭当时的消费水平，这将支持我家庭40年到50年的支出。这样，我觉得无论那个有吸引力的投资发生什么，包括100%的亏损，我仍然有足够的资金来支持我和我的家人过上舒适的生活。我想保留下来的这部分资金约占我可投资净资产的20%。我考虑的是我的高流动性储蓄，不包括我和妻子拥有的无贷款的房屋，也不包括我在LTCM中私人的、低流动性的所有权份额（公司正在从基金管理中赚取费用）。你可以说，我所做的是最大化我的期望财富，同时保留一笔最低限度的财富以应对灾难发生的情景。[2]这种方法中并没有全面的风险评估；我几乎完全专注于回报。换句话说，我的行为完全就像一个“风险中性”投资者，我把超出我保留金额的所有财富用来投资时完全不考虑风险。经过反思这是不切实际的。

我想，我以这种方式处理问题并不奇怪。在那之前，我一直在为所罗门和后来的LTCM在有吸引力的投资上做投资规模决策。在这两家公司，我们的方法都是在多种约束（如资产负债表、流动资金、交易量、流动性和风险）的限制下最大化期望利润。在实践中，风险很少是一个限制因素。因此，我想我自然会试图在保留一笔安全的财富的条件下最大化我的期望财富，而不是将经风险调整后的回报最大化作为个人投资的主要目标。反思一下，尽管我在伦敦政治经济学院接受了相当全面的金融理论培训，并且在工作中与金融从业者和学者们相处了很多时间，但投注理论和最佳风险承担的话题从未提起过。我从未听说过关于投注大小的公式，如凯利公式或默顿比例，即使鲍勃·默顿（Bob Merton）是我的朋友，也是我在所罗门和LTCM的合伙人。

## 本来可以，本来应该，本来能够

没有人两次踏入同一条河流——河流不同，人也不同。

——赫拉克利特（Heraclitus）

当然，如果维克多知道LTCM基金在1998年会遭受如此巨大的损失，他家庭财富的一个子儿都不会投资于该基金。但是我们在这里感兴趣的是，他在1997年所知道的信息下，应该如何处理这个问题。像往常一样，当处理风险和回报之间的权衡时，我们认为他应该找到一个能够最大化他个人期望效用的LTCM的投资金额。表8.1显示了如果他当时进行期望效用分析，他可能做出的合理假设。

我们假设维克多会有一个正常水平的风险厌恶，与我们过去几年调查的类似投资者的情况相似。他完全合理地认为基金投资非常有吸引力，夏普比率为1，大约是股市合理预期的三倍。关键是，他会将其在LTCM公司的所有权计入他的财富中，这代表了他总净资产的大约一半。像任何单一股票一样，这项公司资产会比分散化的股票组合风险大得多，并且与LTCM基金的表现有非常高的相关性[1]。

一个关键的假设是基金发生巨大损失的概率，这会引起连锁反应，抹去公

### 表8.1 期望效用分析所需的假设

| 假设 | |
|---|---|
| 无风险利率 | 5% |
| 没有激励费用下的基金期望回报率 | 20% |
| 正常时期基金回报的标准差 | 15% |
| 基金年度损失90%的概率 | 0.5% |
| 公司股权期望回报 | 15% |
| 正常时期公司股权回报的标准差 | 25% |
| 如果基金损失90%，公司股权的价值损失 | 100% |
| 公司股权占总净资产的比例 | 50% |
| 维克多个人CRRA风险厌恶系数 | 2 |

[1] 我们没有将维克多的主要住所计入他的财富，因为那是他为其居住而购买的住所，而不是他风险资本的一部分。

司股权的价值。维克多不记得曾具体考虑过90%损失的概率，但LTCM的合伙人经常讨论大额损失的概率，并且一致认为基金回报表现出肥尾现象。1994年10月，合伙人给投资者写了一封信，明确解释了大额损失的概率远高于正态分布的预测。[3]在1994年10月的一封信中，合伙人向LTCM公司的基金投资者解释说，相对于正态分布，基金的回报将呈肥尾分布，特别是，预计每月20%的损失至少每50年出现一次。我们认为，尽管可能有争议，假设合伙人赞同每年有0.5%的概率会发生90%的损失是合理的。我们确信，如果他们试图得出这个概率，他们不会认为这个概率是0。在此前的20年中，他们经历了很多重大市场危机，有时会经历非常大的损失。他们非常清楚，美国股市在过去100年中曾有一次下跌了约90%，从1929年9月3日到1932年7月8日。虽然他们可能不会选定0.5%这个数字，但他们会认为至少每两个世纪会发生一次导致基金下跌90%的那种危机是有可能的。这个假设对基金的期望回报影响不大，只会降低0.5%，对基金回报的标准差影响也不大，只会将标准差从15%（忽略90%损失的情况）增加到16.7%（考虑到90%损失的情况）。因此，从正常的衡量标准来看，该基金仍然是一个非常有吸引力的投资，仍然保持着0.9的夏普比率。

正如图8.1中所显示（用我们为埃尔姆财富客户使用的内部计算器生成的），从期望效用的角度来看，维克多应当希望在基金中投资的最佳金额是稍多于其流动净资产（不包括他在LTCM公司中的所有权价值）的50%。这远低于他实际投资的80%（基于最大化他的期望财富）。考虑到维克多的总净资产中很大一部分是他在LTCM公司的所有权，我们很快就会意识到，他在LTCM中的投资过多了。如果计算得当，他实际上将90%的财富投资于LTCM公司。

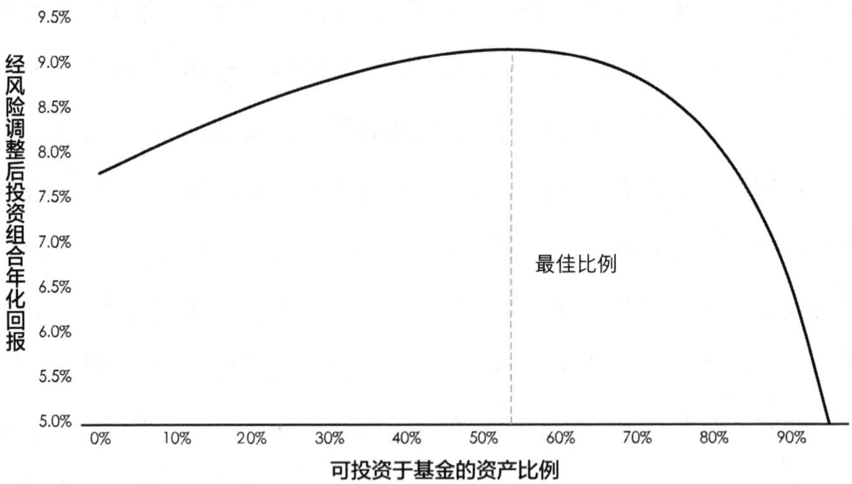


**图8.1 经风险调整后的回报作为投资于基金的流动财富百分比的函数**

此外，正如通常在寻找最佳投资规模决策时的情况一样，接近最佳选择的范围要比精准达到最佳值更为重要。例如，在基金中投资的财富比例在最佳值的10%以内，他的确定性等价财富每年减少不到0.2%。[4]然而，如果远离最佳值，使在基金中的投资达到了80%到90%，则会导致期望的——实际上是已实现的——收益大幅度降低。结果是，他应当投资于基金的资产应该大大少于可投资资产的80%，在上述假设发生合理范围内的变化时，这一结果依然相当稳健，而如果进行更现实的建模，建议的配置可能会更低。例如，我们可能意识到维克多的人力资本[❶]是另一项与对冲基金剧烈损失高度相关的大额资产，还有除了国债，他还可以投资其他资产，税收的不对称性影响会使基金的税后回报差于其他替代选择，以及他在财富水平大幅降低的情况下可能会表现出更高的相对风险厌恶。

当然，这是对场景的非常粗略和过于简化的建模，但一旦我们接受了期望效用最大化的范式，这一大致结果就变得合乎直觉。灾难——抹去90%的基

---

❶ 我们会在第13章更深入讨论人力资本概念。

金投资和100%的公司合伙人所有权的价值——发生的概率虽然小但不为零，这是建议减少基金投资比例的关键驱动因素。显然，考虑到净资产的大部分投资于这家具有风险的管理公司——与其基金表现高度相关，也会对降低对该基金的投资额度有显著影响。

## （非）常识

这可能看起来像是老生常谈的常识，但常识并没有给我们提供具体的建议。在1998年10月评论LTCM时，沃伦·巴菲特说："为了赚他们没有也不需要的钱，他们拿自己拥有和需要的东西去冒险。"[5]巴菲特告诉我们绝不应该冒失去一切的风险——而维克多在这次投资中并没有这么做——但巴菲特没有给我们提供一个框架来思考在面对有吸引力的机会时究竟应该承担多大的风险。期望效用框架提供了这个缺失的指导，虽然它只能是一种近似，但我们发现它的内在一致性相对其他替代方法更有吸引力。

我们可以用多种方式使这一分析更全面和现实，例如，除基金损失90%的情况，明确其他极端尾部结果，纳入基金和美国国债以外的其他潜在投资，审视不同的时间跨度，并结合无追索权借贷的可用性，这确实在1997年由瑞银（UBS）通过基金的长期认股权证实现了。我们还可以使用这个框架分析LTCM合伙人在1997年年底做出的将资本返还给第三方投资者这个备受争议的决定，这是哈佛商学院一个案例研究的基础。如果他们采取相反的做法，通过募集更多第三方资本使基金变得非常大，期望回报和风险更低，可能会有不同的费用结构，或募集"应急资本"以备特殊情况下使用，合伙人的期望效用是否会更高？我们不能确定会做出什么决定以及它们的结果会是什么，但我们确信，合伙人使用期望效用框架来思考这些问题将是有用的。

LTCM合伙人面临的问题在投资管理之外的广泛情景中都会出现。将大部分财富都投入在自己业务中的企业家，拥有集中且高度受欢迎的股票的投资者，以及面对有吸引力但不可扩展的商业机会的管理者，这些只是期望效用可以帮助我们在不确定情况下做出最佳决策的一些例子。后文方框中提供了一个简短的案例研究，维克多的儿子借鉴了一些他父亲的宝贵（且昂贵）的教训。

最终，LTCM的经验深刻提醒我们，投资规模是否合适可能比甄选出将产生良好回报的投资更为重要。LTCM找到并投资的大多数交易最终都是有利可图的。不幸的是，对于LTCM的投资者和合伙人来说，由于基金没有正确回答“应该投多少”这个问题，他们并没有从这些有利可图的投资中获益。

> 维克多的一个儿子最近创办了一家公司，并就为公司筹集股本的事征求了一些建议。假设他的公司有两种结果：失败或变得非常有价值，比如价值5000万美元。他正在考虑是否要再筹集100万美元，这将使他的持股比例从75%降至55%，但会将成功的概率从20%提高到25%。从期望值的角度来看，筹集额外资金是个坏主意，对他来说期望值是负的，损失625,000美元。但从期望效用的角度来看，只要他的初始财富是一个25岁创始人典型的水平，包括对他人力资本的评估，他就应该筹集这额外的资金，因为这会增加他的期望效用。而这正是他所做的。

## 第二部分

# 终身支出与投资

达西先生很快便因其高大俊秀的身材、端正的容貌和高贵的风度引起了全场的注意，并且在他进入后不到五分钟，人们便传言他年收入有一万英镑。

——简·奥斯汀，《傲慢与偏见》（1813年）

如今，我们倾向通过统计金融资产的市场价值来评估净资产，但过去并非如此。直到20世纪中叶，“财富”主要是通过一个人可以支配的支出能力来衡量的。或许这种对总资产的执着是受到了媒体的影响——你不会在任何富翁榜上看到奥普拉·温弗瑞的财富被评估为每年1.25亿美元，即使这大致是她26亿美元资产转化为终身年金所能产生的数额。但如果你将金融资产视为未来支出和遗产的手段，那么用年度支出作为评估财务健康状况的视角似乎更为合适。因此，在第二部分中，我们将终身支出的效用，包括慈善和遗产作为评估核心财务决策的主要指引。

# 9

# 退休后的支出和投资

我们在生活中掌控着自己的财务方向，决定花费多少以及如何投资剩余的资金，并随着情况变化定期更新我们的选择。财务规划的本质在于事先决定理想的支出和投资政策，这取决于我们生活中的相关方面，例如不断变化的投资机会和个人偏好。这个问题用语言描述起来相当简单，但是自从哈里·马科维茨（Harry Markowitz）以其杰出但高度程式化的单期静态投资组合选择范式开创这一领域以来，在过去的60年里，寻找最优解决方案一直占据着一些非常聪明的头脑。[1]自那时起，学术研究者在定义和解决日益现实和相关的学说方面取得了巨大进展，其研究的目标就是最大化终身期望效用，这也是大多数研究问题的核心。事实上，该领域的学术研究如此丰富，以至于催生了一个完整

的学术学科，设有专门的大学课程和教科书。[2]

到目前为止，我们的重点是承担多少风险，我们已经展示了这取决于目前投资机会的质量和你个人的风险厌恶水平。我们已经在单期决策的背景下探讨了投资决策，其中我们试图最大化在给定时间段最终的财富的期望效用。我们希望此时你已经熟悉并接受最大化期望效用是一个很好的范式，可以用于在相当广泛的现实世界情况下做出投资规模决策。

现在，是时候关注我们应该规划在我们的一生中如何花费我们的财富，无论是为了我们自己还是留给他人作为遗产。我们将从一个高度简化的世界中的支出决策开始，在这个世界中不需要做出任何投资决策，并且只有一种无风险的资产可以投资。然后我们将转向一个多期框架，在这个框架中，我们今天的决策将包括对未来的规划决策——经济学家称之为跨期决策框架。一旦我们适应了这个高度简化的世界，我们将引入一个有吸引力但有风险的资产，并观察我们的支出和投资决策是如何与之密切相关的。

我们要回答的一个大问题是："在你余生中，支出和投资的最优规则是什么？"你不会对我们将提出的解决方案感到惊讶，这个解决方案涉及最大化期望效用。但是这里我们将最大化的是你从一生的财富支出中获得的期望效用，而不是最大化在人生某个时间段内财富的期望效用。为了计算终身效用，我们会将你的生活按时间单位分割，如年，然后为每一年计算该年支出带来的效用。然后我们将各年支出的效用相加，这就是你的终身效用❶。然后我们只需要在所有可能的投资和支出规则中寻找能给你带来最高期望终身效用的规则。

需要明确的是，我们并不是在说，如果没有基于最大化期望效用的正式模型，你就无法做出好的决策。事实上，许多成功且在财务上精明的投资者和企业家——如巴菲特和贝索斯——可能从未明确计算过他们面临的不同选择的

❶ 我们还会根据你提前或延迟享受的偏好对每年的效用进行贴现。我们将在第12章更详细地讨论时间偏好。当我们提到终身效用时，我们指的是贴现终身效用。

期望效用，却一直做得相当不错。然而，许多人要么在没有框架的情况下做出决策，要么基于一个常常无法提供合理或一致答案的框架做出决策。事实上，一些非常严重的金融灾难很大程度上归因于决策者专注于最大化财富，而非最大化我们从花费财富中获得的效用。

随着过去40年来401k和IRA等养老金固定缴款计划的激增，今天个人比以往任何时候都更多地需要为自己退休后的财务安全负责。个人现在需要回答的问题，是他们在公司提供终身养老金时代大多不需要考虑的问题。现在你需要决定存多少钱，工作多久，投资什么，承担多少风险，要有多少钱转化成年金，以及在工作和退休期间如何支出你的财富，以免在去世前破产。这些是复杂的相互关联的决策，其难度因经济、金融市场、税收以及我们个人情况的不确定性和风险而增加。我们将看到，终身效用范式以一致和综合的方式为思考所有这些问题提供了一个有组织的框架。

据广泛报道，许多家庭在工作期间难以存下足够的储蓄，导致他们对退休后如何花费储蓄方面不够关注。我们有不同的看法：在退休后充分利用自己的财务资源对每个人来说都至关重要，尤其是对于那些最需要高效和明智使用退休储蓄的家庭。此外，更好的投资和花费的决策应被视为人人可以摘取和享受的“低垂的果实”。

## 好的解决方案应该是什么样子的

以下是我们希望的任何潜在最优支出和投资政策应具备的一些理想特征：

1. 花更多的钱比花更少的钱更好。
2. 花更多的钱会有递减的边际效益。
3. 支出应尽可能平滑地分布在各个时间段。
4. 支出应根据税后和通胀调整后的投资的价值和质量的变化做出反应。
5. 支出和投资应取决于我们期望的但不确定的个人寿命。

## 默顿-萨缪尔森的“终身消费与投资组合选择”框架

1969年，25岁的罗伯特·C. 默顿和他的导师保罗·萨缪尔森分别发表了解决终身支出和投资决策问题的第一套方案，这些方案满足了我们刚刚列出的五个理想特征。值得注意的是，这是默顿发表的第一篇经济学论文，也是他首次使用连续时间微积分来解决一个此前无法解决的问题。[3]默顿和萨缪尔森公式的核心是一个关于效用函数的假设，这个函数将支出体现为效用，他们解决的问题是找到个人终身的支出和投资规则，可以使其消费的贴现期望终身效用最大化。这是各个时期支出效用的总和，所有这些效用贴现到当前。从现在起，我们将其称为“期望终身效用”。

默顿-萨缪尔森的公式做出了一些简化的假设，使他们能够找到一个简单的个人最优支出和投资决策的公式。他们的主要假设包括资产价格表现良好、没有税收、没有劳动收入、具有常数相对风险厌恶效用，以及个人知道自己去世的日期。[4]他们的框架可以用更现实的假设通过数值方法实现，但他们的解决方案仍然提供了大量有价值的见解。首先，它通过发现最优支出规则必须与投资组合价值成比例（尽管最优比例会随着时间而变化），明确地认识到支出与投资表现之间的联系。因此，投资组合价值增加10%会导致支出增加10%。另一个直观的特征是，投资组合期望回报的增加需要在早期减少支出，以便通过复利可以在以后的年份中有更多的支出。相反，在其他条件相同的情况下，更大的投资风险会导致更多的前期支出。

除描述一个人的风险厌恶之外，应用于支出的凹形效用函数还具有一个吸引人的特征，即鼓励消费平滑分布在时间上。[5]例如，一个两年内花费所有财富的人，通过每年花费一半而不是一年内全部花光并在另一年没有花费，会获得更高的总终身效用。事实上，考虑到未花费储蓄获得收益的机会以及个人对近期支出的时间偏好后，最优分配通常会接近50/50，但不完全如此。

为了说明计算期望终身效用的机制，表9.1探讨了65岁的退休女性萨姆的案例，她拥有100万美元的储蓄。现在，我们将做出简化的假设，即萨姆还有确定且已知的20年寿命，并且只能投资于一种无风险资产，从而消除投资风险。表中显示的支出模式是她未来20年中，所有可能的支出方式中导致最高期望终身效用的计划。

**表9.1　萨姆案例研究：65岁，已退休，100万美元的储蓄，还有20年的寿命，只能投资于无风险资产，税后回报3%并高于通货膨胀率，未来消费效用的贴现率为每年2%，具有CRRA效用且风险厌恶系数 $\gamma=2$**

| 年龄 | 财富 | 无风险收入 | 支出（%） | 支出（$） | 支出的效用 | 支出效用的贴现值 |
|---|---|---|---|---|---|---|
| 65 | 1,000,000 | | | | | |
| 66 | 965,547 | 30,000 | 6.3% | 64,453 | 0.8448 | 0.8283 |
| 67 | 929,744 | 28,966 | 6.5% | 64,769 | 0.8456 | 0.8128 |
| 68 | 892,551 | 27,892 | 6.8% | 65,084 | 0.8464 | 0.7975 |
| 69 | 853,925 | 26,777 | 7.1% | 65,403 | 0.8471 | 0.7826 |
| 70 | 813,820 | 25,618 | 7.5% | 65,723 | 0.8478 | 0.7679 |
| 71 | 772,189 | 24,415 | 7.9% | 66,045 | 0.8486 | 0.7535 |
| 72 | 728,986 | 23,166 | 8.3% | 66,369 | 0.8493 | 0.7394 |
| 73 | 684,163 | 21,870 | 8.9% | 66,693 | 0.8501 | 0.7255 |
| 74 | 637,669 | 20,525 | 9.5% | 67,019 | 0.8508 | 0.7119 |
| 75 | 589,453 | 19,130 | 10.3% | 67,346 | 0.8515 | 0.6985 |
| 76 | 539,462 | 17,684 | 11.1% | 67,675 | 0.8522 | 0.6854 |
| 77 | 487,641 | 16,184 | 12.2% | 68,005 | 0.8530 | 0.6725 |
| 78 | 433,932 | 14,629 | 13.6% | 68,338 | 0.8537 | 0.6599 |
| 79 | 378,278 | 13,018 | 15.4% | 68,672 | 0.8544 | 0.6475 |
| 80 | 320,617 | 11,348 | 17.7% | 69,009 | 0.8551 | 0.6353 |
| 81 | 260,888 | 9619 | 21.0% | 69,347 | 0.8558 | 0.6234 |
| 82 | 199,028 | 7827 | 25.9% | 69,687 | 0.8565 | 0.6117 |
| 83 | 134,972 | 5971 | 34.2% | 70,028 | 0.8572 | 0.6002 |
| 84 | 68,652 | 4049 | 50.6% | 70,369 | 0.8579 | 0.5889 |
| 85 | 0 | 2060 | 100.0% | 70,711 | 0.8586 | 0.5778 |
| 终身支出总计 | | | | $1,350,745 | | |
| 每年支出效用的贴现值之和 | | | | | | 13.9205 |

对于那些喜欢用数学方式表达事物的人来说，为了生成表9.1，我们假设财富经风险调整后的增长速度为$r_{ra}$，而效用按个人时间偏好率$r_{tp}$贴现，我们寻找的是每年的支出$c_t$，即财富$W_t$的一个比例值，从而使每年支出的贴现效用总和最大

寻找所有年份的$c_t$，使得 $\sum_{t=1}^{T}\frac{U(c_t W_t)}{(1+r_{tp})^t}$ 最大。

$W_t = W_{t-1}(1-c_{t-1})(1+r_{ra})$

萨姆2%的时间偏好率意味在她今年和一年后花费同样的金额的情况下，今年的效用比一年后的多2%。请注意，最优支出随着时间的推移而增加，因为风险调整后的回报率高于时间偏好率。因此，今天放弃一些消费来投资并在未来花费更多是有意义的。这种支出模式的一个显而易见的替代方案是每年花费相同的金额，这将导致每年的平均支出为67,216美元，比最优支出计划平均每年少约300美元。

该框架的一个优点是，我们可以比较最优支出模式与固定年度支出模式之间的优劣。在上述时间范围内和假设条件下，两种支出模式在总终身效用上的差异不大（不到1%）。事实上，当投资回报率与个人的时间偏好率相等时，每年固定支出计划是最优的。正如我们很快将看到的，相比引入更现实的投资风险和不确定的寿命设置，这些的影响相当的小。

将风险资产（例如股票市场）引入分析中，然后找到最优的支出和投资规则在概念上是简单的。如果通过数值方法来解决，我们需要在所有可能的风险资产变化中搜索所有的支出和投资规则的组合，以找到能带来最高期望终身效用的计划。然而，默顿和萨缪尔森使用一种称为动态规划的技术来找到最优解，从而绕过了直接计算的复杂性。他们解决方案中最令人感到意外的是，在

其简化假设下，投资多少于风险资产的最优规则与年龄和支出无关。我们已经见过最优投资规则的公式，即默顿比例：$\hat{k} = \frac{\mu}{\gamma\sigma^2}$

其中 $\hat{k}$ 是投资于风险资产的最优财富比例，$\mu$是风险资产的期望超额回报，$\sigma$是其标准差，$\gamma$表示投资者的风险厌恶程度。

这个发现与寻常的指导原则相反，即投资者应随着年龄的增长减少对股票的配置，增加债券持有量。在更复杂、更现实的模型中，随着年龄增长，减少股票持有量是最优的，但在最基本的情况下，风险资产的配置随年龄保持不变，知道这点是很有用的。

对于非常长的时间段的最优消费率的公式是[1]：$\hat{c}_\infty = r_{ra} - \frac{r_{ra} - r_{tp}}{\gamma}$

其中，$\hat{c}_\infty$是长（无限）期的最优消费率，$r_{ra}$是最优投资组合的经风险调整后的回报率，$r_{tp}$是投资者的时间偏好率，$\gamma$是投资者的常数相对风险厌恶系数。

随着经风险调整后的回报率上升，你的最优花费也会增加，但是额外1%的风险调整后的回报率不会使你当前的支出也增加1%。这是因为你需要在持续平滑消费的偏好和延迟消费以更高的利率来投资以期在未来多消费之间权衡。

你的时间偏好率越高，当前消费率就越高，因为你希望更早花费更多的财富。在经风险调整后的回报率接近你的时间偏好率的情况下，最优消费率就是你投资组合的经风险调整后的回报率。

当然，没有人拥有无限的时间。对于任何有限的时间维度，时间$t$的最优消费 $\hat{c}_t$ 是通过按剩余时间$T$，使用长期的最优消费率 $\hat{c}_\infty$ 作为年金化率，使用如下公式来年化你的财富[2]： $\hat{c}_t = \frac{\hat{c}_\infty}{1-(1+\hat{c}_\infty)^{-T}}$

[1] 从技术上讲，这个公式假设无限长的时间范围和$\hat{c}_\infty > 0$，但我们很快就会把它带回更现实的假设。同样，我们将看到，对于任何有限时间维度，$\hat{c}_\infty < 0$可以给出一个合理的结果。

[2] $\hat{c}_\infty \neq 0$。当$\hat{c}_\infty = 0$，$\hat{c}_t = \frac{1}{T}$。

最优消费规则表示为每年花费当前财富的一部分。这是该框架的核心特征，明确承认支出与投资表现密不可分。如果你无法跟着你的财富随着时间的变化而调整你的总支出，那么你的消费和投资组合中承担的风险是不一致的。

让我们检验一下该公式，假设 $\gamma = 2$，$r_{ra}= 3\%$和$r_{tp} = 2\%$。这让我们得到$\hat{c}_{\infty}= 2.5\%$，我们可以将其代入公式得出 $\hat{c}_t$ ，如果你有20年的寿命，最优消费率为你当前财富的6.4%。请注意，这与之前表9.1中显示的64,453美元是一致的，这大约是她起始100万美元储蓄的6.4%，我们发现假设萨姆还有20年寿命，这是其支出计划第一年最优的消费金额。

## 将模型应用于现实生活情境

多年来，经济学家们扩展了默顿-萨缪尔森模型，使其更加现实和灵活。我们将在这里使用的模型版本融合了投资风险、寿命不确定性、税收、通胀、社会保障收入，并承认遗产馈赠可以增加赠予者的终身效用。

在面对所有这些现实复杂性的情况下，使用期望终身效用来指导家庭投资和支出决策涉及三个主要步骤：

1. 基于给定的投资和消费政策，模拟出资产价格、财富和消费。

2. 计算每个政策产生的消费的期望终身效用，计算中包含用于遗产馈赠的财富。

3. 在多种投资和消费规则中寻找，以找到能带来最优结果的规则。

为了了解模型需要什么和它能告诉我们什么，我们将继续讨论萨姆的案例，但会增加她所处环境的现实性。她仍然有100万美元的起始财富，但她也开始每年获得税后社保收入30,000美元。我们假设她维持生活的绝对最低消费，即她的“最低生活消费”，也是每年30,000美元。

她有两个成年子女和五个孙子孙女。她欣然知道——她推导效用时知道这一点——她去世后，剩余的遗产将留给家人。我们需要校准用于测量她从遗产馈赠中获得效用的“遗产效用”函数。一种方法是问她，如果她准确地知道自己还能活20年，而且她唯一的投资选择将产生0%的实际税后回报率，她希望给家人留下多少钱。在这个例子中，我们假设她希望在这种情况下将其最终财富的三分之一留给家人❶。我们需要为萨姆制订消费和投资计划的其他参数信息在表9.2中。[6]

**表9.2　萨姆的最优投资和消费基于的假设**

| | |
|---|---|
| 起始财富 | $1,000,000 |
| 罗斯个人退休账户比例 | 40% |
| 风险厌恶水平 | 2 |
| 时间偏好率 | 2% |
| 平均税率 | 20% |
| 无风险资产回报率 | 4% |
| 股市期望回报 | 9% |
| 股市风险 | 20% |
| 通货膨胀率 | 2% |

在图9.1的三张图中，我们展示了萨姆的最优投资和消费策略，以及它们在年度消费和生命最终期的遗产方面的影响（所有数字均为按通货膨胀调整到起始时美元）：

消费策略表示为萨姆每年初财富的百分比。最优消费比例随着时间的推移而上升，并且高到足够使她的中位数财富预计会随着时间的推移而减少。这种按比例支出的策略具有一个吸引人的特征，即她不可能“用光”钱。理解这个消费计划的一个真正重要的方面是，她的支出会随着投资组合表现好坏而上下

❶ 我们喜欢使用的遗产效用函数与我们用来衡量她在自己身上花费的效用的函数形式相同，但它有一个额外的参数 $U(b)=\dfrac{b\left(1-\left(\dfrac{w}{b}\right)^{(1-\gamma)}\right)}{\gamma-1}$。

我们在简化情况下求出与她答案相符的$b$。参数$b$可以被认为是在校准问题的假设下，以她最后一年最优消费比率计算，她想把多少年的消费作为遗产留给家人。在这个例子中，我们得到$b=10$。请注意，在校准问题中，她想要遗赠的财富比例为 $\dfrac{b}{20+b}=\dfrac{1}{3}$。

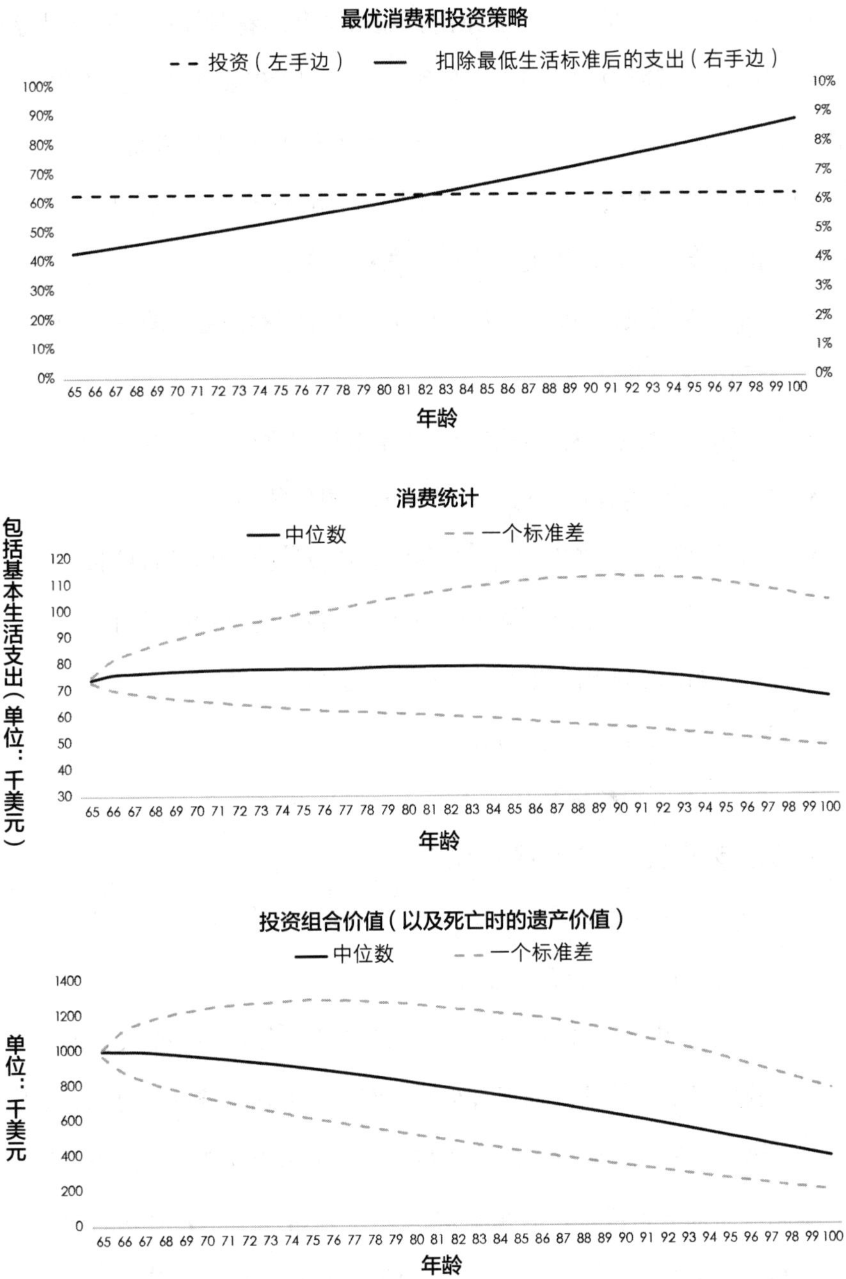


**图9.1　支出和投资策略以及支出和投资组合价值统计**

波动。如果她不愿意在最低生活消费之上逐渐调整她的自由支出，那么她就不应该承担任何投资风险。

在大部分的个人情况下，股票配置通常不会随着时间的推移而保持不变，但根据我们为萨姆所做的假设，我们发现最优配置确实保持在62%左右。主要原因是她预计的社会保障收入正好抵销了她最基本的生活需求。

通过探讨不同假设的变化如何改变模型输出的建议，我们可以更深入地了解这一切的运作方式。以下的结果都在意料之中：

- 更高的股票期望回报⇨更高的股票投资配置，更高的消费和遗产，以及更多的后期支出。
- 更高的预期股票风险⇨更低的股票投资配置和更低的期望支出。
- 更长的期望寿命⇨更低的每年支出，更低的预期遗产。
- 更低的基本生活支出要求⇨更多的风险承受和更高的总期望支出。

我们还可以更好地了解不同风险对萨姆终身财务状况的相对重要性。以下所有变化对萨姆的影响相当于她一开始财富就多了10%：

- 无风险的实际利率提高1.5。
- 期望股票回报率提高1%。
- 股票风险从年化20%降低到16%。

将她的税率从20%降低到0%相当于初始财富仅增加了3%，部分原因是她在罗斯个人退休账户中拥有大量财富。

如果萨姆不想像她的偏好所建议的那样将这么多资金投入股市，该怎么办？正如我们之前讨论的，以相对小的偏差偏离最优策略往往对期望效用的影响很小，因为在最优点附近的曲线非常平坦，更像山丘的顶部而不是崎岖的山峰。因此，如果萨姆决定将股票配置减少5%，这几乎不会对她的期望终身效用产生影响。然而，如果她决定完全不进行股票投资，她的情况将显著恶化。对于萨姆来说，能够投资股票在期望效用方面相当于多拥有25%的初始财富。

另一个需要考虑的问题是，尽管更高的投资回报自然会提高萨姆的期望终身效用，但回报的顺序对她的结果也很重要。在40年间，她有很多种方式可以从投资组合中获得5%的回报。退休初期财富较多时获得高回报，而在后期获得较低回报对她来说会比相反情况更好。不幸的是，我们无法逃脱这种回报顺序的风险，但我们建议的方法认识到早期的更高风险，并考虑到许多可能的结果，包括回报具有相同平均值但经历顺序不同。

## 这与其他流行策略相比如何

一种常用的退休支出计算方法是“4%规则”。它相对简单：取退休时所有投资的价值，计算其4%，每年支出该金额，按照通货膨胀调整……并希望在有生之年不会用光钱。这条规则的起源是1994年由加利福尼亚南部的理财顾问比尔·班根发表的一篇文章。[7]该规则是使用1926年至1976年50年间的股票和债券回报历史数据创建的。该规则已随着时间的推移朝着不同的方向演变。2020年年末，班根本人表示，考虑到新增的25年数据，他现在建议将初始支出比率的“安全最大值”（SafeMax）提高到5%。[8]

正如我们将很快看到的，任何不顾财富如何随时间变化而要求固定支出的规则的主要问题在于，它可能导致钱用完的概率高到不可接受。我们为萨姆提出的基于最大化她的终身效用的模型建议，在她的投资组合价值下降时减少支出，反之亦然。[9]表9.3比较了萨姆在2000年年初退休并保持60%美国股票和40%美国国库券的投资组合时，如果她遵循在退休时初始财富的5%的固定实际支出规则（班根对4%规则的更新），与遵循旨在使她的期望终身效用最高的最优支出计划之间的差异。在这个例子中，我们使用了之前图9.1中显示的支出计划。[10]

尽管投资组合的年平均回报率为5.25%，但如果萨姆按照一个随着时间变化根据通货膨胀调整的固定金额消费规则，她将在2019年年初的某个时候用光钱！这种情况是令人失望的，你的投资组合获得了很高的平均回报，但你的策略却得到了糟糕的结果，这与我们之前讨论的“回报顺序”问题是一样的。

**表9.3　萨姆：固定支出策略VS效用最优可变支出策略（60%投资美股，40%投资国库券）**

| | S&P 500指数回报 | 5%支出规则的财富 | 5%支出规则的支出 | 效用最优计划的财富 | 效用最优的支出比例 | 效用最优的支出 |
|---|---|---|---|---|---|---|
| 1999 | | $1,000,000 | | $1,000,000 | | |
| 2000 | −9.7% | $916,247 | $50,000 | $923,019 | 4.3% | $42,979 |
| 2001 | −11.8% | $809,334 | $51,693 | $826,041 | 4.4% | $40,618 |
| 2002 | −21.6% | $662,400 | $52,496 | $690,400 | 4.5% | $37,211 |
| 2003 | 28.2% | $713,782 | $53,743 | $772,316 | 4.6% | $31,831 |
| 2004 | 10.7% | $707,082 | $54,753 | $789,537 | 4.7% | $36,436 |
| 2005 | 4.8% | $679,762 | $56,536 | $785,175 | 4.8% | $38,108 |
| 2006 | 15.8% | $692,503 | $58,467 | $831,956 | 4.9% | $38,765 |
| 2007 | 5.1% | $660,027 | $59,952 | $824,263 | 5.0% | $42,007 |
| 2008 | −36.8% | $465,904 | $62,399 | $609,412 | 5.2% | $42,555 |
| 2009 | 26.4% | $467,423 | $62,456 | $668,782 | 5.3% | $32,164 |
| 2010 | 15.1% | $439,705 | $64,156 | $689,873 | 5.4% | $36,078 |
| 2011 | 1.9% | $378,901 | $65,116 | $659,343 | 5.5% | $38,032 |
| 2012 | 16.0% | $341,855 | $67,045 | $682,056 | 5.6% | $37,139 |
| 2013 | 32.3% | $326,729 | $68,212 | $767,510 | 5.8% | $39,247 |
| 2014 | 13.5% | $278,446 | $69,236 | $781,187 | 5.9% | $45,108 |
| 2015 | 1.2% | $210,632 | $69,760 | $741,150 | 6.0% | $46,885 |
| 2016 | 12.0% | $151,759 | $70,269 | $752,218 | 6.1% | $45,417 |
| 2017 | 21.7% | $90,889 | $71,727 | $800,819 | 6.3% | $47,056 |
| 2018 | −4.6% | $17,272 | $73,239 | $733,649 | 6.4% | $51,131 |
| 2019 | 31.2% | $0 | $17,272 | $814,514 | 6.5% | $47,802 |
| 2020 | 18.3% | $0 | $0 | $844,134 | 6.6% | $54,149 |
| 2021 | 28.7% | $0 | $0 | $922,212 | 6.8% | $57,249 |
| 2022 | −18.2% | $0 | $0 | **$884,418** | 6.9% | $56,344 |
| 平均股票回报率 | 7.84% | | | | | |
| 平均国债回报率 | 1.36% | | | | | |
| 平均通货膨胀率 | 2.51% | | | | | |
| 总支出 | | $1,198,528 | | | $984,314 | |
| 总支出+最终期财富 | | $1,198,528 | | | $1,868,733 | |

相比之下，如果萨姆遵循一种与其投资组合价值挂钩的支出策略，她到2022年年底时将有大约90万美元，这很有希望支撑她到100岁甚至更久，并满足她的遗赠愿望。从纯货币的角度来看，23年的消费加上期末财富，她的情

况好50%以上，但从效用的角度来看，你可以说她的情况好无数倍。

这不是一次特别糟糕的投掷“股票回报”骰子的结果（尽管“择时”掷骰子非常糟糕）；蒙特卡洛模拟表明，即使假设有良好的平均投资回报，遵循5%的固定支出规则将在30年内大约三分之二的时间里用光钱（在4%固定支出规则下，也在超过三分之一的时间里用光钱）。[11]

另一条给退休者的传统建议是根据以下公式减少其在股票市场中的敞口：

股票配置 = 100 - 投资者年龄

最近，由于人们预期寿命的延长，一些顾问已将这个“100”调整为110。正如我们已经讨论过的，一个人的股票配置应主要基于期望的超额收益、投资风险和投资者的风险厌恶程度。根据我们在表9.2中为萨姆设置的假设，我们发现，如果她采用“100 - 年龄”的资产配置方法，她需要起始财富增加约10万美元（10%）才能获得与个人最优策略所产生的相同的期望终身效用。我们认为，没有比做出更好的投资和支出决策更简单的方法来提高一个人的实际财富。

我们还评估了其他解决终身支出和投资组合选择问题的方法，例如，在预先规定的巨大损失的最大“可接受”概率下最大化财富。另一种类似的方法有时被称为“目标导向”投资，投资者遵循一种策略，试图最大化达到某一财富水平的概率，同时限制亏损超过某一数量的概率。正如我们在第6章末尾“为实现目标而投资”的标题下所讨论的那样，这些方法通常远不如明确试图最大化期望终身效用的方法。我们希望本章中的例子能够帮助说明这种方法的威力和灵活性。

## 更新你的投资和支出计划

虽然终身支出和投资模型可以产生一个最优计划，但重要的是要意识到，随着时间的推移，情况会发生变化，应该制订一个新计划以反映最新的情况。

利率、期望回报、税率和通货膨胀等条件通常会随着时间的推移而变化，因此需要重新运行模型来制订新计划。同样，个人甚至可能希望随着时间的推移更改预期寿命的假设，因为衰老过程可能会有不同的轨迹。理想情况下，我们知道所有参数会随着时间变化，该模型应在所有参数上考虑不确定性，但在实践中，我们发现增加额外的计算复杂性并不值得进一步优化最优计划。此外，请参见第18章，这一章更深入地讨论了直接在建模中考虑参数不确定性的影响。

一些参数可能以可预测的方式发生变化，这值得对其明确地建模。例如，股票市场下跌时，其期望超额回报往往会上升。这会对最优的投资和支出计划产生重大影响。正如我们在第5章中讨论的那样，这种被称为“对冲需求”的效应的影响是增加投资者的最优可承担风险水平，这反过来会增加他们的终身期望支出。

## 为什么没有更多的顾问使用这种方法

尽管50多年来在通过支出的期望终身效用的视角研究终身消费与投资组合选择问题方面累积了很多成果，但财务规划和财富管理界仍然拒绝将这一框架付诸实践。虽然教授金融决策的教科书都从效用理论的讨论开始，财务规划师可能会担心他们的客户会因一种建立在陌生的抽象形式主义基础上的过程而感到困惑。我们认为，这种担忧是没有根据的，无论如何，在制订合理的终身财务计划时，无法回避考虑个人偏好的必要性。

## 扩展

总体而言，投资和支出问题无法完全分离，特别是对于可能会消耗掉大部分财富的家庭而言。但在富裕家庭通常面临的情况下——时间维度很长，消费水平占总财富的比例相对低——可以首先解决投资组合选择问题，然后将其用作终身消费问题的输入。随着我们考虑税收、寿命的不确定性、个人消费带来的不同效用、慈善和代际转移以及其他现实世界的考虑，计算的复杂性会急剧增加，但相比试图在匆忙中做出这些决策，通过进行分析提供的改进福利也会增加。

### 自由选择

我们有多幸运，可以自由地投资于股市这样的风险资产？这并不是一个完全假设性的问题，因为养老金法规有时会有效地迫使退休储蓄者只赚取无风险利率。我们可以用刚才讨论过的框架来回答这个问题。答案是你对所能购买的风险资产最佳组合相对于无风险资产的期望收益和期望风险的看法的函数，它还将取决于你的风险厌恶程度、时间偏好和你的时间维度。

根据下表中的假设，我们发现，通过获得风险资产，以确定性等价财富来衡量，你的福利将提高大约50%。生活在一个可以自由投资的世界里，我们是多么幸运啊。

| 无风险利率 | 2% |
| --- | --- |
| 风险资产超额期望回报 | 6% |
| 风险资产波动率 | 20% |
| CRRA风险厌恶系数 | 2 |
| 时间偏好率 | 2% |
| 时间维度（年数） | 50% |
| 税率 | 0% |

该框架可以扩展至年金和其他资产类别。要求平滑的最优支出政策也相对

简单，这些政策考虑了习惯形成，并可以添加其他动态因素，如通货膨胀、实际利率和期望回报的变化性。然而，对于大多数投资者来说，我们认为这些扩展不太可能产生与基本设置所建议的有实质性差异的决策。

## 总结

当你能应用一个全面的框架，它可以给你带来相当于拥有更多有意义的财富的结果，而不需要增加储蓄或承担更多风险，为什么要使用粗糙的近似方法呢？这种几乎“免费午餐”的唯一成本是理解、接受和使用该框架所需的时间和精力，自从默顿和萨缪尔森在1969年将其公开以来，公众就可以免费地使用它。

# 10

# 让财富世代相传的最优支出策略

一位物理学家正在向一群大学捐赠基金的管理者演讲，解释说在45亿年后，太阳将耗尽燃料，然后熄灭，所有我们所知的生命将终结。一位管理者非常不安，喊道："教授，有什么我们能做的吗？"物理学家回答道："先生，你为什么这么不安？这不会在45亿年内发生！""哦，谢天谢地，"管理者说道，"我还以为你说的是450万年呢。"

通过探索捐赠基金应该如何以及实际上如何决定随着时间的推移使用其资源，我们可以学到很多，这也为我们提供了一个场景，让我们更熟悉上一章所介绍的概念。拥有超过他们在一生中预期花费的财富的家庭面临类似的问题，因为他们可能将这些剩余财富视为惠及后代的捐赠基金。对于我们其他人来说，在不受税收和不确定寿命困扰的情况下如何投资和使用资源，从这个问题中我们也能得到宝贵的启示。

哈佛教授约翰·坎贝尔（John Campbell）将捐赠基金定义为“永生充满活力的承诺”。我们认为他的意思是，捐赠基金应该能够无限期地履行其使命：支出不应挥霍以至于资本在一代人内耗尽，也不应吝啬，以至于什么都没有完成。我们将在这个关于捐赠基金使命的描述上进一步展开，并解释一个重要且有趣的结果，即在大多数合理的假设下，最佳的做法是支出远低于捐赠基金投资组合的预期实际回报。

选择最佳的投资和支出政策的挑战显然是相互关联的。许多捐赠基金，尤其是大型基金，采用的传统方法是像耶鲁大学捐赠基金那样进行投资，并且每年花费大约4%的捐赠基金价值。这个支出率的选择是为了确保捐赠基金的支出小于通常与大学运营费用相关的下限的概率非常低。[1]这种传统方法存在两个问题：

1. 投资和支出选择并不是一个统一框架的一部分，尽管在现实中它们是不可避免地相互联系的。

2. 投资和支出政策没有明确对投资环境的变化做出回应。

自从大卫·史文森在他的书《机构投资的创新之路》中介绍耶鲁投资模型以来，已经过去20多年了。这本书很快成为捐赠基金的运营手册。毫无疑问，当史文森在20世纪80年代末在耶鲁实施该模型时，它既是开创性的，也是非传统的。然而，在过去的20年里，利率和风险资产的预期回报大幅下降。从1999年到2022年年末，低风险的实际利率从4%下降到了接近1%的水平。另类资产类别无法弥补公开市场预期回报下降的缺口，因为它们不再是过去那样的高回报利基。不幸的是，史文森的书中很少提到捐赠基金的投资和支出政策应如何应对如此剧烈的投资机会变化。

具有讽刺意味的是，就在拥有一些最大捐赠基金的大学内部，像罗伯特·默顿（麻省理工学院/哈佛）和约翰·坎贝尔（耶鲁/哈佛）这样的金融学教授已经发展出了明确考虑环境和机会变化的宝贵见解和应对工具。遗憾的是，这些思想似乎还没有进入主流的捐赠基金实践。

## 三种支出政策选项

将投资策略设为给定的，有助于理解捐赠基金支出策略的选择问题。让我们考虑三种可能的年度支出政策，假设投资环境和捐赠基金资产配置如表10.1所述。我们暂时搁置未来捐款在支出和投资策略中所扮演的角色，稍后再讨论。像往常一样，我们将在通货膨胀调整后的条件下进行讨论。

**表10.1　投资环境和策略假设**

| | |
|---|---|
| 长期无风险实际利率 | 0% |
| 一个精心选择的公开和私人市场风险资产组合的预期实际回报 | 6% |
| 风险资产年化回报波动率 | 18% |
| 捐赠基金的资产配置 | 风险资产占90%，无风险资产占10% |
| 捐赠基金期望回报 | 5.4% |

根据表10.1，捐赠基金投资组合的预期实际回报率为每年5.4%。因此，让我们考虑一个每年花费固定5.40美元（按通货膨胀调整）的政策，假设初始投资组合为100美元。如果捐赠基金的回报非常好，投资组合将变得非常大，5.40美元的支出将显得过于微不足道。相反，如果投资组合价值大幅下降，而支出仍然保持在5.40美元，捐赠基金将很快耗尽资金。图10.1显示了随时间变化的中位数支出和期望支出。

正如我们在第3章中讨论过的，中位数定义的是分布“中间”结果的数值，通常将中位数与预期值或“平均值”分开来思考是有用的，因为中位数不太受极端异常值的影响。

在早期阶段，捐赠基金很可能有足够的资产来满足5.40美元的支出策略。但在大约35年后，捐赠基金耗尽资金的可能性刚好超过50%，因此中位数支

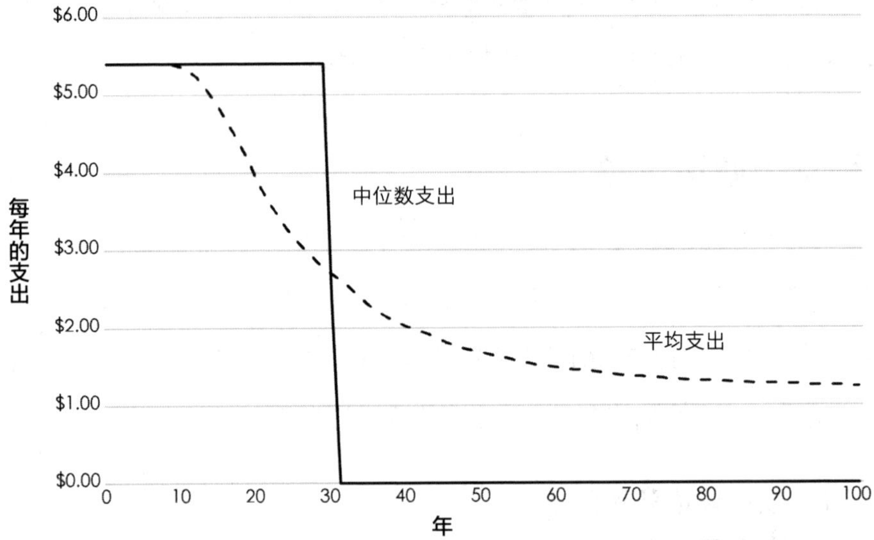


**图10.1　策略1：每年支出固定金额，其等于投资组合的期望简单回报**

出下降为零。预期支出也会随着时间下降，尽管不会像中位数支出那样剧烈。

不太可能有任何捐赠基金会故意采用这种固定金额的支出政策。然而，在个人理财规划中，最常见的支出规则正是采取这种形式。正如我们在第9章中所提到的"4%规则"，该规则建议退休人员在退休时计算其储蓄的4%，并每年花费这个金额（按通货膨胀调整后）[1]。我们将此作为第一个支出策略，因为它如此清楚地展示了长期时段内的支出风险和投资风险之间的紧密联系。

我们要考虑的第二个支出策略是每年按照投资组合的期望实际回报率来支出。根据表10.2，这意味着每年支出5.4%，这接近于耶鲁大学过去十年的实际支出目标5.25%[2]。

图10.2显示了在这个固定百分比支出策略下，随时间变化的中位数支出和期望支出。根据这一策略，可能会令人不快地发现，中位数实际支出在50年

---

[1] 他们希望他们去世前不会破产。

[2] 耶鲁的支出策略在6.5%和4%上下限之间的平滑使用，实际上使其支出规则成为百分比规则和固定金额规则的混合体。

内下降了约40%，在100年内下降了三分之二。由于支出规则是捐赠基金价值的固定百分比，捐赠基金中位价值也按这些比例下降。我们怀疑大多数捐赠基金或个人会认为这种结果是不可接受的。问题的原因通常被称为“波动性拖累”，这是我们在第3章中遇到的现象。波动性使得中位数回报总是低于期望或平均回报。

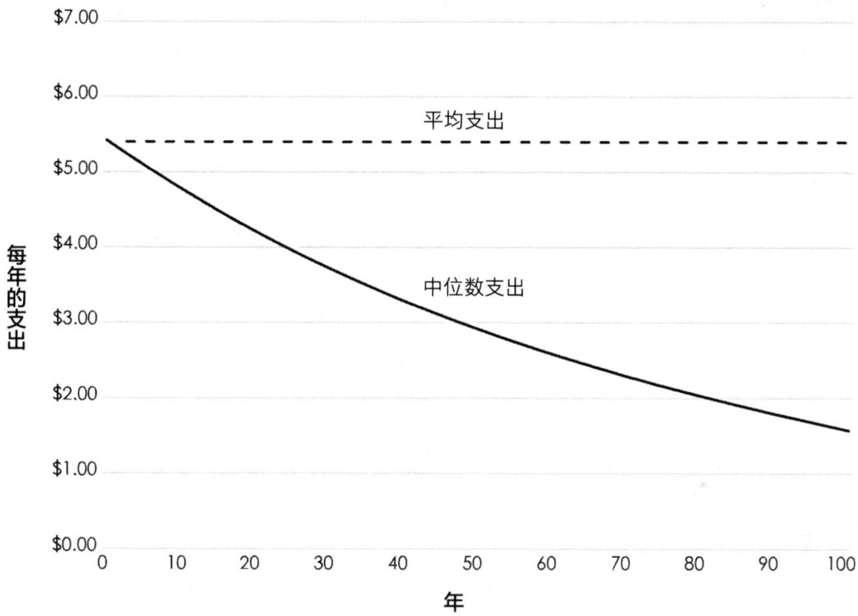


**图10.2　策略2：每年支出捐赠基金价值的固定百分比，其等于投资组合的期望回报**

遵循一个与投资组合期望回报相等的支出策略将保持平均支出和平均投资组合价值不变，但这个平均值受到极小概率非常好结果的巨大影响。中位数结果总是会更低，而如果平均结果随着时间保持不变，那么中位数则会下降，正如我们在这里所见。

这引出了第三个支出策略，即花费投资组合的期望复合实际回报率，也称为几何平均回报率。根据表10.1的假设，这个值为每年4.1%[1]。

[1] 我们选择了表10.1中的假设，因此策略3大致与2021年美国所有学院和大学捐赠基金的平均支出率4.2%差不多。

我们可以在图10.3中看到，中位数支出随着时间保持不变，而平均支出逐渐上升。早期关于捐赠基金支出的思考，例如诺贝尔奖得主、耶鲁大学教授詹姆斯·托宾的研究，认为策略2——支出为投资组合的期望回报——是捐赠基金应采取的支出率。[2]

然而，最近的共识已转向认为策略3是更好的可持续支出的定义，因为它保持中位数支出和中位数捐赠基金价值随时间不变，并且中位数更符合我们可能会遇到的情况。[3]

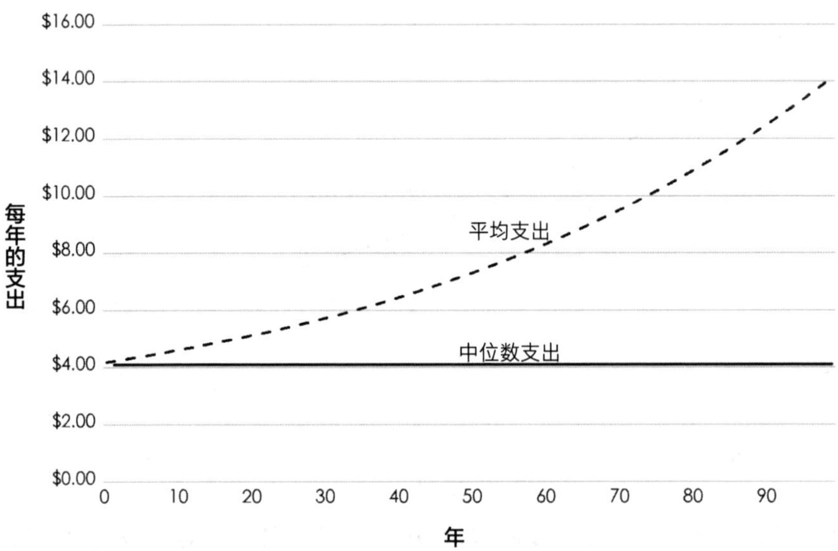


**图10.3　策略3：每年支出捐赠基金价值的固定百分比，其等于投资组合的期望复合回报**

# 如何比较不同的支出政策

对于许多捐赠基金的受托人来说，他们可能会觉得第三种策略比前两种更有吸引力，但它是最优选择吗？从图中可以看出，策略3在长期产生了最高的总中位数和平均美元支出，因为早期支出较少使得资金得以更多增长，从而在后期支持更高的支出，但这就意味着它是最佳政策吗？仅通过观察差异来确定最佳支出政策是一项相当艰巨的任务。专注于中位数而不是平均值似乎是合理的，但我们知道，通过使用期望效用作为比较支出策略的总结性统计量，我们可以做得更好。

为了使用这一指标，我们需要确定捐赠基金的效用函数。这并不像看起来那么困难。首先，已经观察到不同体量的捐赠基金所承担的风险似乎没有太大变化，这表明常数相对风险厌恶（CRRA）效用可能是一个合理的选择。对于某一个捐赠基金，如果我们知道其投资组合选择所基于的关于期望回报和风险的估计，那么它的风险厌恶程度就可以通过它选择的投资策略来推断。[4]根据表10.1所描述的投资环境以及所选的投资组合，我们的模型捐赠基金的风险厌恶水平与我们为富有且具备金融知识的个人设定的基本情况相符。

## 时间偏好：在更好的现在与更好的未来之间权衡

有了捐赠基金的效用函数和投资组合回报的分布，我们就可以计算任何支出策略的期望终身效用。但为了计算贴现的期望效用，我们需要了解捐赠基金如何贴现支出的当前与未来的利益，即捐赠基金的时间偏好。我们在第9章中介绍了时间偏好的概念，即“时间的代价”。经济学家和哲学家长期以来观察到，人类普遍倾向于希望好事尽早发生在自己身上。但这适用于捐赠基金吗？詹姆斯·托宾认为，捐赠基金应当没有时间偏好，他说：

> 捐赠机构的受托人是为了未来的利益而拒绝当下的索取。他们的任务是维护世代之间的公平……正式的说法是，受托人的主观时间偏好率应该为零。

对于托宾教授的观点，我们不禁怀疑，任何社会实体——捐赠基金、基金会、家庭或个人——具有零时间偏好是不是可能或明智的。捐赠基金将今天1美元带来的社会福利与1000年后同样金额带来的福利的价值等同看待，这合理吗？实际上，捐赠基金有一些程度的时间偏好是合理的，这有很好的理由，例如相信今天让世界变得更好，将产生红利，从而使未来变得更好，此外必须承认的是虽然捐赠基金期望长期存在，但这不等同于永远存在。

反对捐赠基金具有零时间偏好的另一个论点是，在一个捐赠基金唯一可投资的只有一个经通胀调整后实际回报为0%的无风险资产的世界中，捐赠基金每年花费为零是最优的，从而永远保持捐赠基金的实际价值。实际上，帮助捐赠基金校准其时间偏好的一个建议是询问受托人，如果他们唯一的投资选项是每年实际回报为0%的无风险资产，他们会花多少钱。在这种情况下，任何支出都会消耗捐赠基金的价值，支出率的选择将校准捐赠基金的时间偏好。[5]

美国联邦政府建议，对社会项目的成本效益分析应使用1.7%的实际“社会时间偏好率[6]”。另一个引起广泛关注的数据是英国2006年关于气候变化经济学的斯特恩报告，该报告有争议地使用了0.1%的时间偏好率来权衡多年内的成本和收益。我们将使用2%的时间偏好率，以及数值为2的CRRA风险厌恶系数（与表10.1中的风险和回报数字一致），用于后续的基本情况分析。

## 比较支出策略

如果一种支出策略能够产生更高的贴现的支出的期望终身效用，捐赠基金应该更偏好这一策略。

在表10.2中，我们通过这一指标比较了之前讨论的三种支出策略，并基于表10.1中的假设进行了100年的模拟。我们为每个规则展示了捐赠基金需要从多少资产起步，才能在100年的时间范围内根据每个支出规则产生相同的期望效用。请注意，在规则1和规则2下，捐赠基金需要从显著更多的资产起步，才能产生与规则3相同的期望福利。捐赠基金的支出策略选择非常重要❶。

---

❶ 这些结果对时间偏好的选择也很敏感，但在合理的选择范围内是稳健的。

**表10.2 比较支出规则：不同支出策略下在100年内产生平等福利所需的捐赠基金规模**

| 规则1：每年花费$5.4 | 规则2：每年花费5.4% | 规则3：每年花费4.1% |
| --- | --- | --- |
| $172 | $152 | $100 |

## 最优的长期支出政策

如果我们能够比较我们提出的不同支出策略的期望效用，那么问题就来了：什么是最优支出规则？我们已经在第9章中，在一些非常严格的假设下，遇到过个人的最优支出规则。如果这个规则还没有深刻地印在你的记忆中，现在再次为你展示它，即适用于无限期时间范围的个人的最优支出规则：

$$\hat{c}_{\infty} = r_{ra} - \frac{r_{ra} - r_{tp}}{\gamma}$$

其中，$\hat{c}_{\infty}$是长（无限）期的最优支出率，$r_{ra}$是投资组合的经风险调整后的回报率，$r_{tp}$是投资者的时间偏好率，$\gamma$是投资者的常数相对风险厌恶系数。

最优支出比例是三个输入变量的函数：

1. 当投资处于最佳风险水平时，总投资组合的经风险调整后收益（$r_{ra}$）。更高的$r_{ra}$允许更高的支出率，但对于那些不是极其风险厌恶的投资者来说，这不是一一对应的关系。

2. 时间偏好率，$r_{tp}$ 。更高的$r_{tp}$会提高最优支出率。

3. 捐赠基金的风险厌恶程度$\gamma$。如果投资组合的经风险调整后的期望收益高于捐赠基金的时间偏好（正如在我们的基本情况下），那么更高的风险厌恶会增加最优支出率。

## 将理论付诸实践

知道应该遵循的最优规则固然很好，但它能否比规则3（“可持续支出”规则）带来实质性改进呢？在相同的假设条件下，默顿的最优支出策略是支出每年捐赠基金价值的2.4%。如果一个捐赠基金遵循可持续支出策略3，在100年内每年支出4.1%，则需要大约多出15%的初始资产，才能产生与遵循默顿最优规则相同的期望终身效用——并且随着时间的推移，差距会进一步扩大。可持续支出规则的简单性颇具吸引力，它比大多数其他策略是一个更好的起点，但它没有直接考虑捐赠基金的风险厌恶或时间偏好——因此，一般来说，它会导致次优的支出决策，有时差距还会非常大。

图10.4展示了两种支出策略（可持续和最优）下的中位数支出。尽管最优策略乍一看可能更好，因为它在整个期间内支出中位数比另一种策略多60%，但如果没有一个综合的指标来考虑捐赠基金对不确定性和时间的偏好，就很难决定哪种支出策略真正更具吸引力。

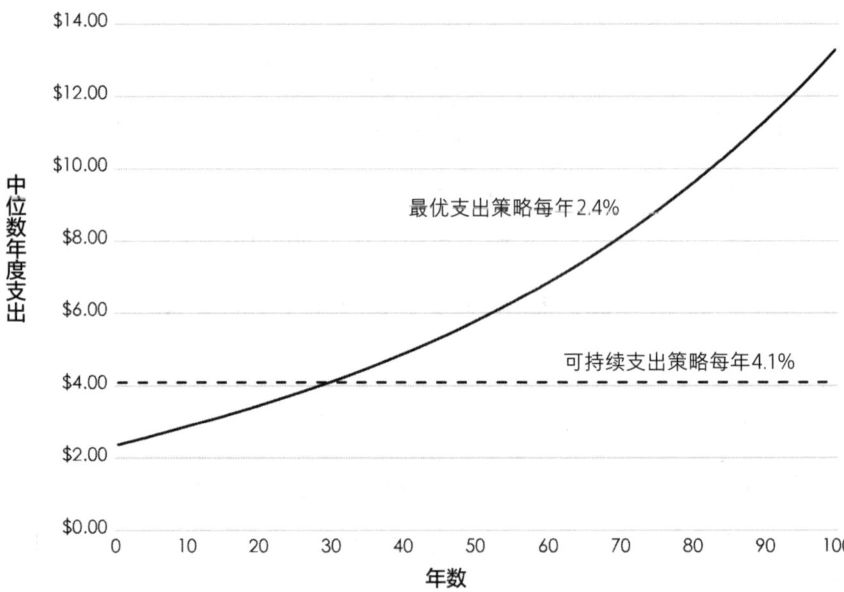


**图10.4　最优和可持续支出策略下的中位数支出**

对于某些偏好来说，可持续支出规则与默顿的最优支出规则非常接近，但在我们检验其他情况时，它的差距比基本情况更大。例如，在表10.1的例子中，如果捐赠基金的时间偏好率为每年5.5%，那么默顿的最优支出策略将是每年支出4.1%，与可持续支出策略相同。另外，如果捐赠基金时间偏好率为0，则默顿最优支出率将低得多，仅为1.4%。

## 考虑捐赠基金投资组合之外的资产和负债

随着时间的推移，捐赠基金通常预期会收到进一步的捐赠，这可以被纳入最优投资和支出策略的模型中[1]。例如，耶鲁大学的捐赠基金在过去10年中，每年收到了相当于捐赠基金价值2%至2.5%的捐赠。许多捐赠者希望他们的贡献能够产生长期影响，并不希望这些捐赠被用于年度运营预算。将未来的捐赠视为资产，并对回报、风险及其与捐赠基金其他投资组合的相关性进行建模，可能对投资组合的构成和长期最优支出策略产生重大影响[2]。捐赠基金通常还会有一些相对固定的长期负债，这些负债也需要纳入更全面投资组合的构建和支出策略分析中。早在1991年，罗伯特·默顿（果然又是他！）就使用大学支出的贴现期望效用最大化这个相同范式，提出了大学捐赠基金需要考虑除当前金融资产之外的资产和负债问题。

## 扩展到更复杂的情况

虽然默顿1969年的分析为我们提供了两个简单的最优支出和投资策略公式，但这是在一种理想化且有约束的假设下得出的。然而，他提出的最大化支出的贴现期望终身效用的问题具有很强的通用性，能在一系列更现实的假设下得出解决方案，他在随后的论文中对假设进行了扩展。

- 默顿1969年最初的表述是基于两类资产的情况，但后来的版本明确处

---

❶ 基金会和富裕家庭通常可以在没有这些复杂因素的情况下考虑支出策略，因为他们通常不是未来第三方捐款的接受者。

❷ 例如，佛蒙特州的明德学院（Middlebury College）就有不少慷慨的校友捐赠者，他们都是雷曼兄弟（Lehman Brothers）的高管。如果将未来的捐款作为一种资产纳入更全面的分析，将表明，该捐赠基金的投资组合应该配置少量甚至配置量为负的金融服务类股票以及其他与雷曼兄弟的成功高度相关的投资。

理了多类资产。在两类资产的情况下，风险资产可以被认为是风险资产的最优组合。该模型能够选择各种无风险资产，从国库券到与通胀挂钩的国债。

- 无风险利率和风险资产的期望超额回报可以建模为独立的随机漫步，但结果基本保持不变。
- 对于大学来说，如果预期高等教育成本的增长速度快于衡量通货膨胀指标所表明的水平，那么捐赠基金的经风险调整后的期望回报将适当地相应降低，这将导致更低的最优支出策略。
- 对于任何凹形且平滑的效用函数，都可以找到数值解。[7]
- 可以明确支出策略，例如“可持续支出”或平滑支出，然后可以根据该支出策略求解出最优的投资策略。[8]
- 一些投资者对风险资产的配置可能比他们的超额期望回报所建议的配置比例更少，这可能是由于对杠杆的厌恶。我们仍然可以用默顿支出规则，使用反映实际风险承担水平的投资组合的经风险调整后的回报。

## 家庭财富

对收入、资本利得和继承的税收导致私人应税财富的期望回报显著低于非应税捐赠基金或基金会的回报。因此，私人资本池的最优支出策略将显著低于免税实体的支出策略。此外，考虑到未来受益人规模的预期增长和不确定性，对于那些从支持后代消费中获得效用的家庭，最优支出率将更低。后代数量的不确定性可能尤为重要。例如，拥有三个孩子的父母所能预期的孙子加曾孙数量约为13人，后代数目的标准差大约为7人。

## 其他流行的支出策略

大多数投资者想到的第一个长期支出策略可能是花费他们从投资组合中获

得的利息和股息收入，他们希望这能使投资组合的收益能力随着时间保持不变。虽然这一规则的简单性令人钦佩，但除非偶然，它不太可能是最优的，因为它没有明确考虑风险厌恶或时间偏好，并且它与投资组合的期望实际回报的联系较弱，因为它忽略了通货膨胀和公司股息政策的变化。当然，对于那些具有任意分配策略、大量投资于另类投资资产的投资者来说，基于股息的规则帮助不大。

这一规则的一个变体是使用某种形式的收益率代替股息收益率。该策略的问题在于收益率是股票市场期望实际回报的估计值，正如我们已经看到的，按投资组合的期望回报来支出不太可能是最优的。目前尚不清楚收益率是不是股票市场期望回报（算术回报或几何回报）较好的预测指标，但无论哪种情况，这也很可能是一个次优的支出规则。

许多捐赠基金在平滑的基础上应用了百分比支出规则。例如，耶鲁捐赠基金声明：

> 某一年的支出总额为上一年支出的80%，以及上一年年初按市场价值计算的目标长期支出率的20%。根据公式确定的支出金额会根据通胀和税收调整，条件是计算出的比率至少为捐赠基金经通胀调整后市场价值的4.0%，不超过6.5%。

平滑的支出策略与固定金额策略有相同的问题，这可能导致捐赠基金意外迅速耗尽资金。

## 总结

默顿模型及其扩展模型似乎没有在主要捐赠基金、基金会或其他长期资本的投资和支出策略形成中发挥核心作用。例如，在大卫·史文森提到过的捐赠基金投资“圣经”中，没有提到默顿或那些扩展了其研究的学者群体。我们发现其他几本对捐赠基金和基金会投资有重要影响的图书同样没有提及默顿对这一问题的解决方案。[9]

与捐赠基金不同，个人受到诸如税收、有限且可变的寿命和不确定的后代等影响。这些因素使得找到最优规则更加复杂，并在各方面细节上有所不同，但核心原则保持不变：

- 风险厌恶和时间偏好很重要。
- 风险承担应与超额期望回报成正比，与方差成反比。
- 支出应遵循比例规则，并与经风险调整的回报相关联。
- 投资风险和支出风险是不可分割的。

自史文森来到耶鲁捐赠基金以来的40年里，以及自默顿最初提出捐赠基金投资和支出政策问题的解决方案以来的半个世纪里，许多事情发生了变化。投资环境在任何一个个体的生命中可能发生巨大变化，更不用说捐赠基金的生命了。对于长期资本的管理者来说，我们认为期望终身效用框架及其扩展是一个有价值的导航指引。

# 11

# 面对长寿风险的最优支出策略

本章我们讨论一种投资类型，虽然它应得到更多关注却常被忽视——终身年金。在现代，年金通常由保险公司提供，它们为购买者在其一生中提供固定的每月支付。这让个人或夫妻几乎可以消除储蓄不足以应对长寿的风险，因为他们可以将长寿风险与其他人共同分担[1]。

## 年金谜题

美国即将到来的储蓄危机通常归因于人们储蓄不足以及对储蓄做出了糟

[1] 还有"联合年金和遗属年金"，只要夫妇中的一方在世，就可以领取。

糕的投资决策。[1]正如我们将看到的，我们认为另一个原因是年金行业未能提供有吸引力的方案来分担并减少长寿风险，且消费者未能认识到年金能够提供的巨大的潜在福利。终身储蓄假说的创始人弗朗科·莫迪利安尼（Franco Modigliani）在他1985年诺贝尔奖获奖演讲中将储蓄问题的这一方面称为“年金谜题”：

众所周知，年金合同非常罕见。其缘由是当前一个引起广泛兴趣和讨论的话题。[2]

自那时起这个情况并没有太大变化。根据2021年投资公司记录，年金占美国退休市场的比例很小，低于总共35万亿美元私人退休资产的8%。这并不完全归因于退休人员未能认识到年金的好处，因为保险公司将大多数年金合同设计得过于复杂，并收取各种费用，在“理想”年金的价值与市场上可获得的真实投资产品的价值之间产生了显著差距。我们猜测，如果有广泛的投资者需求，具有竞争力的产品很可能很快就会出现。

正如我们在第9章为萨姆所做的分析中看到的，面对寿命的不确定性，人们会希望留出一些储蓄以备长寿之需。但如果他们将部分储蓄转换为条件合理的年金，他们应能够减少储蓄并大幅增加消费，因为他们的长寿风险可以与他人共同分担。谜题在于，鉴于这些潜在的好处，为什么年金市场并没有变得更大？

## 桌上还有多少免费午餐

我们在此的目标不是解决年金谜题——已经有许多写得很好的文章探讨了这一点——而是要通过期望终身效用来展示通过年金消除长寿风险是多么有价值。

我们将继续基于萨姆的案例进行分析。萨姆是我们社会中一个65岁的健康单身女性，拥有100万美元的储蓄，并领取能够满足她的“基本”需求的社会保障收入。萨姆的风险厌恶系数为2，并且为简化起见，我们假设她的时间偏好为零，并且她对未来的慈善捐赠或家庭遗赠不感兴趣。也就是说，除非她在生前消费掉她的所有财富，否则这些财富对她没有效用。我们还假设唯一可选的投资是一种税后实际利率为0%的与通胀挂钩的债券。我们承认这是一个高度概念化的场景，但这是一个良好的起点，我们之后可以在此基础上增加现实因素。

图11.1展示了她的预期寿命，表明她预计还会活20年，但伴随着相当大的不确定性。[3]

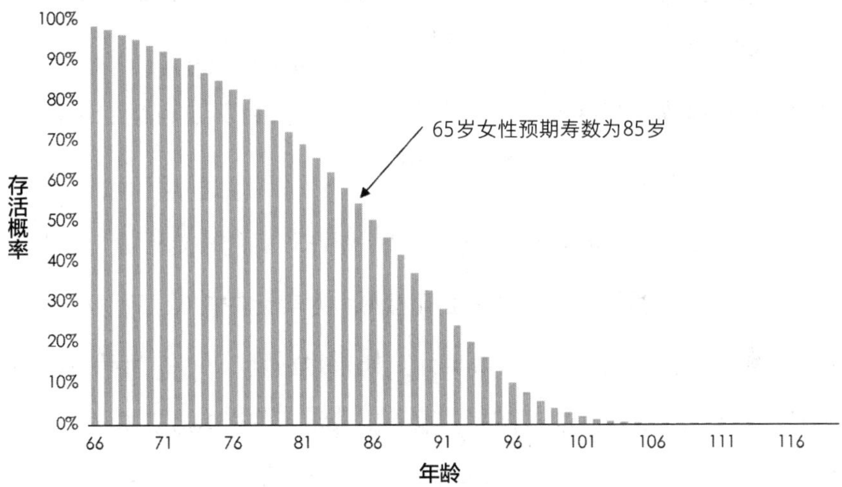


**图11.1 美国社会保障死亡率表中65岁女性的长寿概率（2015年）**

在图11.2中，我们展示了，如果她自行管理她的储蓄和预期寿命风险时她的最佳消费计划。在下文我们展示了如果她购买了一份公平定价的年金，即对保险公司没有利润的年金，她的消费情况。

年金将为她每年提供将近5万美元的支出。这一金额是根据她每年死亡的概率计算的，预计支付给她的总额等于100万美元。你可以看到这个数字大致是正确的，因为她预计再活20年，而20×50,000美元 = 1,000,000美元。

正如你所看到的，如果萨姆选择自己管理长寿风险，她每年的最佳支出将

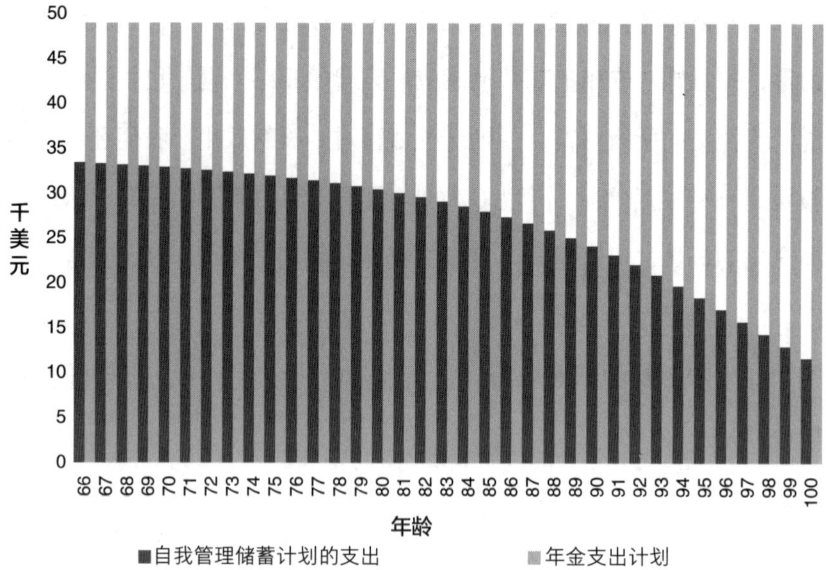


**图11.2　65岁萨姆的自我管理储蓄计划的支出（黑色）与年金支出计划的对比（灰色）**

大大低于年金支付，因为她需要将大部分储蓄留作长寿的预防措施。根据她的长寿概率，她预计自己管理储蓄时只会花费100万美元中的677,000美元，而购买年金则预计可花费全部的100万美元。如果她活到105岁，年金将为她支付约200万美元，而如果她自己管理，她的花费将不超过100万美元。另一种描述机会差距大小的方法是，年金提供者可以收取每年3.25%的费用，并提供一份年金，让萨姆的生活与目前基本情况同样舒适。我们最喜欢表达年金优势的方式是，她需要160万美元的起始财富才能产生与年金相同的期望终身效用。

该分析可能低估了年金的好处，因为许多人会觉得每年花得越来越少的未来（即所谓的“最佳”支出策略）让人沮丧。在自行管理的情况下，如果他们选择每年花费较低但固定的金额（可能相当于投资组合每年所产生的收入），那么年金的优势将更加明显。

## 年金与遗产

当然，许多人并不像我们所描述的高度概念化的65岁老人。例如，如果一个人非常看重在生命结束时留下较大的遗产，而不是一生的消费，那么购买年金的好处将较低，甚至可能微不足道。

正如我们在第9章中假设的，如果萨姆确定自己还会活20年，她会想将三分之二的财富花在自己身上，三分之一留给家人。正如第9章所讨论的，从这我们可以推断出萨姆在支出与遗赠之间的偏好。当我们重新引入长寿风险时，我们发现她需要115万美元的初始财富，才能在不年金化的情况下产生与用三分之二的财富购买年金并将剩下的三分之一留给家人相同的期望终身效用。

如果她选择不购买年金而自行管理，她预计的遗产规模将为440,000美元，比她理想中留下的333,333美元要大得多。但在自行管理的情况下，她无法在不承担晚年严重支出风险的情况下还能不降低预期遗产。遗产的变动性也极大，从如果她在一年内去世时接近100万美元，到如果她活到105岁时几乎为零。

在这个例子中，她自行管理长寿风险与购买年金并将剩余财富赠与家人的情况之间的15万美元差距仍然显著，尽管比我们分析的无遗赠意愿的基本情况中的60万美元差距要小得多。如果考虑到保险公司收取的费用、年金的税收待遇以及年金之外直接持有股票的好处，增加评估的这些现实性可能很容易得出结论：鉴于萨姆强烈希望将资金留给家人，购买年金对她来说并不划算。

## 年金与股票

在我们的起始分析中，我们假设如果萨姆不购买年金，她唯一可以进行的投资是提供实际回报率为0%的通胀保值债券。如果我们放宽这个假设，承认萨姆也可以投资股票市场会怎样？在这种情况下，我们会发现更高的股票预期回报会促使萨姆最优地投资更多的股票，减少年金的购买。

保险公司确实提供与股票挂钩的年金，称为可变年金，但它们往往较为复杂，嵌入了复杂的期权，且其成本通常高于简单的固定支付结构。一个简单、成本效益高的与股票挂钩的年金可能是许多投资者的年金产品菜单中的一个有价值的补充。我们希望金融创新以及保险监管必要的进化能够带来通过互惠结构提供的高质量与股票挂钩的年金。

互惠年金池可以非常高效地运行，由类似先锋基金（Vanguard）的管理者以低费用来负责投资、支付和成员的管理。订购互惠年金池的年金领取者将能够缓解他们的长寿不确定性，同时以简单的公式化方式分享股票回报。互惠结构是解决方案的关键特征，因为它使投资者能够相信他们获得了想要的长寿风险分担和股票敞口，而不必担心与追求利润的保险公司交易时所产生的摩擦和信用风险。

## 年金与债券

一些年金专家认为，投资者在退休账户中应始终优先选择固定年金而非固定利率债券。这一观点有其道理。然而，它忽略了债券具有流动性，可以轻松再配置到其他投资中，而年金的设计必须是非流动性的——否则每个年金持有人在临近死亡时都会寻求赎回或出售。标准年金的一些缺点可以通过延期收入年金来解决，后者由于提供的收入是从未来某个日期开始，因此需要的前期付款较少。遗憾的是，截至本书写作时，通胀保值年金尚未在美国上市，所以如果你想要获得通胀保护，你需要购买TIPS或I系列储蓄债券形式的通胀保值债券。

我们尚未研究年金与其他投资的税收待遇，历史上年金在税收方面相对不利。然而，最近的税法变更允许投资者将年金放入其税收优惠的退休账户中，这使得年金在税后变得相对更具吸引力。期望效用有助于让你弄清楚，这些相互关联的实际考虑因素是否使购买年金在每个人的具体情况下具有价值。

# 总结

多年来，年金谜题引起了广泛关注。尽管理解了为什么年金在退休资产中仍只占很小的比例，但在发掘其提升个人福利的潜力方面却进展甚微。让这种缺乏进展的情况更令人困惑的是，与承担典型的市场风险不同，承担自己的长寿风险并不会以风险溢价的形式提供补偿。对许多人来说，长寿风险比他们投资组合中的风险更为重要。我们希望投资者能够使用期望终身效用这一指标来决定是否应该用部分或全部储蓄购买年金。

那么，考虑到对大量投资者而言的显著风险和实际利益，为什么年金的接受度如此之低呢？一些可能的解释包括：现有产品复杂且不透明，显性和隐性费用高昂，投资者不愿放弃对其储蓄的控制，投资者担心提供者的信用风险，或承保人在定价长寿风险时过于保守。[4]一些富有的投资者可能认为，只要他们能够依靠投资组合的收入维持生活而不动用资本，他们就不需要年金——这一姿态通常导致的消费水平低于最大化期望终身效用所建议的消费水平。或者，如果有些投资者没有充分考虑到他们应该为自身长寿风险保留多少储蓄，更多的财务教育可能会有所帮助。一项具有更高透明度、简单性、效率和安全性的年金产品非常有可能会有所帮助。事实上，早在18世纪初，英国政府就通过出售终身年金来为自己融资，过去也有各种互惠计划和工具取得成功。这种大胆的创新解决方案可能正是弥合当前金融理论与实践脱节现状所需的关键。

# 第三部分

# 实际应用

# 12

# 测量幸福的结构

"……世上本无好坏，思想使然。"

——威廉·莎士比亚，《哈姆雷特》第二幕，第二场

效用是我们从财富的使用中获得的福利或幸福[1]的衡量标准。研究人员通常假设投资者了解自己的"效用函数"，也就是说，知道他们的消费与效用之间的关系[2]。然而，关于个人如何校准其个人效用函数的研究却出奇的少。虽然有关"终身消费和投资组合选择"问题的研究提供了新颖且有价值的见解，

[1] 幸福：快乐的特质或状态。

[2] "幸福的结构"这句话出自功利主义者杰里米·边沁："大自然把人类置于痛苦和快乐这两个至高无上的主人的统治之下……效用原则承认这种从属关系，并将其视为该体系的基础，该体系的目标是通过理性和法律之手来构建幸福的结构。"，出自《道德与立法原则导论》（1789年）。

但我们并未看到金融规划或财富管理行业对此有实质性的采用。金融规划师可能担心这些相对形式化的学术效用模型不足以充分代表现实世界中投资者的偏好，并且担心客户会因不熟悉的概念框架而感到困惑。

这些顾虑是否有道理？2018年，我们创建了一项简短的调查，测试一群具有财务知识的投资者是否能够舒适地表达他们的偏好，以便我们将其转化为效用术语，以及这些偏好是否与核心效用概念合理地一致。如果是这样，那么我们有理由相信，将学术研究成果付诸实践可能会带来巨大的回报。因此，在六周的时间里，我们向31名具有财务知识的朋友、客户和前同事发放了这项调查。他们都在金融行业工作，并且相对富裕，他们目前的财富远远超过支持基本消费需求所需的水平。我们不认为这一选择性样本的结果可直接适用于更广泛的人群，但我们认为这将是一个很好的起点，至少看看是否有一部分人能够在这个框架内感到舒适。

以下是调查内容。[1]与我们之前的研究一样，我们使用抛硬币的思想实验来设计调查问题。基于效用的框架内嵌在问题结构中，但你会发现我们在问题中并没有实际使用“效用”一词，因为我们希望尽量减少调查中的先入之见❶。

## 调查问卷

假设你有一个一次性投资机会，其结果取决于一枚50/50的硬币是正面朝上还是反面朝上。这个硬币投掷的结果与你现有的投资组合、消费计划和遗产计划没有相关性。

❶ 哈佛大学教授约翰·坎贝尔用一个简单而难忘的思想实验向他的学生介绍CRRA风险厌恶。想象一下，一个恶魔进入你的生活，坚持让你把20%的财富押在抛硬币上。如果是正面，你的财富增加20%。如果是反面，你的财富减少20%。为了让恶魔离开而不是让自己去赌博，你愿意支付的财富的最大比例是多少？你的CRRA风险厌恶程度（$\gamma$）大致等于该百分比除以2。因此，如果你愿意支付4%的财富来避免赌博，你的CRRA风险厌恶程度为2。

1. 如果硬币结果是反面，你将失去10%的财富。以下哪一种上涨幅度会让你在接受或拒绝这个投掷之间感到最为纠结？如果你无法在两个选项之间做决定，请勾选两个选项。为了帮助判断，不同选项的夏普比率分别为0.05、0.11、0.18、0.26和0.34。

a. 11%

b. 12.5%

c. 14.5%

d. 17%

e. 20.5%

2. 如果硬币结果是反面，你将失去20%的财富。哪一种上涨幅度会让你感到最为纠结？同样，如果你觉得两个答案差不多，请勾选两项。不同选项的夏普比率分别为0.11、0.25、0.44和0.80。

a. 25%

b. 33%

c. 50%

d. 175%

e. 对于这些上涨幅度，我不会冒失去20%财富的风险

3. 如果硬币结果是正面，你的财富将增加五倍。为了进行这次投掷，你能接受的最大下跌幅度是多少？同样，如果你在两个选项之间犹豫，请勾选两个。

a. 80%

b. 50%

c. 30%

d. 20%

e. 15%

在继续之前，我们需要解释一下我们如何选择答案（a）到（e）的具体数值。正如我们一直讨论的那样，我们使用了**常数相对风险厌恶（CRRA）效用**来生成问题。答案（a）到（e）分别反映了一个特定的CRRA风险厌恶系数（1、2、3、4和5）。例如，表现出CRRA效用且风险厌恶系数为3的个体会在所有三个问题中选择答案（c）。两个“理想”个体，如果他们的偏好能很好地通过CRRA效用来表示，并且他们有相同的风险厌恶系数，那么不论他们的财富水平如何，他们的调查问卷答案将是相同的。在整个过程中，我们假设他们的“维持生活”支出仅占总财富的一小部分——这显然不适用于所有投资者，但对于此次调查的群体来说是合理的。

接下来是调查结果。总的来说，如图12.1所示调查结果让我们感到鼓舞。我们从调查数据和后续的讨论中得出以下几点：

- 我们使用的这种校准问题的风格对特定群体来说是合理且舒适的，所有受访者在回答问题前都不需要进一步解释。
- 受访者的风险偏好大体上与CRRA效用一致，受访者通常在三个问题中表现出一致性，选择的答案都较为接近。如果答案是随机选择的，每位受访者在三个问题中的期望平均差异会大于50%。
- 受访者表现出的风险厌恶水平高度集中在选项（c），相当于风险厌恶系数为3，正如图12.1所示。我们认为，问题2是三个问题中最广泛相关的，问题2答案的平均值为3.2，只有一人选择了（a）[1]，三人选择了（e）。
- 我们还预期到，受访者在面对较小的赌注时会表现出比更大的赌注时更高的风险厌恶程度。调查结果也验证了这一点。对于非常小的风险，投资者应理性地愿意接受非常小的优势，但实际上，大多数人对这种

[1] 选择（a）等于“对数效用”和凯利公式。

微不足道的回报不太满意。我们对此倾向并不十分在意，因为对于我们关心的投资和消费问题来说，重要的是对更大风险的风险厌恶程度。

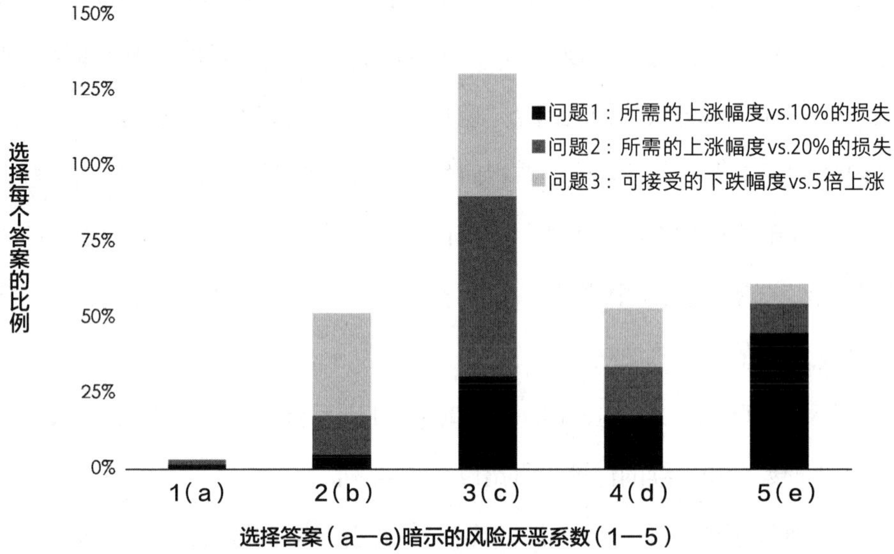


**图12.1　问卷的回答**

即使我们的调查结果主要偏向于3，我们之所以仍然假设基本情况风险厌恶系数为2，有以下几个原因。第一，我们相信我们的受访者可能在非常广泛的财富范围（包括维持生活所需的财富范围）内给我们一个关于他们的平均风险厌恶的暗示，而大多数人在这个范围内的风险厌恶会更高。第二,一些受访者可能持有的投资组合的流动性不够，难以在投掷硬币输掉财富后迅速重新平衡。第三，我们自己的风险厌恶水平更接近2而非3。回想一下，我们在第8章的案例研究中，使用2作为分析维克多的LTCM基金投资配置的基准。第四，我们倾向于使用一个好记的整数，并稍微偏向于2而非3，因为我们认为2的结果能稍微更好地反映出投资者揭示出的风险承受偏好。例如，在假设股票有5%的超额收益率和20%的风险的情况下，我们认为，典型投资者更可能选择将60%的财富投资于股票，而不是40%。60%的配置的风险厌恶系数为2，40%的配置的风险厌恶系数为3。

诚然，我们的受访群体的想法可能并不代表更广泛的人群。七位受访者拥有金融学博士学位，四位发表过相关的研究论文。然而，如果我们想做出明智的长期财务决策，像我们调查中提出的这类问题是无法避免的。即便我们偏好的校准并不完美，也很可能比没有校准要好。一个忽视或否认财富边际效用递减前提的方法，可能会试图最大化未来期望财富，这可能会导致危险的、不合理的策略建议，即使有特别的限制条件，比如设置一个破产概率的阈值。

## 风险厌恶程度更低是否更好

我们在这一部分提出的问题既深奥又复杂，主要目的是激发你的兴趣，而不是给出明确的答案。

在我们的调查中，我们发现不同个体表现出不同程度的风险厌恶。一个风险厌恶程度较高的人是否会通过训练自己降低风险厌恶而过得更好？在我们的调查对象中，风险厌恶程度更低的人在其一生中期望支出会高于风险厌恶程度较高的人。但正如我们在讨论中所看到的，期望的货币支出和财富并不是典型个人的正确目标。我们希望此时你会认为，他们应该试图最大化自己的期望效用。效用是个人的，我们无法将一个人的期望效用与另一个人的进行比较。因此，我们无法说某个人是否比另一个更厌恶风险的人更好。这就像说一个更喜欢比萨而不是意大利面的人的生活更好一样，因为他能吃到更多的香肠比萨。

另一个有趣的问题是，个体之间的平均风险厌恶水平和风险厌恶的差异性如何影响整个社会的福利。对于问题第一部分的答案取决于我们假设的“其他条件不变”是什么，尽管可以说整个社会的答案会与个体的情况相似。一个风险厌恶程度较低的社会将享有更高的期望经济增长，但伴随而来的是风险也会更高。[2]个体如此，个体的集合也是如此：通常来说，我们无法断言更多的增长和更多的风险是否让我们过得更好。

关于问题的第二部分，个体间风险厌恶的差异通常会导致更大的财富和收入不平等。很多人认为这是负面的。然而，经济活动远非零和游戏，一些个体更低的风险厌恶可能具有积极的作用，他们通过更积极地承担风险来开发新技术，从而对社会其他成员产生积极的外部性影响。

此外，个体风险厌恶的差异还可能导致市场不稳定。当高风险资产的价格下跌时，最具风险承受力的投资者的财富下降幅度比其他人更大。因此，当市场需要更多风险资本来稳定时，市场的财富加权平均风险厌恶水平增加了。

## 财富如何带来效用

使用以效用为中心的框架的好处之一是，它为思考如何使用财富这些通常难以处理的全局性问题提供了一些框架。我们与之交谈的许多人没有认真思考过这些重要问题，不是因为他们不想，而是因为很难知道从哪里开始。在不了解投资表现如何、税收水平以及何时死亡的情况下，清晰地思考财富和支出是非常具有挑战性的。

大多数财富的用途可以归为以下几类：

- 个人消费
    - 生计支出
    - 可自由支配支出
- 终身赠与
    - 代际赠与
    - 慈善捐赠
- 遗产（死后遗赠）
    - 代际遗赠
    - 慈善捐赠
- 税收

清晰思考在这些类别上的支出对效用的改变，对一生的财务决策至关重要。那些对去世时未花费的财富看重较少的个人或夫妇，通常会倾向于年金化、早期赠与和更高的个人消费水平。其他人认为他们会从遗产赠与中获得显著效用，并且可能依赖于现行税制（不对未实现的资本利得征税）或保持一定的遗产免税额度。期望效用框架可以对每种支出类型带来的效用及其风险进行建模，并相应地总结不同行动方案的吸引力。

## 代际遗赠

“我希望给我的孩子们‘刚好足够多，让他们觉得可以做任何事情，但又不至于让他们觉得什么都不用做’。”

——沃伦·巴菲特

对许多人来说，帮助他们的子女和其他家庭成员是个人效用的一个来源。父母往往将这种赠与视为他们过完自己的人生、消费掉适当的财富后剩余的部分。然而，这并不等于说一个人在将遗产留给后代时不会获得任何效用。思考如何平衡个人消费和为未来家庭成员提供资金之间的关系，是在我们面临多重不确定性时做出最佳决策的关键所在。最佳的投资策略可以被视为父母适当的风险承担与对子女及后代有意义的风险承担的加权平均。

在美国，赠与的税收也是一个重要的考虑因素，且适用于期望效用分析。通常来说，尽早向后代赠与会更加节税，但加速赠与也伴随着多重风险。我们在第17章探讨税收如何影响我们的决策时会触及如何权衡这些。

## 慈善

与思考我们自己及家人的财富相比，思考我们从慈善项目中获得的效用更加复杂。我们面临与代际赠与相同的问题，比如早期赠与的好处——无论是尽早改善同胞的福祉，还是实现税收效率——与过早捐赠太多的风险。但是，除此之外，还有一些更加令人困惑的问题。如果我们决定尽早捐赠并通过家族慈善基金会保管一部分资金用于未来捐赠，该基金会应如何管理所托付的资金？它是否应该估算未来受赠者的效用函数？是否应包括那些只有在资金增值的情况下才会受益的潜在受赠者？还是基金会应仅仅遵循捐赠者所设立的指导方针？而当我们现在向某些项目捐赠资源时，个人应如何看待这些慈善项目在改善受助者福祉上的固有风险？是否应评估慈善项目本身的风险？当科尼利尔斯·范德比尔特捐赠100万美元建立范德比尔特大学时，如果他认为这将是一个非常成功的投资，他是否会获得更多的期望效用？

这个话题需要比我们在此给予的讨论更深入的研究，尽管其中一些重大问题可能不会有一个能让所有读者满意的答案。实际上，我们倾向于采用一种简单的方法，将在世时的捐赠视为正常的可自由支配消费的一部分，而将家族基金会视为独立管理的资本池。

## 生计支出与财富

大多数人认为，将支出减少到他们认为是基本需求的某个水平以下，与削减似乎更可以自由支配的更高水平的支出是不同的。基本需求水平的支出通常被称为“生计”支出。一个将其纳入效用函数的方法是将其“分割”成两个部分：在生计水平之上的部分，按照通常的风险厌恶来处理；在生计水平之下的部分，则表现出明显更高的风险厌恶。在图12.2中，我们展示了这样一个折线型效用函数的样态。

通过这种折线效用曲线来考虑生计，将导致典型投资者在财富减少时表现出更高的相对风险厌恶，从而减少支出低于生计水平的可能性。因此，可能导致支出落入生计范围的投资策略比不会落入生计范围的策略更不利。对于那些几乎不可能导致财富低于生计水平的投资，个人的最佳投资规模决策将不受该折线的影响。

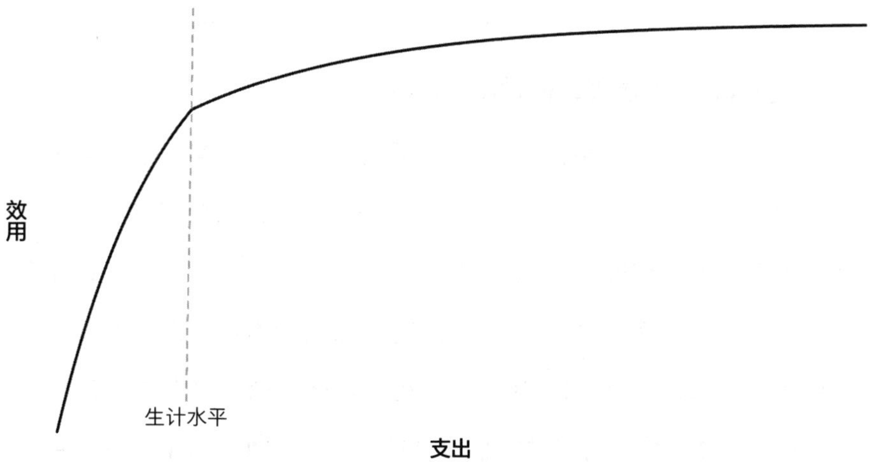


**图12.2　在生计水平下具有更高风险厌恶的效用曲线**

在学术界，一个常见的技术是使用标准的效用函数，但将其“移位”，使得支出达到生计水平或以下时是极其糟糕的，就像支出为零通常被认为是极其糟糕的一样。这通常导致比“折现”方法更小的最佳投资规模，并且由于在数学上更易于分析，这种方法非常受欢迎。然而，由于在实际中绝对保证支出不会低于某个给定水平通常非常困难或不可能，这种方法在应用于现实世界情境时往往会有问题。

## 黑色星期一背后的误导策略

1987年10月19日，美国股市暴跌了22%，创下史上单日最大跌幅。美国政府对这一事件的官方调查报告《布雷迪委员会报告》得出的结论是“投资组合保险”是股市下跌的直接原因。委员会所指的投资组合保险是一种动态资产配置策略，称为“固定比例投资组合保险”（CPPI），由投资管理公司LOR推出。LOR由两位知名金融学者和一位量化分析师于1981年创立，他们是利兰（Leland）、奥布赖恩（O’Brien）和鲁宾斯坦（Rubinstein）。

尽管当时这个策略被视为机密，但它其实相当简单。投资者会选择他初始投资的一部分，比如40%，将其作为“保险金额”，即几乎无风险的投资部分，剩余的部分称为“缓冲”，则被分配到股市中，并以一个固定的杠杆（比如三倍）进行投资。所以，假设初始投资为100美元，并设定这两个参数，那么LOR的投资将会是40美元用于安全资产，180美元用于股票投资，因为180 = 3 ×（100 − 40）。随着股市的波动，LOR将管理投资组合，使得股市中的投资始终等于当前缓冲金额的三倍。如果在策略开始时，缓冲金额为60美元，而股市某天上涨了1%，那么LOR需要再购买3.60美元的股票（3 ×180 × 1% − 180 ×1%=3.60）。当然，反过来也一样，当股市下跌1%时，LOR需要卖出3.60美元的股票。

很容易理解，如果市场流动性不足，这种在市场下跌时必须卖出股票的需求可能会导致一个向下螺旋的自我强化反馈回路。而这正是布雷迪委员会得出的结论：他们估计，LOR管理的投资组合保险项目在黑色星期一市场下跌时必须卖出100亿美元到150亿美元的股票，这可能相当于在今天的市场（已经比当年还大的市场）中需要卖出上述数量的20倍的股票所带来的价格影响。

事后来看，LOR的策略显然存在问题，但为什么我们称之为“误导”的呢？答案在于思考投资者需要什么样的效用函数，这样的产品才会有意义。[3]最佳匹配的效用函数可能是这样的CRRA效用函数（常数相对风险厌恶），它从所需的无风险保险金额开始，类似于我们描述的处理生计财富的第二种方式。对于超过保险金额的财富，

> 投资者会表现出非常低的风险厌恶，因而希望通过缓冲部分高度杠杆化地投资股票。在我们看来，对于财富低于某个水平时表现出完全的风险厌恶，而对超过该水平的财富则表现出极高的风险容忍度，这是一种非常奇怪的偏好，虽然并非不可能。事后来看，投资者购买动态投资组合保险项目可能并不是因为它表达了他们的基本效用偏好，而是因为他们希望能够捕捉到股票市场上超过100%的上涨，同时在下跌时获得稳固的保护。黑色星期一的经历是市场给我们的周期性提醒之一——要远离金融炼金术的承诺。

对于那些消费远超其生计水平的人来说，很难想象当他们的财富下降，比如90%时，他们的偏好会如何变化。是否会在经历如此巨大的损失后变得更加风险厌恶，甚至无限大的风险厌恶？尽管这可能并不代表大多数人，但本书的两位作者都经历过财富的剧烈减少，在此之前，我们认为这几乎会将我们带到个人生存边缘的水平。然而，当我们身处这一境地时，我们都变得更加风险厌恶，但没有变得极端风险厌恶。可能是因为我们当时还相对年轻，觉得自己的人力资本（第13章会详细讨论）依然相当大，因此金融财富的损失并不显得那么夸张。但无论如何，这是一种亲身体验，我们也见过一些朋友和同事表现出类似的行为。

## 探究绝望的深处

CRRA效用函数在其纯粹形式中有一个特征，我们在使用数值模拟时经常会进行修改：当财富或支出接近零时，效用趋向负无穷。这在计算上可能很难处理，也不完全现实。实际上，失去99.9%和99.99%的财富并没有区别，但纯粹的CRRA效用会暗示你处境糟糕得多。当进行标准计算时，比如使用默顿比例，这个不现实的特性是可以容忍的，改变它不会实质上影响结果。但当进行期望终身效用计算时，尤其是在极长时间跨度和高波动性资产下，这可能会成为一个问题。所以我们倾向于在财富接近零时，对效用的下降率设置一个限制。这对我们通常分析的正常案例影响不大，但有助于模拟并使其更接近现实。

设定这种底线也符合现实情况，即我们始终生活在后果是灾难性事件但发生概率极低的风险中，但这些可能的结果并没有吞噬我们的正常决策。全面探讨这个想法及其所有的影响足以写另一本书。

## 低财富状态下的追求风险：弗里德曼-萨维奇效用

1948年，芝加哥大学的两位经济学家米尔顿·弗里德曼（Milton Friedman）和吉米·萨维奇（Jimmie Savage）在一篇文章中对效用曲线的形状提出了一种新观点。[4]他们认为，效用曲线的形状不仅要解释中高收入者的风险厌恶，也要符合低财富人群既购买保险又买彩票的倾向。图12.3展示了这样一条效用曲线，它在典型的风险厌恶区间中间包含了一个凸形的、追求风险的区间。这

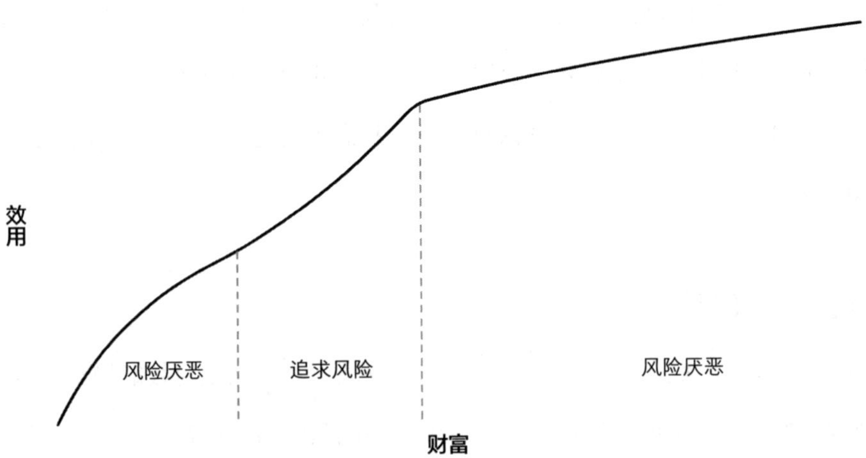


**图12.3　弗里德曼-萨维奇效用曲线，包含一个中间的、追求风险的区间**

种“追求风险”的行为不仅仅意味着有很高的风险容忍度，而是指愿意为承担没有期望收益的风险而付费的极端态度。

我们提到弗里德曼-萨维奇效用，更多是为了提供对相关效用理论和历史的理解，而非建议将其用于金融决策。在本书中，我们主要使用效用函数作为帮助做出明智决策的工具，而不是用来描述人们做出的各种可能不一致的决策。真正追求风险的人预计会很快失去大部分财富，因为他们会为没有优势的下注付出代价。常识足以让人得出结论：这与大多数人认为的“明智”决策是不一致的。

## 可预测的偏好变化：习惯养成

考虑到习惯的形成与预期的、可预测的偏好变化，每个时期享受的效用与其他时间享受的效用是独立的假设可以放松。这是对默顿假设最重要的背离之一，20世纪80年代和90年代对此进行了大量研究。[5]大多数人会同意，花费一定数目的金钱时，如果相对于前几年的实际支出有所增加，而不是减少，会感觉更好，即产生更多的效用。有许多种方式可以对这种生活标准效应建模，最简单的是要求某一年中的支出部分基于过去几年的支出水平。通常，认识到个人偏好的这一方面会使个体愿意承担的投资风险更小，并且其支出随时间的变化性也更小。

## 财富本身的效用

我们怀疑，在大多数情况下，那些声称他们从财富中获得的效用与他们将财富花在什么地方是分开的、截然不同的人，可能没有花足够的时间思考他们会将财富用于什么地方。同样，对于我们听到的某些高净值个体的“计分”说法，我们也持怀疑态度，他们声称大部分财富只是“用来玩的钱”。虽然财富与地位挂钩，但如果富裕家庭既不花费、赠与，也不捐赠他们的财富，就很难说他们是在最大化自己的地位。无论如何，效用最大化理论可以处理大多数基于财富的另类目标函数，财富作为数字而非财富用途。

传统的期望效用模型不会对投资活动本身赋予效用，只会对从中产生的回报赋予效用。然而，可以为那些从投资过程或控制投资中直接获得效用的人做出调整[1]。社会影响力投资也可以纳入模型中，适用于那些有效地将慈善活动与投资决策相结合的人。

## 时间偏好

经济学家和哲学家们早就观察到并假定人类普遍倾向于享受现在而不是未来，导致出现了关于时间偏好的大量经济学、哲学和心理学文献。在《个人身份》(1971)中，英国哲学家德里克·帕菲特(Derek Parfit)提出了正向时间偏好的观点：

> 我们对更远的未来关心较少……因为我们现在的许多东西，比如当前的希望、计划、爱和想法，会在未来存留得较少……如果这些重要的事情在更远的未来存留得较少，那么关心较少并非不理性。

然而，哈佛大学心理学家丹尼尔·吉尔伯特(Daniel Gilbert)通过引用实验，提出了负向时间偏好的观点，发现人们喜欢延迟享受愉快的体验，以便获得双重收益：既享受期待的快乐，又享受实际体验的快乐。另一个暗示负向时间偏好的发现是，个体常常表示他们更愿意看到自己的收入逐年增长，而不是获得相同甚至更多的总收入但收入逐年下降。实际利率如果大于0，通过储蓄

---

[1] 彭博社评论员马特·莱文(Matt Levine)曾探讨过对冲基金经理约翰·保尔森(John Paulson)的效用函数。保尔森在2008年金融危机中通过押注次级抵押贷款获利数十亿美元。莱文写道："我不知道。如果他(保尔森)在2010年退出，不仅过去10年他会有更多的空闲时间，而且他还会更富有。但一旦你拥有90亿美元，显然你追求的就不仅仅是增加财富，甚至维持财富了。对于我自己来说，我会追求更多的闲暇和消费，但这也是为什么我不是亿万富翁对冲基金经理的一部分原因。对保尔森来说，声誉、想要最后一次大获全胜等因素在他那些糟糕的年份里可能起了重要作用，而在产生亏损的押注上花费几十亿美元是可以接受的。此外，他显然很享受赚取管理费的过程。"

和投资早期收入，可以将稳定或下降的收入流转化为更大的增长收入流。对此行为的各种解释包括：它有助于个人控制支出，或个人期望如果当前工作以更高的薪资结束，他可以找到一份更高薪的工作。

行为经济学家的研究，包括一些涉及结肠镜检查的实验，发现个体往往对某一体验的最终时刻赋予很大权重。这种所谓“美好结局”的愿望与个体缺乏耐心的倾向相反。

就像我们看到的远处图像细节较少一样，当未来遥远时，我们对其想象的细节也较少。这就是为什么我们经常同意去做一些远在将来的不愉快事情，而这些事情如果在明天发生，我们就不会同意。这种心理视角会导致所谓的超几何时间偏好。对一般年轻且财富不多的个体的调查发现，他们更倾向于今天得到19美元而不是明天得到20美元（年化时间偏好率为14,000,000,000%！），但同时他们更倾向于选择365天后得到20美元而不是364天后得到19美元。

当然，不需要逻辑学家就能看出，可以建立一个非常有利可图的业务来利用这些偏好，向未来的人借钱，当未来到来时再借给同样的人。虽然超几何折现率是一个非常有趣且真实的现象（针对非常少量的钱），但我们认为它并不能代表高净值、财务上精明的个体和家庭的时间偏好。

所有这些不同的行为现象使得难以确定个体的个人时间偏好，我们在上一章关于捐赠支出的讨论中已经触及了这个问题。进一步复杂化的是所有个体的平均时间偏好与经济中的利率水平之间的关系。大多数宏观经济模型认为，平均时间偏好会影响但不会决定利率水平，因此我们不能依靠实际利率来精确估计个体的平均或典型时间偏好。我们将在第20章对此问题进行更详细的讨论。

我们认为富裕的个人和家庭的时间偏好率将趋于0%到4%的范围。好消息是，在这个范围内的时间偏好对最佳投资政策几乎没有影响，对10年到20年期的最佳支出政策的影响也相对较小，尽管它在更长时间框架内确实产生了实质性影响，正如我们在第10章讨论的那样。

## 总结

期望效用框架不会告诉你如何平衡个人消费、代际赠与和慈善活动，因为你的相对偏好是框架的输入。它会为你提供一个关于如何根据这些偏好以及我们引入的各种复杂性和不确定性来源——税收、通胀、资产回报波动、不确定的寿命、不确定的家庭动态等——来进行支出和投资的良好规则。该框架还可以帮助量化我们偏好的理性影响，进而反过来影响偏好本身。

校准我们需要作为输入的偏好是一项非常有用且启发性的练习。你可以想象自己处在一个没有任何不确定性的世界中，投资回报、劳动收入、寿命、繁衍、通胀和税收等都完全确定。我们曾要求人们进行这样的思维实验，我们看到的最大障碍是人们不愿将自己的死亡视为是固定的。但有希望的是可以越过这一点，并写下你希望如何在余生中处置你的当前财富，然后假设你拥有比现在更多或更少的财富，重复这一过程。如果你通过在电子表格中的单元格中输入美元数来做到这一点，当你发现自己不能将1美元从一个单元格移动到另一个单元格而让自己变得更快乐时，你就完成了。经济学家会说你已经“将1美元的边际效用在所有可能的支出选择中等效化了”。接下来需要做的只是识别出你愿意承担的几个风险押注，比如你勉强愿意接受有着50/50概率的财富增加33%或减少20%。如果你能做到这些，那么你几乎拥有了描述你个人效用函数所需的一切。

这似乎是一项艰巨的任务，且确实不简单，但人们通常花费的时间和精力用以进行一项诸如购买新电视的研究并不比这少。对于如此重要的事情，这绝不是不可逾越的挑战，因为我们见证了个人和家庭能够做到这一点。这个过程变得更加容易，因为其他人已经完成了它，他们的偏好有助于设定合理的范围以缩小个体偏好的选择范围。我们看到人们在回答这些基本问题的过程中，发现这一过程具有深远的变革性，即使他们没有采取将不确定性引入其中的下一步，这也已经帮助他们专注于许多家庭未曾系统性解决的重要权衡决策问题。

此外，在所有主要变量不确定、相互关联且往往非正态分布和非线性分布的现实混乱世界中，利用期望效用框架找到你应做出的决策的额外价值是不言而喻的。它可以帮助你决定在特定的期望回报和风险水平下应承担多少投资风险，税收及税收变化将如何影响你的支出分配，寿命和繁衍的不确定性如何影响投资、支出和赠与决策，何时进行代际转移，何时实现资本收益，是否购买年金等多种决策问题。

# 13

# 人力资本

## 什么是人力资本

人力资本指的是个人在一生中通过劳动获得的收入，通常是指税后收入超出其基本生存生活费用的部分。虽然很难对个人的人力资本进行精确估值，但许多经济学家认为，在发达经济体中，全社会成员的人力资本总价值高于整个股票市场的价值[1]。

对年轻人而言，他们的人力资本通常远远超过其金融资本。对于大多数年轻人来说，认真考虑职业决策是很有意义的，因为这是他们做出的最大财务决策之一，即使他们在一生中可能会改变职业方向。期望效用概念在权衡不同职业路径的利弊时很有价值，它通过将注意力集中在人力资本的经风险调整后的

[1] 例如，美国有1.3亿个家庭，年均收入约为7万美元。假设平均来说，超出基本开支的收入为1.5万美元，那么25年这样的超额收入价值将达到50万亿美元，大致相当于美国股市的市值。

价值上来帮助决策。不同的职业在结果的不确定性方面会有很大的差异，有些职业的期望值很高，但其回报类似于彩票，而另一些职业的回报则更像是与通胀挂钩的政府债券。

随着时间的推移，随着剩余工作年限的减少，金融资本（包括社会保障和养老金收入）将逐渐在个人的资产负债表中占据主导地位。为了简单起见，我们迄今为止的案例研究主要假设的对象是接近退休或已退休的个人。

## 人力资本与终身支出决策

图13.1展示了收入和支出在一生中的关系的示意图。在早年，平滑且持续的终身消费意愿表明支出将超过收入。这意味着年轻时，从理论上来讲，借未来的收入用于支出是有意义的，实际上是采用了负储蓄率。然而，实际上，我们认为年轻人通常应该采用正储蓄率（不包括房屋购买的融资），以培养宝贵的终身储蓄习惯，避免通常极高成本的消费借贷，并作为防范财务灾难和意外风险的保障。

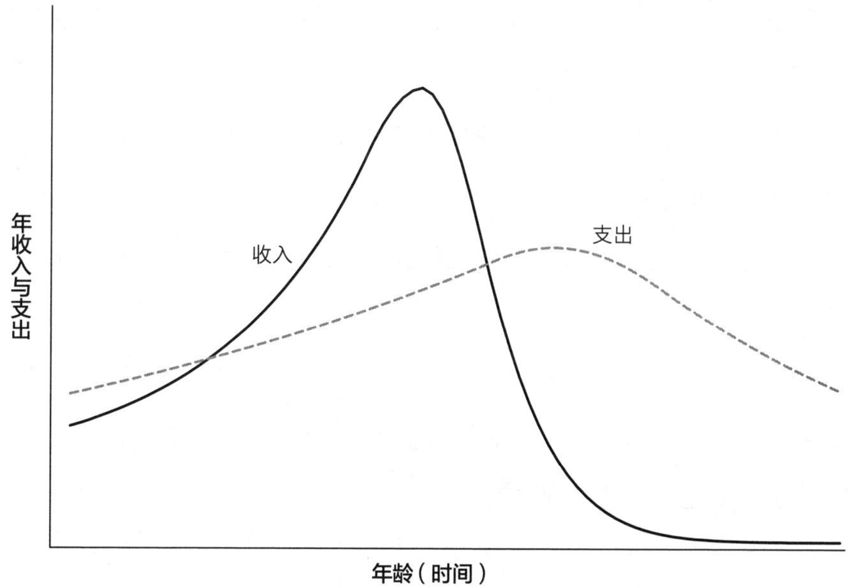


**图13.1　典型的终身收入和支出模式**

即使你确切知道你未来的收入情况，找出你最优的支出策略仍然是非常具有挑战性的。它需要在平滑和稳定的支出愿望与通过储蓄收入获得正回报的机会之间取得平衡，同时还需要考虑时间偏好，也就是你对“现在的自己”与“未来的自己”之间的偏爱。当你将收入流的不确定性、投资回报率的不确定性以及包括寿命和遗产需求在内的个人情况的不确定性纳入考量时，这个问题就变得更加复杂，但仍可以通过期望效用框架来有效解决。

## 你是股票还是债券

忽略人力资本对年轻人来说是不现实的假设。除了大致了解自己的人力资本规模，了解其价值如何随股票市场和整体经济的波动而变化也很重要。经济学家莫什·麦尔维斯基（Moshe Milevsky）写了一本书，名叫《你是股票还是债券？》，专门探讨了这个问题。你的收入越依赖于经济强劲增长——比如银行或工业公司中的高管——你的人力资本就越像股票。相反，你的工作越能免受经济波动的影响——比如医生或终身教授——你的人力资本就越像债券。

了解你的人力资本特性对于确定适当的投资策略至关重要。如果你的人力资本类似于股票，你可能希望你的投资组合承担较少的股票风险。你也可能会倾向于避免将投资集中于与你人力资本风险相关的股票类型。例如，如果你在花旗集团担任某个角色，你的人力资本会随着花旗集团股票的起伏而波动，那么你不会希望持有超过必要水平的花旗集团股票，可能还会在你的投资组合中低配金融公司。

期望效用框架还可以帮助公司评估通过有限的公司股票作为员工薪酬可能产生的重大成本。公司可以将这种成本与让员工成为股东所带来的利益一致效应和正向激励产生的价值进行比较。

## 年轻投资者：人力资本高，金融资本低

在我们使用的基本情况假设下，通常投资者保持固定比例的股票配置是最优的。然而，当将人力资本纳入财富时，这一结果通常不再成立，正如耶鲁大学经济学家巴里·纳莱布夫（Barry Nalebuff）和伊恩·艾尔斯（Ian Ayres）在其著作《终身投资：提高退休投资表现的安全而大胆的新方法》中所描述的那样。他们认为，如果年轻投资者的收入潜力高且与市场的相关性低，那么他们应该将高比例甚至是杠杆化的资金配置到股票中。随着年龄的增长，他们的人力资本与金融资本的比率下降，其股票配置的最优比例也应随之下降。

举个例子，考虑一个35岁的医生，他有50万美元的储蓄，但预计在未来30年的行医生涯中，每年将获得超过基本生存所需的50万美元收入。假设所有数据经过通胀调整并为税后收入，我们会认为他的人力资本大约为1500万美元。我们还假设这位医生没有学生债务。传统的财务顾问可能会建议医生逐步增加其股票投资组合的规模，并保持其经纪账户中的股票配置比例固定在60%。然而，一位将人力资本纳入财富考量的顾问，会将这位年轻医生未来的1500万美元人力资本净现值视为已经"存入银行"且是他当前资产的一部分，用于计算其最优的股票配置比例。因此，假设这位年轻医生的最优股票配置比例是60%，那么他应该借未来收入买入约900万美元的股票，杠杆率相当于其当前储蓄的18倍！

纳莱布夫和艾尔斯按照这一逻辑，建议该医生购买股票市场的看涨期权。虽然理论上这可能合理，但现实中许多年轻投资者会发现，要持续有效地评估和管理一个期权组合以完全实施这一策略是困难的。纳莱布夫和艾尔斯建议将杠杆率限制在大约300%，既出于实际原因，也为了减少人力资本假设未兑现的风险。

这种激进的投资方法到底能多大程度上改善投资者福利？我们进行了一次蒙特卡罗模拟，假设以300%的杠杆上限通过期权实施，采用我们对股票市场

期望回报和风险以及投资者风险偏好的常规假设。我们发现，到医生职业生涯结束时，采取更激进的投资方法相比于忽略人力资本价值的策略，可以使其确定性等价财富提高12%。这是一个显著的提升，意味着医生可以提早几年退休，但提升的幅度也足够小，以至于其中很大一部分可能被交易成本侵蚀，或者被偏高期权价格侵蚀。

此外，如果我们将其股票敞口限制在100%，即完全不使用杠杆，他仍然可以获得大约三分之一的总体福利提升。无论如何，在实施这一策略之前，投资者应该首先确定自己的人力资本与主要资产类别尤其是股票市场的相关性，并仔细考虑期权所隐含的杠杆成本、交易成本、额外税收及其他风险[1]。特别是，即使不考虑其人力资本与经济和股票市场回报的潜在相关性，投资者还应考虑其人力资本价值的不确定性，包括重大负向尾部风险。

一种未来可能可行的全新方法是通过一种叫做“收入分成协议”（Income Share Agreement，简称ISA）的工具，隐性出售你的部分人力资本。ISA允许个人预先获得一笔资金，作为回报，个人在未来支付一定比例的收入，且需遵守各种限制。ISA已经被用来帮助年轻人为上职业学校和技术培训课程获得资金。基于收入的产品提供了有价值的风险分担和信号功能，这可能有助于它们作为个人释放人力资本而不背负债务的一种方式而变得更受欢迎。

## 保护你的人力资本：人寿保险的例子

人寿保险可以被看作为对为家庭财务福祉做出贡献的家庭成员的人力资本提供的保障[2]。就像房屋保险的情况一样，保险公司收取的保费与公平价值的差额通常是适度的，因为人寿保险公司能够将其风险分摊到许多人的生命中。

---

[1] 看涨期权作为一种比房屋抵押贷款更便宜的选择，也有一些有趣的潜在应用场景，尤其是在房屋抵押贷款对借款人有追索权的情况下。

[2] 残疾和医疗保险可以被看作与我们在这里的讨论具有相同的框架。

期望效用分析通常表明，即使人寿保险的定价略高于统计上的公平价值，购买人寿保险也能提高投保人的福利。

## 我什么时候可以退休

对许多人来说，这是他们面临的最重要的问题之一。原则上，通过找到能够最大化你的期望终身效用的退休时间，可以回答这个问题，但与我们讨论的该框架的所有其他应用不同，这个问题需要评估工作的效用（对于大多数人来说，是负效用）。这可能是那些不容易进行精确定量分析的问题之一，尽管如此，我们认为期望效用范式有助于以更容易的方式来回答这一问题。

例如，在决定何时退休时，看看根据选择不同年龄退休产生的确定性等价的终身支出模式是什么，可能比看其产生的预期的一次性财富更有帮助。使用期望效用框架作为做出这一决定的辅助工具，可以更快地将投资风险和长寿风险纳入决策中。但最终，如何在工作与休闲之间做权衡将是一个关键考虑因素。

该框架还可以用来更好地理解工作和退休灵活性带来的好处和影响。实际上，你可以在接近退休时加快或推迟退休日期，并且你可以选择工作强度。这样的灵活性通常可以让你在投资中承担更多的风险。如果你的投资表现特别好、期望投资回报比预期更具吸引力，或你从劳动中获得的收入比预期更多，你可以提前退休。这些效应在家庭金融文献中被广泛研究和讨论。

## 总结

评估你的人力资本要比把你经纪账户和银行账户中列出的金融资产价值加起来要困难得多，但在很多情况下，这是值得付出努力的。对于处于职业中期的投资者来说，当他们已经积累了大量的金融资本，同时仍然拥有大量的人力资本时，评估你的人力资本的价值和特性可以对你的最优投资和支出策略产生实质性影响。对于年轻投资者来说，他们应该专注于使自己的人力资本的经风险调整后的价值尽可能高，当然要考虑职业满意度的因素。他们还应该关注他们的投资决策，因为长期复利会对他们成功实现财务自由产生实质性的影响。

# 14

# 主要资产类别的回报与风险特征

投资中的关键问题是估算期望回报。

——费舍尔·布莱克（Fischer Black）

你为了最大化期望终身效用所做的投资和支出决策的质量在很大程度上取决于你对可投资的产品概率结果分布的估计能力。投资风险并不是影响你决策的唯一不确定性，但它是一个重要的因素。我们在许多案例研究中看到，除了投资的期望回报和标准差，考虑更多因素是很重要的。理想情况下，我们还应该考虑投资是否具有不对称的回报模式，以及极端结果的可能性是否比其通常的波动性所暗示的更大或更小。此外，要找出合适的资产组合，我们需要了解每项投资的回报与其他所有我们考虑的投资的回报之间的相关性，以及在适当情况下与我们的人力资本的相关性。这听起来像是一个艰巨的任务，但这一章正是为了帮助你降低完成该任务的艰巨程度。

为个人投资者可能的所有投资组合提供回报分布的精确估计实际上是不可能的。我们的一个吸引人的解决方案是从维克多的父亲喜欢开的关于一个愚蠢的苏菲智者穆拉·拉苏定（Mullah Nasruddin）的笑话得到启发的。穆拉正在厨房里拼命寻找他的钱包。他的妻子提出帮忙，问他最后记得钱包在哪里。他回答："在谷仓里。"她问："那你为什么在厨房找呢？"他回答道："谷仓太黑了，我绝对找不到！"[1]

我们也应该在有足够光亮的地方寻找答案。这意味着我们应该限制潜在投资的范围，专注于那些期望回报分布更容易估计的投资。一般来说，基于可识别的、通胀保值的现金流的投资是最容易估计的。这些即使我们不知道它们的历史表现，我们也会觉得对未来回报分布的估计有信心的投资。接下来是那些现金流难以精确确定的投资，但由于其巨大的整体风险、难以分散的风险以及与整体经济表现的高度相关性，我们认为它们应该提供风险溢价。最难估计的是那些由市场无效性驱动的投资或策略的回报，无论是由摩擦或分割产生，还是由投资者的失误造成。我们对这些投资的估计将不可避免地依赖于历史表现。对这些投资的回报分布进行估计将依赖于预测市场微观结构变化、投资者行为变化以及被吸引到这些机会的风险资本的数量变化这些具有挑战性的任务，而这些因素都可能迅速且不可预测地变化。

为了帮助降低所有这些复杂性，我们发现自己总是回到这三个相关假设：

- **有效市场假说：**市场，尤其是那些大而流动性强的市场，效率较高。
- **成本重要性假说：**成本很重要。

---

[1] 维基百科上甚至有关于这种现象的词条，叫做"路灯效应"。

- **普通投资者假说：**市场组合是唯一的每个人都能同时持有的投资。

我们将看到，这些指导原则在缩小我们将讨论的不同类型投资的合理回报分布范围方面非常有效。例如，相信市场至少在某种程度上是有效的，意味着你无法找到比政府债券提供的利率更好的安全投资，也无法获得比与经济健康相关的风险资产的期望回报更高的收益。这还意味着，我们不能期望利用所有人知道的信息来打败市场，这些信息包括过去的表现。鉴于这些信念，核心信息是，个人投资者应抓住高度分散化、低费用和高税收效率的“低垂果实”。这种方法通常集中排除了对冲基金、结构化产品和其他复杂的另类投资这些高费用、低税收效率的投资。此外，从长期视角来思考往往能带来更大的清晰度，而我们需要做出的终身投资和支出决策正是基于一种长期视角。

接下来将讨论如何大致估计可供富裕投资者使用的主要投资类型的回报分布和其他相关特征，按我们认为可能的估计质量排序。除非另有说明，我们将专注于税前特性。我们将在第17章专门讨论如何将税收纳入投资组合选择过程。

## 与通胀挂钩的长期政府债券

美国政府发行了“通胀保值国债”（TIPS）。许多其他国家也发行了类似的债券。对于这些债券来说，实际收益率几乎就是投资者应期望获得的实际回报。对于与债券到期日相似的投资期限，这些债券可以被视为无风险的，或是最小风险的资产，因为它们是投资者最接近锁定未来实际消费金额的工具。对于远短于债券到期日的投资期限，具有正态分布（用历史隐含波动率作为标准差）的回报能很好地描述潜在的价格波动情况。理论上，这些债券确实存在发行政府违约或重组的风险，这是一种影响巨大的风险，但由于其概率足够低，我们将其视为投资者必须接受的背景风险之一，背景风险包括核灾难、全球经济崩溃、市场基础设施崩溃等。

## 名义政府票据和债券

大多数政府发行的债券没有与通胀挂钩，承诺支付名义利率和本金。为了估算名义债券的预期实际回报（与TIPS的实际回报不同），我们需要独立估算未来的通胀率。经济学家、消费者和企业会生成各种通胀预测来源，但遗憾的是，普遍认为预测通胀非常困难，这些估计通常相当粗糙。我们无法确切知道受访者提供通胀预测时的具体时间点也加剧了这些预测的不精确性，导致难以将这些预测一致地应用在不断变化的名义利率上。

不幸的是，使用名义债券和同期限通胀挂钩债券的收益率差来估算通胀也无济于事，因为根据设计，这种估计通胀的方法会告诉我们，名义债券的实际回报率等于相应的通胀挂钩债券的实际回报率[1]。因此，我们只能依赖人工生成的预测。这些预测的挑战在于，如果名义债券提供的实际回报超过通胀保值债券的实际回报，普遍认为这个差额应该非常小，大约是每年0.5%。但很少有市场观察者认为基于调查的通胀预测足够准确，能够识别出如此小幅度的风险溢价。

估算名义政府债券的风险需要权衡所有关于债券波动性的不同信息来源。从长期视角来看，即使是美国国库券的实际回报也有相当大的风险。对于美国国库券投资者来说，1941年到1948年是一个特别痛苦的时期，那时国库券损失了超过40%的经通胀调整后价值。更近的例子是，2009年到2022年年底的国库券投资者损失了24%的实际投资价值。

## 股票市场

正如我们在第4章中讨论的，股票市场的经周期性调整收益率是对长期实际回报率的一个不错的（尽管不完美的）估计。该指标有多种变体，如使用股

[1] 我们想要的是$收益率_{名义}-通胀_{预期}$，但如果我们设置$通胀_{预期}=收益率_{名义}-收益率_{TIPS}$，那么我们就得到$收益率_{名义}-(收益率_{名义}-收益率_{TIPS})=收益率_{TIPS}$，这并没有告诉我们任何有关名义债券实际回报的有用信息。

息、股票回购加上整体经济增长的版本，这些版本与收益率一样有效且逻辑合理，投资者可以合理选择其中一种指标，或者将它们平均结合在一起。我们要提醒的是，我们认为适用于估算广泛股票市场长期实际回报率的假设，并不适用于估算个股或行业板块的期望回报，在这些情况下，公司或行业层面的增长预测是关键因素。

## 复合年回报率与平均年回报率

关于股票市场回报估算的一个重要的技术性问题是：应使用长期时间段内预期的年化复合回报率估算，还是用股票市场年回报的平均值来估算。前者称为几何回报率估计，后者称为算术回报率估计。例如，过去50年美国股市的年化几何回报率为10.3%，而平均年算术回报率为12.0%。两者之间的差异是我们之前讨论过的波动拖累，这取决于回报率的变化性[1]。

研究人员对股票市场的收益率应使用哪种回报类型的估计尚无共识。我们认为答案介于两者之间，但我们通常会选择更保守的方式，并将收益率视为预期算术回报率的估计。在其他条件相同的情况下，估算股市的预期几何回报率为5%的投资者，可能会比认为预期算术回报率为5%的投资者更倾向于增加股票配置，而且两者的差异可能相当大[2]。

---

[1] 在此期间，股票市场收益的波动率约为18%，这使得我们估计几何收益和算术收益之间的差异为 $\frac{1}{2}\sigma^2$ = 1.6%，在舍入误差范围内，这与观察到的12.0%和10.3%的差异相匹配。

[2] 例如，假设股市的年波动率为20%，那么5%的预期几何回报率相当于7%的算术回报率=（$5\% + \frac{1}{2} \times 0.2^2$），因此，使用默顿模型的最优股票配置将比认为股票市场的预期算术回报率为5%的投资者高出五分之二（假设无风险利率为0%）。参见Haghani & White, 2017。

一种常见的——但我认为是误导的——估计股市预期回报率的方法是基于历史回报率。为了理解我们为何不喜欢这种方法，让我们先想一下没有信用风险的10年期债券（例如美国政府发行的债券），其收益率为10%。接下来的几年，收益率降至1%。历史上的债券回报看起来非常出色，但这些数据并不能提供表明这些债券未来预期回报率（实际上现在只有1%）的任何线索，显然也确实如此。虽然广大的股市并不完全像债券，但它们与债券的相似度比你想象的要大。收益率为长期回报提供了一个不错的预测，因为从整个大经济体来看，公司盈利有点像债券。因此，你可以将你获得的收益除以你支付的价格，看作一个不错的（尽管不完美的）预期回报的估算。相比之下，短期甚至长期的历史数据并不能提供多少前瞻性信息。

要估算股票市场的长期风险，最好考虑尽可能多的不同信息来源。长期期权的隐含波动率是一个虽然有用但噪声较大的信号，因为我们难以准确知道这些定价中有多少是买卖期权的人所要求的风险溢价。此外，我们还必须关注股票市场回报分布的偏斜和肥尾效应，尽管专注于长期前景会在一定程度上缓解这些影响。

现代金融学的大部分描述了如随机漫步、钟形正态分布和期权市场隐含的风险中性分布等概念。如果市场的波动性是恒定的，并且价格是连续变化的，历史波动性将给我们提供一个非常好的估算。不幸的是，这两个假设都不符合历史经验，但我们仍然将历史实际波动率视为估算股市风险的有用参数。

分析股市崩盘是另外一种风险估计有价值的来源。最引人注目的事件是1929年至1932年美国市场接近90%的下跌。少为人知的是，投资者还经历了另外六次40%到50%的损失，其中两次发生在21世纪初。这些是令人痛苦的市场崩盘，但我们需要记住，美国股市在世界舞台上表现出色，专注于美国市场的表现可能导致我们低估风险，这种效应被称为幸存者偏差。我们还需要记住，一些市场完全没有幸存下来，例如20世纪上半叶的俄罗斯和中国的市场。

股票回报呈现出肥尾现象，这部分是由于市场波动率随时间变化。市场由人组成，而人有时会非常冲动。金融经济学家用来描述市场回报行为的经典方程起源于对气体原子行为的描述，金融市场的运作毕竟不像气体中的原子。金融市场表现出反馈循环，使得整个系统容易出现不稳定。无论保险公司卖出多少飓风保险，飓风袭击佛罗里达海岸的概率是一样的，然而如果足够多的市场参与者采用动态投资组合保险策略，反而会增加他们试图保护自己而卖出的事件发生概率，正如1987年10月股市崩盘所示。

如果我们对历史或期权价格了解不多，该怎么办？从基本原理出发，我们能对股市可能上涨或下跌多少做出怎样的分析？股票投资的现值取决于两件事：预期的现金流（如盈利或股息）以及期望回报率或贴现率。由于股票的现金流长期存在，现金流和贴现率的小变化对价格有巨大影响。例如，如果公司的盈利长期来说平均减少40%（假设实际盈利流保持稳定），同时投资者要求预期回报提高3%（即贴现率从3%上升到6%），股票价格将下跌70%，这表明1929年股市崩盘并不是百万分之一的偶然事件。

没有一个明确的“正确”方法来将这些不同的风险估计结合起来。然而，我们倾向于通过结合长期和短期的已实现波动率、不同执行价的长期期权隐含波动率，并额外考虑可能性比较低但实际可能存在的市场超50%的下跌来估算长期股票市场风险。我们的目标是估算股票市场未来回报的分布，实际上回报不是正态分布的，价格通常会从一个水平跳到另一个水平，而不会给投资者在中间价位交易的机会。然而，正如我们将在第18章中讨论的参数不确定性，最大化期望效用的投资策略主要依赖于股票市场的预期回报和标准差，并且对于相当大范围的合理输入，对回报分布的整体形状不太敏感。

股票市场越大越分散化，评估回报的时长基准越长，我们讨论的这些估计可能结果分布的技术就越有效。相比美国或日本股票市场的估算，我们应该能够更好地估算全球股票市场的特征。反之，当这些方法应用于单一行业或个股时，效果会差得多。

在下一章中，我们将从一个主要关注财富长期实际购买力的投资者的角度，重新审视股票市场风险问题。我们将看到，对于这样的投资者来说，股票市场的风险要比那些只关注当前资产价值的投资者来说小得多。

## 外国股票市场

许多投资者，特别是在高收入经济体中的投资者，认为外国市场的风险显著高于其本国股票市场，回报可能更低。这有点像所有父母都认为自己的孩子高于平均水平。

关于全球股票投资中的本土偏好问题，有很多支持和反对的观点。投资者可能认为外国市场的风险还有外汇波动的额外风险，以及由于股息的外国投资者预扣税的摩擦，回报可能更低。一些投资者还可能认为他们的本国股票市场可以对冲未来消费篮子中高端奢侈品（如豪宅、艺术品和旅行）的需求。沃伦·巴菲特和约翰·博格曾主张，美国投资者应该只投资于美国股票，因为通过美国公司在海外的业务，他们已经获得了足够的国际分散化。

我们更倾向于认为外国市场确实提供了分散化的好处。即使有外汇波动这一风险，也可以被理解为对本国货币贬值的一种有价值的风险对冲。基于超额回报和风险的动态资产配置通常表现更好，因为投资者可以在多个大规模分散化的股票市场中调整配置，而不仅仅是在一个市场中。此外，外国市场与投资者的人力资本的关联性通常更小，而人力资本通常更受国内经济的影响。一般而言，我们之前讨论的估算分散化的股票市场期望回报和风险的基本方法同样适用于国内和国外市场。

无论是否有正当理由，许多投资者在全球股票市场配置中表现出明显的“本土偏好”。例如，截至2022年年底，美国投资者整体将约85%的股票投资分配给美国股票，而美国股票在全球市值指数中的占比略低于60%。其他国家的投资者在股票配置中也往往表现出本土偏好。不幸的是，各市场的本土偏好不太可能在不影响定价的情况下自然平衡。

一个简单的思想实验展示了本土偏好如何广泛影响不同市场的期望回报。假设全球股票市场市值和股票投资者的资产分布是不均匀的，一个大市场占全球总量的50%，而10个小市场各占5%。假设大市场的投资者希望将85%的股票投资留在本国市场。再假设在每个小市场中，投资者希望将50%的股票投资留在本国市场，相对于它们5%的市场市值权重，表现出更强的本土偏好。

在这些假设下，我们会发现供需不会自然平衡。大市场的供给不足以满足所有需求，而小市场的需求也不足以吸收所有供给。第一个实现平衡的自然机制是价格变动。我们对这些调整幅度的大小感到惊讶。在我们的简单例子中，假设所有投资者都坚持本土偏好，大市场相对于小市场的价格必须上涨140%，才能实现平衡❶。然而，随着价格变动，长期预期回报也会随之变动。如果大市场的投资者适时地减少其本土偏好，小市场的投资者减少对大市场的需求，价格变动的幅度应该会有所缓解。[1]

## 指数基金

指数基金增长巨大且极受欢迎。然而，它们常常受到投资管理行业的部分批评。表14.1列出了一些常见的批评观点及我们对这些论点的分析。

**表14.1**

| 批评 | 回应 |
|---|---|
| 指数基金是一个“巨大的动量机器”，因为随着股价上涨，它们必须买入更多的股票。 | 这是不准确的，因为一旦指数基金购买了一只成分股的正确数量的股票，它就不会随着股价的变动而买卖股票。 |

❶ 如果大市场的价值升值140%，占全球总市值的71%，那么当大市场的投资者将其85%的财富投资于国内市场，所有小市场的投资者将其50%的财富投资于国内市场，一切都会平衡。

（续表）

| 批评 | 回应 |
|---|---|
| 它们存在“根本性缺陷”，因为它们总是会增持估值过高的公司，而减持估值过低的公司。 | 如果投资者不知道哪些公司或哪些类型的公司被高估或低估，那么就不可能说指数基金在这方面存在缺陷。如果投资者知道哪些公司被高估了，那么他就应该专注于成为一个成功的选股者。对于那些不知道哪些股票被高估的人来说，指数基金将是最好的选择。 |
| 它们过于集中在大公司。 | 截至2022年年底，全球最大的公司苹果公司在全球股市指数中的权重为3%，排名前10位的股票在该指数中的权重略低于15%。我们计算出，这些大型股票需要额外提供大约每年0.1%的回报，以补偿它们的规模和集中度。 |
| 拥有25只股票的投资组合几乎和拥有市场投资组合一样分散化。 | 虽然有可能谨慎地建立一个由25只股票组成的投资组合，其回报率的标准差非常接近整个市场的投资组合，但这样一个集中的投资组合仍将存在巨大的无风险补偿的特定风险。[2]从经济学的逻辑来看，它的期望回报与风险之比应该更低。就长期期望福利而言，即使回报与风险之比下降5%，也是一个巨大的损失。当更分散化的投资可以免费提供时，为什么不接受呢？ |
| 即将被纳入指数的股票在纳入之前的表现优于市场（从指数中剔除的股票反之亦然），导致每个指数的表现系统性地落后于更具包容性的指数。 | 这种指数“纳入/剔除”的摩擦是一种真实的成本，但对于设计良好、市场覆盖面广的指数来说，这种成本相当小。不幸的是，作为所有股市指数中最被追踪的指数之一，标准普尔500指数并不像其他股市指数那样分散化。 |
| 如果每个人都投资指数基金，没有人会为个股设定合适的价格。 | 指数基金市场的持有率远未达到我们需要担心的水平，即使它在市场中所占的比例大大提高，也总会有大笔资金被成功选股所带来的超额回报所吸引。即使指数基金拥有100%的市场份额，主动投资者也可以通过加杠杆的多空股票投资组合来设定价格。 |
| 投票权集中在最大的指数基金管理公司手中，不利于竞争，也会伤害消费者。 | 从社会角度来看，这种观点有一定道理，但这不是金融层面上个人投资者不购买指数基金的理由。事实上，伤害消费者的可能会帮助投资者！直接指数化，即投资者在单独管理的经纪账户中实际拥有市场投资组合，而不是通过指数基金或ETF，这可能是一个部分解决方案，允许每个个人投资者行使投票权。 |

## 公司债券和其他高风险贷款

对于这一投资类别，我们拥有评估政府债券的风险和回报时的所有挑战，另外，还需要估算相对较小的违约概率及随之而来的损失幅度。不同发行人的违约数量和严重程度在经济危机时期往往会聚集在一起，而此时股市通常表现不佳。在缺乏高度专业化和发行人特定知识的情况下，要描述投资级债券的回报分布可能非常困难。或许估算高收益债券或其他更类似于股权的债务投资的回报分布会更为可行，但这一领域同样需要专业知识，并且缺乏用于考虑风险和回报的高质量的通用框架。

对于应税投资者而言，通过直接持有股票来获得股权风险溢价通常在税收上更为高效。在大多数税制下，股票享有优惠的资本利得待遇以及递延纳税的可能性。通过信用利差来获得股权风险溢价通常在税收上效率更低，因为公司债券的收益通常在获得时就被征税，而且税率更高，按普通所得税率征收[1]。美国国债通常也比公司债券更具税收效率。美国市政债券通常免征联邦所得税，但它们的税收优惠预期已反映在其定价中。与投资级公司债券一样，估算这些债券的低概率高后果事件同样具有挑战性。

关于信用投资，一个需要额外警惕的方面就是通常最可能的结果是债券到期且没有损失，从而赚取信用利差。这可能会让投资者过于关注信用投资工具的“好的一面”，而未充分考虑所涉及的风险，即单个公司债券的风险往往是高度非线性的。过度集中的信用风险以及过量持有，通常是许多历史上亿万富翁失败的部分原因。

## 房地产

估算广泛分散化持有商业、工业、农业和住宅房地产的期望实际回报和风险通常比估算股票市场更容易。与使用股票市场的收益率作为我们的估计一样，我们可以使用房地产投资组合的租金收益率（经周期性调整以及维护资本支出调整）进行估算。然而，对于更集中的投资组合和未开发的土地，则通常

[1] 也许这是一种极端的观点，但耶鲁大学的大卫·史文森认为，公司债券根本不值得个人应税投资者在其投资组合中进行配置。

需要评估当前和未来的本地市场情况。

长期来看，房价增速超过通胀的预期是合理的，特别是在新住房建设受到限制的市场中。这一先验观点与美国的长期历史经验一致。在过去100年中，房价（不包括净租金收入）比通胀增长快约1%，年波动率大约是股票市场的一半。[3]尽管这些数据掩盖了不同地区之间的巨大差异，但为考虑房屋的期望实际回报和风险提供了一个很好的起点。

对许多人来说，房屋是他们最大的实际或潜在投资，几乎所有有财富的人会面临关于住房的一系列复杂决策。你需要决定是买房还是租房，在每种情况下，你可以负担多大的房子。如果你买房，你需要决定是否借款、借多少以及以何种形式借款，以及如何投资任何多余的借款。这些决策由于生活方式和家庭状况的变化而变得更加复杂。

住房相关的决策最终涉及在各种未来不确定性中选择一系列财务政策，因此它们完全适合期望效用框架。一般来说，我们认为对待非住宅房地产应该像对待其他资产一样，它只是一种有特定回报分布的投资。对于住宅房地产，还有其他合理的选择，其中一个常见的选择是将你居住的房屋从净资产中排除，而专注于你的“可投资”财富。虽然这乍一看很有吸引力，但我们认为这不是最好的解决方案——你的房子可能是你遗产的重要组成部分，也可能是你未来消费的财富储备，所涉及的各种决定太重要了，不能将其忽略了。相反，我们喜欢将住宅房地产视为你租给自己的投资资产。它有着像任何投资资产一样的回报分布（包括租金收入），但同时也有一个支出的部分，因为拥有它会导致你支出房子的公允市场租金。这种框架有几个优势：它使得可以在终身消费和投资组合选择框架内做出关于可负担性的决策，能够比较租房与买房的决策，能够比较不同借款水平，并考虑到拥有和消费自己房地产的税收效益。

以下两条建议相当普遍，它们不太依赖于特定情况或个人的风险偏好：

1. 不要在同时持有大量低风险固定收益资产时仍然持有未偿还的抵押

贷款。

2. 避免仅出于财务原因拥有过量的住宅房地产——比所需或想要的房子更大的房子。这样的敞口通常会被分散化的股票所取代。

## 主动共同基金

每一次与市场组合的偏离都是一个主动的下注，而这需要有人站在对立面，我们认为牢记这点是很有用的。只要人们将所有偏离市场组合的投资者视为“选股者”，我们就会得出一个结论，即选股者整体将获得的市场回报要减去与其活动相关的费用和成本。这被称为“夏普算术”，以推广这一想法的比尔·夏普命名。同样的想法也由约翰·博格在他的“成本重要假说”中表达出来：

> 根本的现实很简单：金融市场的总回报减去金融中介的成本等于实际交付给投资者的净回报。虽然大量的投资文献致力于广为人知的“有效市场假说”（EMH），但很少有文献探讨我所谓的“成本重要性假说”（CMH）。然而，要解释投资者在击败市场时所面临的严峻概率，我们不需要EMH，只需要CMH。无论市场是多么有效或无效，投资者作为一个整体所赚取的回报必然会低于市场回报，差额正是他们所承担的总成本。这是投资的核心事实。[4]

夏普算术和博格的CMH的推论是，普遍的主动选股者的股票组合预计将比市场组合的风险更高，因为所有主动股票投资者的投资组合比市场组合更不分散化。因此，选股者要想提供比市场组合更好的经风险调整后的回报，他需要克服两个拖累其表现的来源：更高的费用和更高的风险。

经过深入评估后，你可能会觉得某个特定策略能够克服这些障碍：也许它有一个好故事，表现不错，或者是基于某种市场异常的策略。实际上，构建使各种投资策略听起来合理的故事并不难，尤其是当由一个富有魅力的经理人解释时。结合良好的历史记录，很容易理解为什么这么多投资者选择将储蓄交由主动管理，尽管费用更高、分散化更低，税费也往往比更分散化的资产类别投资要高得多。

估算主动管理的投资策略的风险通常比评估股票或房地产分散化投资组合的风险更具挑战性。主动策略在设计上就更集中，而且这些策略本身可能随着时间的推移而发生漂移。

## 投资者回报显著低于基金回报的案例

追逐回报行为损害投资者收益的有力但间接性的证据是，研究发现共同基金投资者的年化回报比他们所投资的基金回报低1.5%到3%。[5]这种影响可能来自于投资者糟糕的择时和糟糕的基金动态选择，他们把钱投入了表现突出的基金，而从表现不佳的基金中赎回。这与费用对投资者回报的影响不同（这在金融媒体中得到了大量报道），这与投资者资金流动的时机有关。投资者的回报低于基金回报，这可能没有引起太多关注，可能是因为在这个故事中，加害者和受害者是同一方：投资者。

为了说明这一点，我们以凯西·伍德的ARK投资管理公司管理的旗舰ETF，代码为ARKK的ETF为例。如果在2014年10月31日ETF成立时投资1美元，到2022年12月底将增长到1.69美元，复合年回报率为6.6%——相当不错！然而，ETF的投资者整体表现要差得多。如果我们看一下投资和赎回的资金、分红以及投资者在期末的投资价值，我们发现所有投资者总体上的年化内部回报率（IRR）为−37%，比基金回报低了整整43%。原因是投资者在ARKK表现非常好之后投入了大量资金，而在其表现不佳之后又撤出了资金。虽然这是追逐回报对投资者财富造成损害的一个极端例子，但绝不是孤立的案例。

# 因子投资[1]

因子投资催生了数百篇学术文章，并管理着数万亿美元的资产，其中大部分通过只做多的“聪明贝塔”策略进行投资。其核心是一个贯穿行业和学术界的高风险、未解决的矛盾：股票市场在风险和回报方面是否基本有效，还是存在严重的低效率，使得大量投资者可以系统性地获利？

这个故事始于诺贝尔奖得主尤金·法玛（Eugene Fama）及其1965年的博士论文，论文中他提出股票市场是有效的，因此很难击败市场。[6]几十年后，法玛和他的同事肯尼斯·弗兰奇（Kenneth French）注意到，规模相对较小或估值较低的公司股票的回报率高于当时最流行的资本资产定价模型（CAPM）的预测。这并没有动摇法玛对市场有效性的信念；相反，他和弗兰奇得出结论，CAPM不是正确的模型。他们提出，除了市场贝塔，还需要两个风险因子，即他们所称的规模因子和价值因子。然而，法玛的两位博士生大卫·布斯（David Booth）和克里夫·阿斯内斯（Cliff Asness）对同样的数据得出了相反的结论：因子回报代表了市场低效，因此也是一种投资机会。布斯、阿斯内斯和其他几位法玛的学生最终成为亿万富翁，他们建立了基于这一观点的企业，认为投资者将会转向因子投资风格。

投资者通过数万亿美元的投资，似乎表明他们同意布斯和阿斯内斯是正确的。然而，包括诺贝尔奖委员会在内的许多专家认为法玛和有效市场假说也是正确的。两者怎么可能都是对的？我们将尝试公平地展示支持因子投资的理由以及一些怀疑的理由，希望读者能够更好地决定是否以及如何将因子投资纳入自己的投资组合。

因子投资的核心思想是，解释股票期望回报的最佳方法是通过多个系统性的驱动因素，称为因子。一个多因子框架是通过一种优雅的推理，即套利定价

---

[1] 我们在2018年发表在《投资组合管理杂志》（*Journal of Portfolio Management*）上的一篇文章《聪明的贝塔：好的、坏的和模糊的》（Smart Beta: the Good, the Bad and the Muddy）中对此进行了更详细的讨论。

理论（APT）[7]提出的，并迅速流行，因为单因子资产定价模型[8]并未很好地解释个股的回报结构[9]。在1992年的一篇开创性论文中，法玛和弗兰奇提出了三因子模型，这成为了多因子框架的基础工具。他们认为，基于单一“整体市场”因子的CAPM可以通过增加两个额外的因子得到显著改进：

1. 价值——低市净率股票与高市净率股票之间的回报差异。

2. 规模——小市值股票与大市值股票之间的回报差异。

他们发现，对价值和规模因子的敞口在历史上获得了正的风险溢价，并且他们的三因子模型比单因子CAPM更好地解释了个股的回报。随着时间的推移，吸引投资者关注的因子数量急剧增加。以下是根据专注于因子的基金数量和规模，预期会提高投资组合回报质量的最受欢迎的因子选项：

1. 价值——市净率低的股票。

2. 规模——小公司股票。

3. 股息收益率——股息收益率高或股息增长率高的股票。

4. 质量——盈利能力高和/或投资保守的股票。

5. 动量——过去一年表现优于市场的股票。

6. 低波动性——历史波动率低或贝塔值低的股票。

我们相信，投资者寻求因子敞口的主要原因是获得比市值加权指数更高的经风险调整后的回报。这并非不合理，因为这正是在重要的历史时期发生的事情。因子投资的支持者认为，不仅历史记录表明这些因子表现优异，而且还存在合理的理由解释了为什么会是这样，并且这将持续到未来。这些解释大致分为两类：基于风险的解释和行为学解释。

基于风险的解释表明，对因子的敞口是因为承担了无法完全分散的系统性风险，因此投资者获得结构性的正风险溢价，以补偿承担的额外风险。价值、规模等之所以被称为“因子”，正是因为它们最初被认为是解释有效市场中预期股票回报的“风险因素”。事实上，因子投资的术语，如“因子溢价”“风格溢价”和“聪明贝塔”，是学术界有效市场学派的产物。

那么，基于风险的故事是什么样子的？以规模和价值因子为例，一个合理的推测是，非常严重的经济危机会摧毁最小的公司和估值最低的公司。由于灾难性经济衰退的风险是一种在常规股票价格波动中无法体现的背景风险，它不会在市场贝塔的传统测量中显示出来，因此也不会通过市场贝塔风险溢价得到补偿。❶相反，这种风险通过规模和价值因子的溢价得到补偿。[10]

许多因素——特别是低波动性、质量、动量和股息收益率——很难用一个合理的基于风险的故事来解释。这些因素更多地依赖于行为学解释，行为学解释认为因子回报代表市场效率低下。从这个角度看，因子投资是一种系统性地从他人的根深蒂固认知性的投资错误或由约束和摩擦导致的低效率中获利的方式。

接下来，讨论一下对因子投资持怀疑态度的理由，首先是基于风险的因子投资论点，它认为因子溢价主要是基于风险的，并且是有效定价的。在这种情况下，投资者只有在他确信自己比普通投资者对某种风格的因子更加敏感或更不敏感时，才会想要拥有暴露于特定风格因子的投资组合。市场算术的基本事实是，所有个人投资组合的总和必须等于市场组合。因此，对于每个对某个因子的风险不太敏感并想要赚取因子溢价的投资者，必须有一个对该因子风险更敏感并愿意支付因子溢价的投资者。

虽然理论上这是可能的，但对于大多数因子来说，认为市场是这样运作的似乎有些牵强。首先，许多因子所涉及的风险情景并不十分清晰或众所周知，投资者很难对它们有强烈的看法。此外，如果这些因子确实源于这种风险解释，那么为什么没有针对那些想要避免某些因子并赚取低于整体市场回报的投资者的基金？例如，我们强烈怀疑价值型和成长型基金的投资者都期望获得高

❶ 这仅仅是一种猜测，因为没有足够多的真实灾难性经济事件来有力地检验它。

于市场的回报，成长型基金的投资者认为他们的回报低于市场的回报并不是因为避免了价值因子的风险。

虽然基于风险的解释与有效市场一致，但行为学解释明显源于市场效率低下的论点。显而易见的问题是：我们应在多大程度上期望这些市场异常继续存在？我们知道许多致使市场异常随着时间消失的原因。大量投机资本往往会推动市场走向更高的效率，而市场参与者的构成相对于观察过去回报的那段历史时期也发生了变化。异常回报的持久性问题在许多研究论文中有所讨论，虽然并非所有研究都得出了相同的结论，但大多数研究发现，因为研究发表而为人所知的市场无效，它所提供的超额回报会随着时间的推移而减少。[11]

某些因子溢价的正确解释可能不是基于风险的，也不是行为学的。并非所有的统计结果都是真实的，即它们准确反映了潜在的结构性现实。因子研究的文献主要依赖于统计回归分析，并且通常当回归结果的随机误差概率小于2%时，因子“发现”才会在期刊中发表。这是一个好的开始，但并不像看起来那样稳固❶。如果研究人员进行足够多的回归分析，数据最终会带来一个有趣的发现❷。谨慎的研究人员有很多方法可以纠正这个问题，比如检查其他时间段或其他市场的样本外数据，以验证现象的存在。实际上，几种最受欢迎的因子的数据（尤其是价值、动量和低贝塔因子），在这些更严格的标准下依然表现良好。

然而，因子“挖掘”使得统计局限性在更广泛的因子研究中成为一个非常现实的问题。许多可用的统计推断工具在应用于金融数据集时效力有限。自法玛与弗兰奇的三因子模型发表以来，研究人员一直在寻找并发现大量其他因子，这些因子具有正的历史风险溢价、显著的统计意义水平，并且能够更好地

❶ 如果统计发现是真实现实世界现象的比率是1%，那么在2%的报告阈值下，统计发现是真实的概率只有50%。假阳性的2%先验概率和50%后验概率之间的混淆是基本率谬误形式的一个例子。

❷ 这里指的就是过拟合的问题。——译者注

解释个股的历史回报。这些因子的激增，现已达到数百个，催生了“因子动物园”这个术语，用以指代整个文献。[12]这一现象在基于这些因子的ETF和指数中被放大了十倍，因为它们的数量出现了爆炸性增长。[13]因子动物园快速扩展的规模引发了著名的社会科学研究中的“重复危机”，这指的是许多经济学和其他社会科学的学术论文的研究发现无法被其他研究者重复验证。[14]❶

尽管数据挖掘问题对因子动物园的稀有成员提出了质疑，但另一个数据问题则影响了所有因子。几乎所有的金融数据都受到复杂关系和周期性制度变迁的影响，此外，数据通常也不够充足。[15]增加多个市场和多个历史时期并不能提供太多有用的信息，因为市场通常受到共同的大规模因子驱动的影响，这些因子会跨越市场和时间。简单来说，用数据清楚地确定因果关系是非常困难的。也许价值因子确实有合理的风险解释，但人们担心的情景尚未在数据中出现。但也有可能，许多市场中的价值因子的溢价来自于影响所有股票的共同未知的驱动因素，比如长期技术变革或全球化。如果第一种解释是正确的，投资者可能会更愿意持有更多价值因子，但没有足够的数据来确定这一点。研究人员和投资者擅长发现看似与数据相符的故事，但数据本身对于哪个故事是正确的，以及因此对未来的预期，更加缄默。

## 为什么过去的回报通常无法预测未来的回报

根据过去的表现来估计未来的回报众所周知是困难的。也许所有投资错误中最为严重的是“追逐回报”，即基于最近的过往表现来做出投资决策。[16]这种倾向似乎是一种根深蒂固的行为缺陷，已有广泛的学术研究文献证明了这一点。我们自己也通过2017年进行的一

❶ 在大多数情况下，不可重复验证的主要原因并非完全的欺诈。

项调查对这种行为进行了研究，我们在调查中询问了702位个体，他们认为需要多少次抛硬币才能以95%的信心区分出一枚50/50的硬币与一枚正面概率为60%的硬币。[17]你可以在继续阅读之前自己思考一下这个问题。

大约50%的受访者猜测30次或更少，而最常见的猜测是大约10次。正确答案是需要143次抛硬币。我们将调查发送给了我们的研究订阅者，我们认为他们大多数是数学能力很强的人，许多人如果花时间计算答案，可能会接近正确答案，而不是像我们要求的那样迅速猜测。但这次调查是为了说明，当我们快速或直观思考时，我们倾向于过度依赖小样本：有30%的受访者认为抛10次硬币或更少就足够了。这种内在倾向导致我们容易过度依赖过往的表现。这个思维实验提醒我们，仅通过业绩记录来分析具有这种风险/回报的投资需要相当长的时间，即使假设在此期间投资机会没有发生变化。

即使我们接受基于风险和基于行为的因子在未来会继续带来超额回报的观点，我们仍然担心收获这些回报所涉及的交易成本和摩擦使得超额净回报在大多数情况下过于微薄，不足以支持持有因子倾斜的投资组合。聚焦因子的投资组合需要比市值加权的投资组合进行更多的主动再平衡，导致更高的换手率、交易成本和较低税收效率。AQR[18]投资经理的研究人员通过使用近1万亿美元的实际交易数据进行的详细研究估计，交易成本等于大约40%的过往的因子超额回报。构建这些投资组合还需要相当多的谨慎和技巧，导致更高的投资管理费用。

因子投资并不像一些支持者声称的那样简单或透明。构建一个暴露于某个因子的投资组合有多种方式。不同风格的因子之间并不是自然独立的，因此一个专注于某个特定因子的投资组合是否应该忽略其对其他可能因子的暴露，或者是否应该设计成对所有其他因子没有暴露？事实上，对于不允许做空的因子策略来说，通常不可能仅仅构建一个暴露于单一因子的投资组合，因为许多因子之间是相关的。

最后，我们还担心因子投资的风险将比历史数据显示的更加极端。我们认为，进入因子投资策略的资金主要是由追逐有吸引力的过往回报的投资者推动的，而理论模型只是次要因素。相对表现不佳的时期可能导致因子投资的普遍失宠，由此带来的资金流出将导致个别因子的损失远远超过历史记录所显示的损失。

因子分析在分解和理解过往回报方面无疑是有用的，并且在理解一个给定投资组合中的风险方面也很有帮助。随着潜在投资因子的增多，投资者需要了解某个因子在过去提供有吸引力回报的基本原因（如果有的话），并评估它们持续存在的可能性。这在仅依靠历史回报来判断的市场中是非常艰巨的任务，因为市场参与者和游戏规则一直在不断变化。即使对于那些具有最坚实的风险和行为学基础的因子，我们怀疑它们的期望回报，在扣除收获这些回报的成本后，远低于它们过去的回报，并且它们的风险可能远高于历史数据所显示的。

## ESG投资

ESG投资者试图从他们认为在环境保护、促进社会责任和多样性以及工作场所的良好管理方面最为敏感和积极的公司中构建投资组合。许多机构和个人投资者在其投资组合构建过程中引入了这一限制。据彭博行业研究估计，到2025年，将有大约50万亿美元的管理资产关注ESG因素。

许多ESG投资者认为他们的投资方法不仅让世界变得更美好，还能提高其资本的经风险调整后期望回报。在短期内，大量资金流入具有高ESG评级的资产可能推高其价格，产生超额回报，ESG公司政策也可能改善收益。然而，从长远来看，考虑到全球市场的高度竞争性，我们怀疑这些说法是否成立。

我们怀疑ESG投资者对企业行为的实际影响很小且不持久，并且他们将因为更低的分散化和更高的费用而遭受低于期望的经风险调整后回报。事实上，加州大学洛杉矶分校的布拉德福德·科内尔和纽约大学的阿斯瓦斯·达莫达兰在2022年的一项研究中回顾了由专业评级机构提供的ESG评级高低不同的公司所创造的股东价值。他们的结论是："说履行社会责任的企业将带来更高的增长、利润和价值，这是虚假宣传。"[19]

## 个股投资

评估单个公司的期望回报和风险是非常困难的，在某些情况下可能是不可能的。有些投资者相信相对简单的财务比率可以很好地预测个股的期望回报，但如果情况确实如此，挑选股票将会变得非常容易，这与广泛的实证研究证据相矛盾。也许比估计个股的期望回报更困难的是估计它与其他正在被考虑的股票和资产的相关性。

这就是为什么回归我们的指导原则——大规模市场的效率——有助于简化我们的分析。我们知道，个股的期望回报应该代表不能通过与市场投资组合中所有其他股票一起持有而分散风险的补偿。这个见解不能帮助我们识别被高估或低估的股票，但在考虑投资集中于单个股票时，或者当我们通过创办一个成功的公司、为一个成功的公司工作或早期投资一个成功的公司获得大量该公司股票时，它确实给了我们一个起点。

单个公司的风险往往远高于由很多股票组成的市值加权投资组合的风险。一般地，我们可以用与估计大盘风险相同的思路来估计个股的风险。通常情况下，个股的年波动率可能与大盘的波动率一样低，也可能高出五倍甚至更多，特别是在短期内。高波动率通常意味着资产价格具有正向不对称结果：它可能上涨很多，但最多只能下跌到零。

为了更直观地了解这一点的影响有多大，我们在图14.1中展示了一个高波动率高回报的股票在5年期限内的概率分布。[20]我们可以看到，尽管该股票的期望年回报为10%，但由于其标准差为75%，其价格在持有期结束时下跌超过60%的概率为50%，其价格低于起始价的概率为70%。然而，期望回报为10%，因为有20%的概率价格在持有期结束时很高，超过1.61的期望价格。

这里发生的现象可以通过波动率拖累效应来解释。虽然该股票预计每年上涨10%，但75%的波动率拖累使其每年下跌28%，导致中位数价格的净下跌幅度为每年18%，因此其价格在持有期结束时低于初始价格40%的概率为50%。个股集中的投资组合有时会带来巨大的回报，但其高回报高波动性及其相应的高波动性拖累正是美国大多数股票在过去100年美国股市辉煌表现中未能超过国债回报的原因。[21]

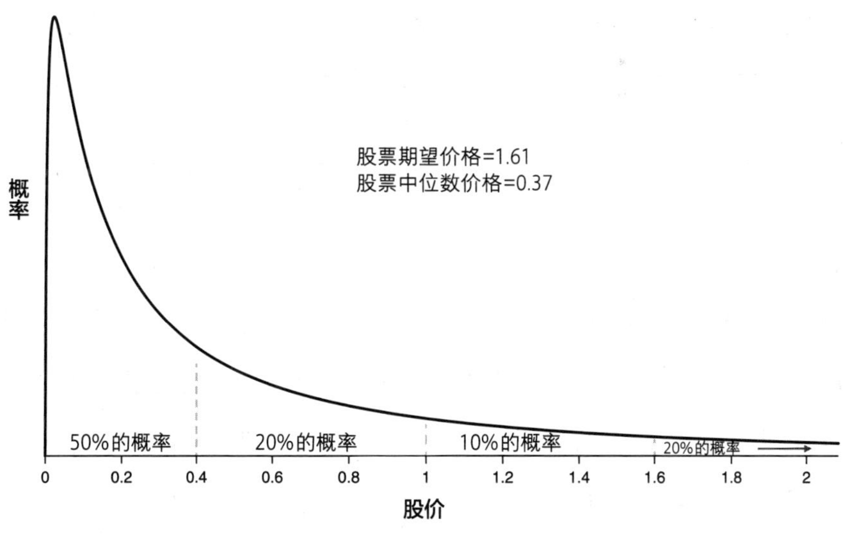


**图14.1　股价概率分布：期望超额年回报10%，年标准差75%，5年期限**

**案例研究：重新审视全仓投资特斯拉的投资者**

截至2021年年底，特斯拉股票的历史年波动率为75%。如果你因为相信特斯拉的期望超额收益是股市的两倍而将近100%的资金长期投资于特斯拉，那么在10年投资期内，你有22%的概率比起始资金更多。另一种选择是，如果你将总财富的10%持续投资于特斯拉——这是我们根据基本情况中风险厌恶程度下得出的最佳投资比例，那么你有65%的概率财富在10年后有增长。即便你相信特斯拉有30%的期望回报，如果你全仓投入，那么无论时间周期多长，盈利的可能性也只有50%。

当然，特斯拉并不是唯一高波动资产。许多其他个股显示出类似甚至更高的波动性，许多加密资产的波动性甚至超过了最具波动性的股票。即便期望回报很高，将所有资金投入到单一或少数几个超高波动性资产上，意味着你需要接受非常不理想的回报概率分布。

## 期权

在第16章中，我们将详细讨论估算上市股票期权的公允价值有多么困难。期权专家投入大量资源评估期权价格，专家之间的竞争应有助于使市场相对有效。期权市场的零和性质表明它不应被视为一个资产类别（如果它是一个资产类别，那么应期望哪一方产生风险溢价？），这进一步提示个人投资者应对在这个领域产生的超额回报保持怀疑态度。

## 特殊情境交易和近乎无风险的“套利”投资

投资者有时会遇到一些特殊投资，相比大公开市场的资产类别，它们提供更高质量的回报。将这些机会分为在规模上不可扩展的和你想投资多少就能投资多少的，是很有用的做法。

在一些情况下，美国政府发行的通胀保护储蓄债券（I-Bonds）提供了比通胀保值国债TIPS更有利的条款。然而，美国财政部限制求购者每年购买的I-Bonds金额，截至2022年这个限制为每年15,000美元。

一个鲜为人知但有趣的不可扩展的特殊机会是所谓的“零股”交易，这涉及以远高于近期市场价格的价格收购99股或更少的公司股票，以回购部分已发行股票。在这种情况下，公司对持有股份少于100股的股东的所有投标予以全额承兑，但对所有其他股东，接受的股份数量根据投标总需求按比例分配。这通常为购买99股该公司股票的投资者提供了一个低风险的利润机会。然而，对于大多数富裕投资者来说，这个机会对其投资组合影响不大。

其他不可扩展但有吸引力的投资机会包括购买允许股息以折扣价再投资的公司股票，以及在一些小型互助银行中存款，这些银行预计将转为公开上市，从而允许存款人以有利的条件购买股票。这些投资机会的另一个特征是，它们通常非常耗费劳力，因此在考虑到投资者用于识别、执行和管理交易的时间成本后，其吸引力会大大降低。

可扩展的特殊情境交易通常表现出有吸引力的回报、相对低于正常的风险水平、进入和退出交易的高成本，以及巨大且难以量化的负向尾部风险。通常情况下，看似稳赚不输的投资，其基本回报相对于正常波动率而言较高，但绝对值较低，因此投资者觉得他们需要增加杠杆，以获得足够高的资本回报，使交易值得进行，这使得负尾部风险更大。

这类机会通常出现在市场动荡的高峰期，当流动且分散的公开市场投资提供了非常有吸引力的期望回报。例如，在全球金融危机的最黑暗时期，可以购买投资级公司债券，同时通过信用违约掉期为这些债券提供保险，这将有效地使这个组合没有风险，只要你的银行交易对手没有违约或违反合同，而在当时，对于像摩根大通或美国银行这样的银行，这似乎是相对较小的风险。这个几乎无风险的投资组合5年内每年比国库券高出约5%的回报，或者如果公司债券违约，则期限更短。这看起来是一个极具吸引力的回报风险比。然而，当时投资全球股票市场似乎极具吸引力，如果投资者接近完全投资，那么拥有股票比投资这种缺乏流动性、复杂但极具吸引力的投资——每年赚取5%的超额无风险回报——更合适。

总的来说，这些投资的期望回报相对容易估算，但必须高度关注大多数情况下难以量化的负向尾部风险。如果某样东西定价错了，是什么阻止它进一步定价错呢？当涉及相对价值交易时，这很难判断，因为当某样东西看起来非常有吸引力时，开始时它就不应该存在。当一个市场情境不应该存在时，试图考虑其风险是困难的。一旦某样东西已经出现在它不应该出现的地方，那么为什么就不能出现在其他它不应该出现的地方呢？一旦你意识到它已经偏离了理性边界，那么任何事情都是有可能的。分析这种风险是非常困难的，特别是当涉及杠杆交易和做空时，潜在损失在理论上是无限的。

## 另类投资：私募股权、风险投资、对冲基金和私人房地产

在不依赖历史表现的情况下，估算这些投资产品的期望回报和风险是非常困难的。正因为“过去的回报并不预示未来的结果”，这使我们在评估依赖历史表现的潜在投资时变得非常谨慎。

对于处于高边际税率的投资者，评估这些投资时一个重要的考虑因素是它们往往在税收上是效率低下的，因为在许多情况下，管理费和其他费用不能从收入中扣除，它们通常会产生短期资本利得，并且通常不提供长期递延资本利

得。例如，对于高收入的纽约市纳税居民[1]，投资对冲基金需要获得大约17%的税前和管理费前的回报（标准的不可扣除的管理费和其他费用），才能获得与投资于分散化股票市场的有6%的税前回报的ETF相同的税后回报。从纽约市搬到一个没有所得税的州会有所帮助，但帮助不大，只能将它们税前、费前回报的11%的差距减少3%。这是一个很高的门槛，投资者必须跨过去才能与低费用、有税收效率的股票市场投资持平。[22]

财务新闻经常提醒我们，某些另类投资经理在税前基础上交付了持续的高回报。或许他们应该被视为“例外情况”。这种例外性通常意味着这些被广泛认可的明星经理几乎不对个人投资者开放，即使是那些超高净值的投资者。

至于风险估算，作者可以亲自证明，某些主动的、另类的策略涉及大量杠杆，逻辑上这应导致比更多元化、仅多头、无杠杆的策略产生更肥的尾部收益分布。另类投资的支持者通常声称它们提供了分散化的好处，但许多另类投资，如私募股权和风险投资，基本上仍然是股权投资。一些策略，如宏观基金和期货管理基金，声称与资本市场整体表现相关性较低，但你对这一领域的大多数资产不应有这种期望。一些观察人士（尤其是AQR的研究人员）认为，“平滑的”周期性按市值计价导致的私有、非流动性投资风险明显更低，实际上是一些投资者看重的这些投资的一个特征，结果就是流动性溢价较低，甚至为负。[23]

## 你知道3.9%的意义吗

1993年夏天，我和两位LTCM的合伙人坐在赫尔姆斯利宫酒店的大厅里，讨论来自阿布扎比的一位亿万富翁对我们基金的大笔

[1] 诚然，这是一种越来越罕见的投资者。

投资。我们刚刚向他解释，我们认为该基金的年期望回报率为15%到20%，波动率为15%。沉默了片刻，他问道："你知道3.9%的意义吗？"我们面面相觑，一头雾水，然后他向我们透露了他的投资秘诀：

每月赚3.9%，每5年你的财富就会增加一个零！如果你能每月赚1%，为什么不能赚3.9%呢？

大多数亿万富翁之所以能够积累巨额财富，是因为他们经历了一段时间的高回报率，例如每月赚3.9%相当于年化回报率60%。然而，找到年化60%的期望回报而不用像集中投资或加杠杆那样承担相应的风险，并且能够承载大量资本的机会，和在意大利找到菠萝比萨一样罕见。每有一个亿万富翁以市场上典型的风险回报率（return to risk ratio）、以每月3.9%的速度增长自己的资本，就有更多人的财富被追求这些回报所带来的高风险所吸收。

## 商品、艺术品、收藏品和加密货币

现在我们进入了一类投资，这些投资并不产生显著的正现金流，因此无法用来估算它们的预期实际回报（虽然一些投资确实会产生负现金流，比如存储、保险和其他持有成本）。在石油或天然气等商品的情况下，一些实体必须以地下储备的形式持有大量财富，出于减少风险的考虑，他们可能希望以低于预期价格的折扣出售未来的产量。这种论点可以用来估算风险溢价，但仍然高度不确定。

对于那些供应有限或固定的稀缺资产，如黄金、收藏品或某些加密货币，可以推断它们的价格将会跟随想拥有它们的人的人均收入的增长。我们认为发达经济体的人均收入增长长期来看可能会比通胀高出1%到2%。

持有未来的石油显然看似应该为投资者提供风险溢价，而持有黄金、艺术品或加密货币的回报可能会与某些人群的人均收入增长相匹配，甚至更多。但遗憾的是，我们无法实际观察和量化与这种期望回报相关的现金流。

## 构建多资产投资组合

不成熟的优化是万恶之源。

——唐纳德·克努斯，计算机科学家，图灵奖得主，算法分析之父

迄今为止，我们的讨论都在一个由两类资产构成的世界中展开，主要决策是你应该将多少储蓄分配到风险资产（通常是分散化的股票市场），剩余部分则投资于无风险资产（通常是国库券或通胀保值债券）。实际上，投资者的投资组合远不止一种风险资产和一种无风险资产。在经典的投资组合理论中，假设资产价格表现良好，并且效用偏好如我们一直假设的那样，则可以利用托宾分离定理（这一结果帮助普及了指数投资），通过将任务分为两个更容易处理的部分来简化选择最佳投资组合的问题：

1. 找到夏普比率（即超额回报与风险的比率）最高的风险资产组合。

2. 根据你的风险厌恶水平找到最优的风险组合持有量，并将剩余部分投资于无风险资产（如果最佳持有量超过100%，则借入资金）。

该定理意味着，对于任何两个具有常数相对风险厌恶（CRRA）效用的投资者来说，他们的最佳风险资产组合将是相同的——他们只是持有不同数量的夏普比率更高的风险投资组合。这一见解，加上马科维茨、夏普、莫辛、特雷诺和林特纳的重要贡献，促成了资本资产定价模型（CAPM）的发展，正如我们之前简要讨论的那样。托宾将这个“重要且美丽的结果”总结为“不要把所有的鸡蛋放在一个篮子里”，而威廉·比特在评论托宾的贡献时补充道：“你

只需要两个篮子来装所有的鸡蛋。”[24]

找到所有风险资产的最佳风险回报组合将非常困难，如果我们必须估算所有成千上万家上市公司的回报分布和相关性，那将更加复杂。但如果我们相信市场是相对有效的，我们可以直接计算。在一个有效的市场中，按市值加权的所有风险资产组合本身就是风险回报最佳组合的最佳估计。即使这一结果在一些大型主要市场（如全球股市）上可能不完全成立，但它仍然接近最佳。要构建出明显优于市场组合的投资组合非常困难，主动型股票基金的经理也很难持续超越市场。市场投资组合的概念是所有投资者可以同时持有的唯一投资组合，这是思考投资的一个很好的框架。

在投资组合中的资产回报分布不符合正态分布或你的效用函数不是标准的或你对杠杆和做空有强烈厌恶的情况下，托宾分离定理的假设将不适用，投资组合的选股和投资规模的问题需要一同解决，以找到最大化你的期望效用的投资组合权重。这类分析需要使用投资组合优化工具，而这些工具通常会遇到一些常见问题：

- 输入的分布和参数难以估计。
- 结果对参数不确定性不太稳健。输入参数的微小变化可能导致最佳投资组合的巨大变化。
- 结果可能出现拐角解，极端且不现实。

幸运的是，近年来出现了许多改进的优化技术，可以减轻这些问题。这些改进的优化技术所建议的最优投资组合往往不太容易受到负向选择偏差和参数估计误差的影响。正如我们已经讨论过的，期望效用通常在最优解附近比较平缓，这意味着稍微牺牲一些经风险调整后的回报可以让我们获得一个更加平衡和稳健的投资组合。当然，垃圾输入/垃圾输出原则依然适用，即使使用先进的优化技术，用户仍然需要提供合理的输入。

将问题带入多期、跨期的综合终身消费和投资组合选择框架中（我们在第

9章中描述过），计算会变得复杂，但借助一些合理的简化假设是可行的。

## 总结：嗅觉测试

2016年年初，我们向60位来自金融行业的朋友和同事发出了一个问题，其中大多数是高净值应税的美国投资者：

**在你的余生中，为了彻底地、永远地放弃任何其他投资机会，你愿意接受多少无风险、通胀保护的税后回报？**

我们收到的答案几乎全部在1%到4%之间，最低要求回报为0%，最高为8%，而这是极度异常值。平均回报大约为2.5%。在调查时，30年期美国通胀保值债券（TIPS）的税前实际收益率约为1%[1]。我们预计此类调查的答案会随着无风险和风险资产的回报率波动，但我们认为这一调查提供了一个有用的数据，用于评估你在构建最佳投资组合和估算其经风险调整后的税后回报时所做的假设。

[1] 1999年，在通货膨胀保值债券市场的早期，当时它们的收益率约为4%，沃伦·巴菲特的伯克希尔-哈撒韦公司是最大的买家之一。据报道，他说他愿意用这些长期美国国债（确保回报率高于通货膨胀率4%）取代他的整个风险资产组合。当时，通货膨胀保值债券市场的规模和流动性还不足以让他按照这种观点行事，到2000年年底，通货膨胀保值债券的收益率大幅下降。

# 15

# 无处藏身：在一个没有安全资产的世界里投资

## 你的个性化生活标准指数

在上一章讨论如何估算各种潜在投资的回报和风险时，我们重点关注了实际回报，即相对于通胀指标（如美国消费者物价指数CPI）的回报。在一个完美的世界里，我们每个人都会有一个基于自己个人支出模式的个性化通胀指数。一个很好的理解方式是，如果以该指数衡量你的支出在时间上保持不变，那么你的生活水平也会保持不变。

许多人认为，如果他们的支出仅与CPI指数保持一致，他们的生活水平实际上会随着时间的推移而下降。你可能由于多个原因有这种感觉。最明显的是，CPI指数可能并未反映你的实际消费项目。此外，如果你的支出模式并没有随着时间推移而与商品和服务篮子的修订方式一致，CPI也可能成为一个有偏差的估计指标。有人认为CPI中的质量调整，即所谓的“享乐调整”过大，导致通胀被低估。最后，许多人凭直觉认为，如果他们的支出增长不及身边人的支出，他们的生活水平就在下降。

从长期来看，很明显，如果你的支出仅与CPI保持一致，你可能会感觉到福利的急剧下降。例如，如果一个成年人1900年在美国的消费恰好是平均金额，将其每年的支出按CPI调整，那么到了2022年，这个（非常年长的）人每年仅花费5000美元（以2022年的美元计）。她无疑会得出一个结论：她的生活水平在这段长时间里显著下降了，因为美国人均消费金额如今已达5.5万美元，超过上述金额的10倍。[1]

计算你个性化的、回溯性的通胀率是一个有价值的练习，它能让你了解个人“消费篮子”与CPI等更广泛指标之间的关系。一个不那么个性化，但更容易获得的是你的收入阶层的家庭生活标准指数。[2]你预期支出的构成和择时——无论是个人的、代际的还是慈善的——可能使用不同生活标准指数的混合更合适，这能反映你所有期望支出构成的货币化形式。

## 从个性化生活标准到个性化的无风险资产

现在，如果一个资产相对于你个性化的生活标准指数有一个保证的、固定的实际回报，我们可以定义它为“无风险资产”。投资于这种资产或此类资产的投资组合，能让你将当前财富转化为无风险的、固定的支付流，以便使你在长期维持相同的生活水平。我们可以将这种无风险的固定支付流称为固定生活水平年金（Constant Standard of Living annuity），简称为CSL年金。经济学家会说，这个CSL年金是你的“计价单位”，即你应该用来衡量所有其他资产表现的基准。使用CSL年金作为我们的计价单位还有另一个好处。我们不再用美元来衡量我们的财富，我们可以将其视为年金等价物，即如果将我们的财富投入该年金，我们可以获得多少年度支付。

在接下来的讨论中，我们将保持相对简单的假设，即你的生活标准指数等于CPI加1.5%每年。因此，以CPI + 1.5%为指数的CSL年金是我们形式上的无风险资产，但我们可以看到，TIPS（通胀保值债券）看起来也非常接近无风险资产（撇开税务问题）。TIPS的期望回报通常以实际收益率表示，即如果你持有该债券至到期，其相对于CPI的回报率。假设TIPS的实际收益率为1.5%。由于你的生活标准指数是CPI+1.5%，我们可以简单地将TIPS的实际收益率重述为支付你的生活标准指数+0%。单个TIPS发行的现金流看起来不会完全像年金，但TIPS的组合可以实现。虽然它们的市场价格每天可能会波动超过1%，但就我们真正关心的指标而言，它们几乎是无风险的。

## 短期国债到底有多安全

虽然短期国债的名义价值确实每天不会大幅波动，但如果你关注它们相对于无风险CSL年金的表现，它们实际上风险很大。假设你在1997年拥有100万美元的财富，按当时的利率，相当于每年5万美元的30年期CSL年金。图15.1显示，如果你仅投资于短期国债，你的年金等价财富如何随时间演变。

**图15.1　美国短期国债远非无风险：以1997年美元计算的固定生活水平30年期年金（1997—2022）**

显然，按照这些标准，短期国债远非无风险。年金等价财富的急剧下降是由于期间实际收益率从略低于4%下降到大约1.5%，加上短期国债的回报远远落后于你的生活标准指数。如果你在整个期间都投资于短期国债，那么你财富所能维持的生活水平将下降一半以上。太惨了！更糟糕的是，你还经历了每年12%的波动，这大约是美国股票市场波动性的四分之三。财富价值的这种损失是真实且显著的，它严重侵蚀了你财富所能维持的生活水平。

在1997年通胀保值债券市场诞生之前，CSL年金（固定生活水平年金）的概念纯属假设。随着通胀保值债券的推出，众多家庭金融专家撰写了大量文章，主张长期投资者应采用CSL年金的视角做出合理的个人财务决策。[3]这些文章建议，投资者应将通胀保值债券作为其最低风险资产，而不是短期国债和其他类似现金的投资。值得注意的是，如果投资者更广泛地接受这种视角的转变，那么长期通胀保值债券市场将需要从目前5000亿美元的规模大幅扩大，而5000亿美元的规模仅占美国国债和投资级债券市场总量的不到2%。

## 股票：披着狼皮的羊？

我们通常认为股票市场的期望回报是相对于CPI的实际回报。如我们已经多次讨论过的，我们喜欢使用股票市场的周期性调整收益率作为其长期实际回

报的预测。将该期望回报重新表述为你生活标准指数的回报，与TIPS一样简单——只需从相对于CPI的实际回报中减去1.5%。因此，如果我们看到全球股票提供的期望实际回报为CPI + 5%，我们可以将其重述为高于你的生活标准指数的3.5%的期望回报。

当我们测量股票市场的长期实际波动率时，我们得到的估算是，大多数主要货币的市场在长期内的年度回报标准差范围为16%至20%，正如我们在第14章中讨论的那样。但如果我们从维持固定生活水平的角度，即使用我们的CSL年金作为计价单位来考虑投资股票市场，这会如何改变我们对股票市场风险的评估?

很难知道你应从长期股票市场投资中期望得到的确切的经通胀调整后的支付，但你可以使用的一个估算是经周期性调整的收益率，这表明股票市场所能支持的长期CSL支出与你期望股票产生的平均收益直接相关。考虑到这一点，我们计算了美国股票市场收益的变化，以每十年平均的经通胀调整后的收益作为衡量标准，并将这些收益变化与过去140年股票市场的十年期实际回报进行了比较。[4]我们发现，收益的波动性约为股票价格波动性的三分之一：收益年波动率为7%，市场价格的年波动率为20%。这意味着，如果我们投资股票，我们的CSL年金等价财富肯定不会无风险，但其波动性远低于股票通常看起来的波动性。注意，这种视角的差异与短期或长期的投资视野不同。当我们比较收益变化与股票价格变化时，在两种情况下我们都在观察相对较长的十年期视角。

认识到股票价格远比长期收益波动更大并不是新发现。早在1980年，罗伯特·席勒在其开创性论文《股价波动是否过大以至于无法用后续股息变化来解释?》(Do Stock Prices Move Too Much to be Justified by Subsequent Changes in Dividends?)中就提出了这一观点，它也是我们将在第20章讨论的长期争论的“股票风险溢价谜题”的核心问题。[5]近来，大多数市场观察者认为，股票市场的波动性不仅（甚至可能更多）来源于人们对未来收益的估值变化，还来源于对未来期望收益本身的变化。[6]

通过这种历史分析得出的结论可能是过度解读，但一种解释是，股票本质上有点像我们一直在讨论的CSL年金：它们提供了一个无限期的收益流，至少在某种程度上自然会随着CPI通胀进行调整。因此，如果你专注于你的长期支出能力，并将无风险的CSL年金视为你的基准，那么你可能会发现股票的风险比其价格波动所暗示的要小得多。

回顾第6章我们关于经风险调整后回报的讨论，一个不错的经验法则是，最优配置规模的一半就能获得约四分之三的最大经风险调整回报。这意味着，即使你没有像最乐观的评估建议的那样大幅增加股票配置，你仍然可以获得股票相对于CSL基准而言更低风险的许多好处。

在结束股票风险讨论之前，我们要承认，使用美国经验来预测未来有非常严重的局限性。这只是历史可能采取的一条路径，而在上述分析中，它仅为我们提供了14个十年期的平均收益观察值❶。从长期来看，我们必须认识到，任何特定的股票市场都可能面临完全消亡的危险，无论是价格还是收益，正如20世纪俄罗斯和中国股票市场的投资者所经历的那样。应对这一重要生存性风险的最佳保护措施是全球分散化，避免杠杆，以及确定你的全球股票市场风险相对于你的个人基准的合理规模。

## 如果没有完全安全的资产怎么办

对不可持续的公共政策导致贬值或违约——通过通货膨胀、税收或债务违约——的担忧，削弱了人们对美国和其他大型富裕国家发行的传统无风险

❶ 从14个观测值的样本量测量的样本标准差的95%置信区间约为样本标准差的+/－40%。如果我们相信我们是从平稳分布中得出的结论（其实我们并没有），那么我们对收益和股价波动率的估计的95%置信区间将分别约为4%—10%和12%—28%。

资产的信心[1]。除了这些问题，对于那些个人生活标准指数不同于CPI（消费者价格指数）的投资者来说，即使是由美国政府支持的TIPS（通胀保值债券）也并非无风险，对于那些应税投资者来说也是如此，税收差额随通胀水平而变化。但是，不必担心——我们将看到，你仍然可以使用期望效用框架，在不存在真正无风险资产这一事实下构建你的投资组合。

与通常从一组不完全符合要求的可用资产（如股票、房地产、大宗商品，甚至可能包括加密货币）中构建一个所谓的无风险资产的做法不同，你可以简单地将机会集合视为完全由风险资产构成，并使用个性化的支出指数作为除数，优化风险投资组合的经风险调整后的实际回报。实际上，在不存在真正无风险资产的情况下，这种投资组合构建方法足够灵活，可以处理任意多种不同的资产，以及对资产价格可能结果的广泛假设，包括不连续的跳跃和随时间变化的风险及相关性。

这种视角的变化对你的资产配置的影响很大程度上取决于你的初始资产配置。如果你具有低到中等的风险厌恶程度，并且对股票和其他明显的风险资产有很高的配置，那么将最安全的资产视为风险资产——尽管它们仍然是可用选项中风险最小的资产——可能对最优投资组合权重的影响不大。但如果你具有高度的风险厌恶，并且主要配置最安全的资产，那么明确考虑这些资产的风险可能会对你的投资组合产生重大影响。

## 你的个人生活标准指数如何影响你的最优支出

假设在阅读本章之前，你一直在考虑相对于通胀（用CPI测量）的投资组

---

[1] 马特·莱文对安全资产中系统性风险作了出色描述：“安全资产比风险资产更具风险。我认为这是2008年金融危机的深刻教训。……系统性风险存在于安全资产中。类似股票的资产——科技股、Luna、比特币——是有风险的，所有人都知道它们有风险，大家都接受这种风险……因此，大多数人安排他们的生活时，如果他们的股票或比特币下跌20%，他们不会被摧毁……另一方面，安全资产——AAA级抵押证券、银行存款、稳定的货币——被认为是没有风险的，当人们对它们失去哪怕一点点信心时，它们就会完全崩溃。”（《钱财》，2022年）

合经风险调整后的期望回报，但现在你决定使用个性化的生活标准指数，即CPI + 1.5%。为了简化起见，我们假设这种变化不会大幅改变你的投资组合构成，因此以你的个性化指数表示的投资组合经风险调整后的期望回报现在降低了1.5%。使用我们在第9章中介绍的最优支出策略，我们可以看到，如果你的支出方式是“像你会永远活下去一样”，那么你的最优支出率将降低 $1.5\% - \frac{1.5\%}{\gamma}$，如果你的支出期限更短，你将财富年金化的比率也会下降同样的幅度。和往常一样，$\gamma$ 代表你的风险厌恶水平，我们假设其值为2。

## 总结

我们储蓄的方法完全错误：我们需要考虑的是每月收入，而不是净资产。

——罗伯特·C. 默顿，《哈佛商业评论》(2014)

选择正确的目标可以深刻影响我们做出的决策和得到的结果。我们已经看到，在CSL年金的框架下，短期国债和类似的现金类资产的风险比以简单的美元形式看起来要大得多。鉴于其普遍较低的期望实际回报，现金类资产看起来不值得持有超过支付短期支出和应急需求所需的数量。相反，如果我们相信股票所产生的长期期望收益流使它们在某种程度上类似于长期的实际年金，那么它们可能更具吸引力。

在19世纪及以前，当财富比今天更难评估且流动性较差时，人们更常将财富视为年度收入流而非一次性价值。虽然今天更容易将你的投资组合衡量为当前的一笔资金，但大多数人的财务资源中有相当一部分——他们的人力资本、未来的社会保障和养老金福利——更适合被视为长期实际年金。如果你将你的财富视为未来长期消费的储备，我们认为从CSL年金的视角来看待你所有的财务资源和决策是非常值得的。

# 16

## 关于期权

期权交易量在截至2022年年底的二十年间增长了20倍，并在该期间的最后几年翻了一番❶。这是第一次，个股和股票指数期货的期权交易量——为每天1.25万亿美元——已与这些期权所基于的实际股票和股票指数期货的交易量相当。[1]一些观察者甚至建议，在这个全新的世界里，期权是主要的交易场所，股票应被视为期权市场的衍生品。

鉴于个体投资者使用股票期权的爆炸性增长，特别是自无佣金零售经纪账

❶ 在本章中，我们将大量引用我们与弗拉基米尔·拉古林（Vladimir Ragulin）合著的一篇文章，该文章发表在《衍生品杂志》（*The Journal of Derivatives*）（2022年）上，我们感谢《衍生品杂志》的相关授权。

户出现以来，许多投资者似乎得出了这样的结论，即期权是投资组合中的宝贵补充，甚至值得在其中占据核心地位。虽然有数百本书提供了如何通过期权交易赚钱的指导，但许多关于个人理财的图书却没有提及期权，包括由约翰·博格、查尔斯·埃利斯和伯顿·马尔基尔等广受好评的专家撰写的图书。[2]在本章中，我们试图填补这一空白，探讨最流行的期权策略是否对个人投资者有意义，并通过一个考虑到收益和风险的框架来评估它们。

与投资于广泛的股票市场不同，期权交易是一个零和游戏的例子，每次期权的买卖背后都有一个对手方。因此，期权交易不能创造净财富；与个股挑选（在第14章中讨论过）类似，期权交易总体上是一种零和游戏。事实上，考虑到交易成本，大多数观察者认为这是一项负和活动，只有当对手方愿意在交易中“让利”时，个人投资者才有优势。更现实地看，个人投资者通过期权交易获得的任何价值，可能更多地体现在重塑其投资风险上。

当然，关于这些期权交易对个人投资者是否有意义还有一种观点，人们自愿做的任何事情都必然符合他们的偏好，因此期权交易是合理的。然而，我们采取了一个不那么简化的方法，从定义期权“是合理的”意味着什么开始。期权可以对投资者的投资组合产生复杂的影响，改变期望收益、风险和结果的分布形态。就像我们对所有涉及不确定性的决策一样，我们会说，如果某个期权策略能够增加你的期望效用，那么它就值得在你的投资组合中占据一席之地。

在现代股票期权市场诞生的20世纪70年代初，经济学家们对期权进行了大量思考。最著名的理论突破是1973年发布的布莱克–斯科尔斯–默顿期权定价模型（Black-Scholes-Merton Model），该模型在1997年荣获诺贝尔奖。当时还有关于期权应在改善社会福利方面发挥什么作用的高层次讨论。普遍认为，期权的存在和交易在理论上会通过提供更多和更高质量的信息——通过集体智慧——使每个人的生活更美好，从而通过更优的资源配置提高经济效率。期权被认为使市场“更加完整”，这意味着社会成员之间可以实现最佳的风险分担。期权被认为可以通过让人们构建定制的投资组合，使他们获得所需的回报，从而改善个人的福利。

在本章中，我们将看到，当期权被用来将投资结果转化为更符合个人偏好的模式时，它们可能值得在投资组合中占有一席之地。然而，我们发现，这种转化的好处对风险容忍能力高度敏感，且对高杠杆投资者的影响尤为显著。对于具有典型风险偏好的投资者，期权带来的福利提升相当有限。

我们将首先关注个人投资者的投资组合，看看如何使用期望效用评估和比较策略。我们将从布莱克-斯科尔斯-默顿的连续时间设置开始，在这种设置中，期权可以被完美复制，因此除作为战术工具外，它们并不增加任何价值。一旦经典假设被放宽，期权就变得有用起来。但事情也变得复杂，因为每个投资者的理想配置现在取决于个人的风险偏好以及期权市场价格相对于公允价值的表现。我们将通过多个案例研究，评估个人投资者可用的最流行的期权策略。

直到最后一节，我们的分析都集中在股票期权上，因为这是与散户投资者最相关的领域。然而，我们所讨论的适当的决策框架同样适用于其他资产类别中的期权，例如固定收益、外汇和大宗商品。

## 使用期望效用衡量期权是否让我们生活更好

期望效用是评估期权的一个特别有用的标准，因为期权本质上的非线性收益使得像夏普比率这样更简单的指标具有误导性。我们可以说，如果某种期权的使用能够相对于没有期权的最佳替代方案增加投资者的期望效用，那么它就让投资者生活得更好。我们将通过模拟每种策略在所有可能场景下的结果来计算期望效用，将投资者的最终财富转换为效用，并根据每个场景发生的概率对其进行加权。我们将继续利用基本情况假设的风险厌恶程度来进行说明，但我们也会探讨其他风险偏好如何改变我们的结论。

## 两种资产的持续再平衡案例：公平的期权不会提高投资者福利

让我们从最简单的假设开始，在一个只有两个投资选项的世界里：一个是无风险资产（如TIPS），另一个是风险资产（如股票）。我们将首先假设股市按照随机漫步模型运行，股价没有跳跃，且期望风险和回报是常数。[3]根据我们常用的假设，如表16.1所示，为了最大化期望效用，你的最优策略是将约60%的财富分配到风险资产上❶。

### 表16.1　基本情况的投资者假设

| | |
|---|---|
| 股票的算术期望回报 | 5% |
| 股票的年化波动率 | 20% |
| 无风险资产回报 | 0% |
| CRRA投资者风险厌恶系数 | 2 |

在这个例子中同样重要的是，在这些假设下，当你的投资组合价值上下波动时，你仍然保持60%的财富投资在风险资产中，这是因为你拥有CRRA效用以及股市的期望风险和回报保持不变。

在这个框架下，通过连续交易可以完美复制公平定价的期权。[4]因此，对于那些通过持续（或频繁）再平衡投资组合实现相同结果的投资者来说，期权不会增加任何价值。在你希望保持60%的财富投资于风险资产的情况下，如果其价格下跌时，你需要购买更多股票以保持60%的配置，反之亦然，当资产价格上涨时则需要少量卖出。你能卖出少量价外❷看跌期权和看涨期权，以自动进行再平衡，但这些金额会很小——除非再平衡成本非常高或者期权价值被高估，否则很难看到这会带来多少价值或者说是否有任何增值（我们将在后面再次讨论这个主题）。对于那些希望将财富的100%以上投资于风险资产的投

❶ 准确地说是62.5%。

❷ 也有翻译为虚值期权。——译者注

资者，相同的理由也适用——只不过在这种情况下，为了保持其股票的固定配置，当价格下跌时他们需要卖出股票，价格上涨时则购买更多股票。期权可以用来自动化再平衡过程。这一分析有两个重要结论：

1. 你可以进行许多涉及股票和期权交易的策略，但将期权加入投资工具列表并不会扩大最终收益的可能集合，因为期权可以通过动态交易来复制。

2. 如果你具有CRRA效用，你最优的股票配置少于财富的100%，并且你想保持这一最优配置，那么在上涨后你将需要卖出股票，在下跌后则购买股票。你可以通过期权模拟这种行为，但在这种情况下你将是期权的小卖家，而不是买家。这一结果与许多投资者的天然直觉相反，他们认为下行风险下的保值本质上是值得做的，尤其是在保值可以以公平的价格购买的情况下。我们将在本章后面讨论投资组合保值策略。当然，这一结果依赖于一些非常严格且相对不现实的假设（我们稍后会放宽这些假设），但它是一个非常有用的出发点。

## 没有动态再平衡：公平期权可以增加价值，但不多

实际上，投资者并不会持续或频繁地再平衡他们的投资组合。放宽持续再平衡的假设可以一箭双雕，因为它还允许我们探索资产价格跳跃的影响。我们从经验中知道，金融资产可能在几天内实际上涨或下跌5%、10%甚至20%，更不用说1987年10月19日美国股市下跌22%的情况了。

假设你每年只能再平衡一次投资组合。现在，你会发现将期权纳入投资组合是最优的，因为它们的非线性收益相当于你不必再执行投资组合再平衡。我们将考虑两种情况：基本的风险厌恶情景，股票的最优配置为60%；以及风险容忍度较高的使用杠杆的情况，通过杠杆将125%的财富投资于股票。[5]

我们假设公平定价的一年期看跌期权，行权价低于市价10%，且没有交易成本或税收。[6]如果你希望最优地将60%的财富投资于股票，那么对期权的最优配置就是负的，因为你希望卖出期权，以更接近于复制你希望维持的股票固

定配置。对于加杠杆的情况则相反，你希望购买期权，以帮助保持对股票的敞口尽可能接近125%的财富。[7]两种情况下使用的期权总量都相对较小，这暗示它们在这两种情况下都没有产生显著的价值。

我们可以通过比较有无期权的情况下的期望效用（我们将其表达为经风险调整后的收益）来量化期权对每个投资者福利的贡献。图16.1展示了进入期权市场对投资组合经风险调整后的收益的增加，并以无期权的情况下的股票期望配置为横轴。我们重点标注了60%和125%的配置，这是我们关注的两个案例。

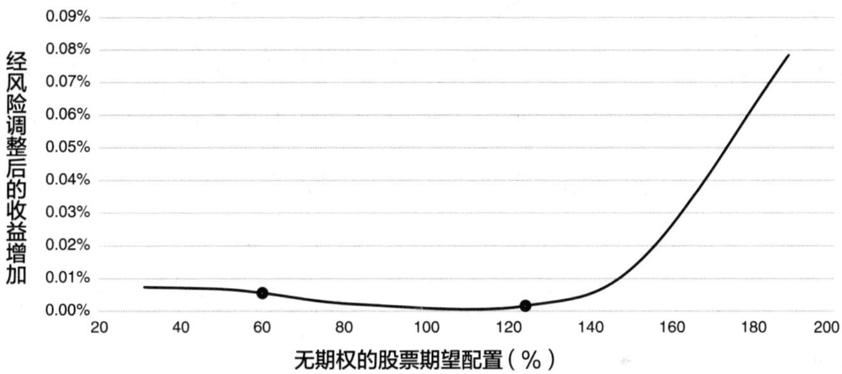


**图16.1　看跌期权相对于投资组合杠杆的贡献：有看跌期权和没有看跌期权的最优投资组合的经风险调整后的收益增加**

在我们考虑的风险偏好和最优配置范围内，收益提升的幅度很小。对于60%的股票配置，经风险调整后的收益每年仅增加0.01%。请注意，期权增加的价值在100%的股票配置时为零。这是因为如果你想保持100%的配置，就不需要再平衡，因此期权没有任何好处。即使你想将200%的财富配置到股票中，期权对经风险调整后的收益的贡献也仅为每年0.1%左右。然而，尽管经风险调整后的收益的提升很小，看涨期权仍然可能值得杠杆投资者将其纳入投资组合，如果杠杆来源最具成本效益（更多讨论请参见第13章关于人力资本的内容）。

## 期权作为投资组合保险

普遍的看法是，为自己的房屋购买保险对大多数家庭而言是合理的，尽管保险价格远高于保险公司预计的赔付额。保险公司需要覆盖成本和利润，因此如果房屋被火灾或其他原因摧毁的年概率为0.1%，那么保险公司可能会向你收取房屋价值的0.2%（或更多）。事实上，这一传统智慧与使用基本情况下风险厌恶水平的期望效用分析是一致的。只要房屋价值占你总财富的50%或更多，即便保险价格是公平价值的两倍，你也应该选择购买房屋保险[1]。

那么，为什么我们发现即使是公平定价的期权，如果你想将60%的财富投资于股票，不仅不需要购买投资组合保险，反而需要卖出期权？答案主要在于我们对股票市场行为的假设[2]。如果股票市场回报呈正态分布且无跳跃，那么卖出期权是你期望在市场上下波动时执行的动态再平衡的一个便捷方法。然而，如果你认为股票市场可能像房屋一样“烧毁”，并且如果类似于房屋保险的投资保险可以以类似的溢价购买，那么你会想要购买这种保险[3]。让我们更仔细地检查这两个“如果”。

第一个“如果”是关于股票市场是否会“烧毁”。历史表明答案是肯定的：美国市场在自1932年6月30日以来的3年时间内几乎下跌了90%。其他国家的股票市场也经历了90%以上的下跌，一些国家的市场——如俄罗斯和中国——实际上曾完全崩溃。这意味着我们先前假设的“股票市场遵循无跳跃的几何随机漫步，且期望风险和回报是固定的”是偏离现实的。

第二个“如果”则更难确定。房屋保险在某个事件（如火灾）摧毁房屋价

---

[1] 对于有抵押贷款义务的个人，贷款人通常会要求借款人为房屋投保。可能有相当多的富裕家庭应该为他们的房屋自行承保，因为在全部损失后重建房屋将占总财富的50%以下。其他地方都曾广泛报道，对几乎所有人来说，为家用电器等购买保险是没有意义的，也就是说，它降低了一个人的期望效用。

[2] 投资者效用函数的形状也可以改变我们的基本情况的结论，但我们认为更可能的解释在于关于股票市场动态的假设。

[3] 另外两个重要的区别是：（1）住房既是投资品也是消费品，对于许多家庭来说，他们需要消费的住房量很少有灵活性；（2）如果个人觉得他们在住宅房地产上的财富配置过高，通常不可能出售部分家庭住房。然而，他们可以在任何时候以较低的成本轻松地出售其股票投资组合的一小部分。

值时赔付，但当房屋价值由于市场价格变化而下降时，保险并不赔付。用标准的、流动性强的看跌期权来为股票投资组合90%或更大的跌幅购买保护，而不为更小、更有可能出现的下跌支付保费，这是不现实的。如我们已经看到的，对于基本情况的风险厌恶程度，你实际上可能会愿意卖出少量期权来对冲股市的正常波动。

原则上，你可以购买行权价比市价低70%的看跌期权，觉得这些期权只会在你想要对冲的情景下才会有回报。然而，实际上，这类期权没有活跃交易，与其真实概率下的价格相比，很难知道你为这种保险支付了多少额外费用。而对于房屋保险，你可以通过查看每年有多少房屋被烧毁的统计数据，或查看财产险和意外险公司的账目来大致了解合理的价格。而在评估股票投资组合保险时没有类似的对比。此外，保险公司可以分散个人房屋的风险，因此其承担风险的成本低于个人。而股票市场的"保险"提供者无法进行这样的横截面风险分散[1]。

但是，假设你能够购买类似于房屋保险的股票投资组合保险，该保险仅在下跌超过70%时赔付全部损失，并假设这种下跌的概率为每年1%。如果这种保险价格公平，并且你具有基本情况下的风险厌恶程度，那么你会想要购买它，因为它会增加你的期望效用。即便保险价格是发生概率的1.75倍，你仍然会想要购买——虽然对期望福利的提升有限，经风险调整后的收益每年增加约为0.05%。但是，如果保险价格是公平概率的3倍，那么不购买保险会使你的期望效用更高。关键假设是市场高于70%下跌的百年一遇的概率，这意味着分布具有"肥尾"，但是否足够肥难以确定。

[1] 购买深度价外看跌期权作为投资组合保险，还有一个问题是，当你"赢了"的时候，灾难就来了，你应该担心你的保险是否会赔付。

## 如果股市下跌后股票吸引力降低，购买期权会有帮助

为股票投资组合提供近乎完全价值损失的保险并不是购买看跌期权提升期望效用的唯一方式。如果在下跌后持有股票的吸引力预期会降低，并且你不希望频繁地再平衡投资组合，购买看跌期权可以提高福利。股票在价格下跌后吸引力降低有三种方式：其风险性增加❶，其期望回报下降，或你的风险厌恶度上升。[8]合理的预期是股票下跌时上述情况中的一种或多种可能都会发生，购买期权从而自动化减少股票敞口，我们可以对购买期权的价值进行建模和量化，但在大多数情况下，我们认为期权对大多数投资者的价值增加并不大。

许多投资者，包括像沃伦·巴菲特这样的价值投资者，相信市场下跌时，其长期期望回报率会上升。这与一种观点是一致的，即市场下跌一部分是由于关于企业未来盈利和股息的坏消息，另一部分是由于投资者要求更高的期望回报率才会持有股票。如果在某种程度上投资者认为股票市场期望回报随时间变化，卖出其股票投资组合的期权是有意义的，通过卖出低于市场价的看跌期权（以增加其在市场下跌时的股票配置），或通过卖出高于市场价的看涨期权（以减少其在“泡沫”期间的股票配置）。但是，再次强调，使用期权只是为了自己本可执行的投资组合再平衡实现自动化，通常并不能显著提高福利。

## 我们如何判断期权是否定价合理

到目前为止，我们大多假设期权是定价合理的，在这一假设下，我们并没有找到很多理由让投资者大量使用期权。所谓定价合理，是指假设在期权有效期间没有交易摩擦，期权使得专业期权交易员通过持有期权头寸并动态对冲到到期日，预期可以实现盈亏平衡的价格。

那么，如何判断期权是否定价合理呢？

---

❶ 一个简单模型表明，在总资产水平较低的情况下，企业资产的持续波动会通过杠杆效应导致更高的股票波动。

首先，我们来看一下提供投资组合保险的期权的供求情况。正如我们刚才所见，如果期权价格相对于其公平价格不太高，大多数投资者就会想要购买这些期权。鉴于这种自然需求，专业期权交易员很可能会成为这些期权的净卖方，希望通过动态对冲直到期权到期日来获利。这些期权交易员有他们需要支付的成本，并且希望为承担风险获取利润，就像保险公司一样。但是，与房屋保险不同，这些交易员无法通过向许多不同的房屋出售保险来分散他们的风险。并且他们所掌握的市场可能行为的数据不像保险公司所拥有的关于火灾、飓风和洪水风险的数据那样稳定且具有预测性。因此，专业期权交易员提供股票市场灾难保险的价格高于其公平价格是合乎逻辑的。

其次，我们可以从历史的角度来看。对于期权，历史记录相对较短，而且对于金融市场而言，过去的表现未必能代表未来。但即使这样，历史确实支持了期权，特别是股票期权，通常较为昂贵的假设。例如，截至2021年年底的10年里，股票期权隐含波动率的VIX指数平均比相关的实际波动率高出3.6%。[9] 我们的简单回测也与大多数学术界观点一致，即在长周期中，期权的定价略高于其公平价值。[10]

关于是否可能以公平甚至低廉的价格购买股市保险的争论十分激烈。有许多“尾部对冲”投资策略的供应商声称他们确实以低于公平价格提供投资组合保险。[11]但其他专家认为，股市保险更有可能以高于公平价值的价格定价。[12] 此外，对于那些更关心长期表现不佳风险而非短期跳空风险的投资者，证据表明，趋势跟踪策略能够以更低的成本为股票投资组合提供有效的保护❶。

在1991年到2021年年底的30年有限期限回测中，比较100%投资于美国股市加上持有2%的成熟期为一个月的虚值看跌期权的策略与将50%资金投资于股票市场、50%投资于国库券的更简单策略，结果发现持有看跌期权的策略

---

❶ 事实上，成本可能为负，因为趋势跟踪策略可能同时提供正的期望回报和投资组合保护。当然，这将是众所周知的免费午餐的一个例子，如果它存在的话，应该是非常罕见和短暂的。参见Ilmanen et al.（2021）。

在此期间的回报更低，风险更高，夏普比率更低。有些期间持有看跌期权的策略产生了更小的回撤，但两种策略的最大回撤几乎相同。总体来看，历史记录对买入看跌期权的策略并不乐观，这与我们之前的讨论一致。

综上所述，我们对通过买入虚值看跌期权获得股票市场保险是否可能显著提高具有基本情况中风险偏好的投资者［他们希望将大部分（但不是全部）储蓄投资于股票市场］福利持怀疑态度，然而，对于那些由于风险厌恶程度更低或对股票预期吸引力更为看好，而倾向于更大仓位、使用更多杠杆来配置股票的投资者，即使以远高于公平价值的价格购买期权，也可以提高他们的期望效用。

## 如果期权很贵，为什么不成为卖方

许多流行的金融产品和策略通过卖出看涨或看跌期权来增强投资组合的收益率。[13]例如，备兑看涨期权策略（covered-call writing strategies）、反向可转换（reverse convertibles）、双币存款（dual-currency deposits）、区间累积票据（range accrual notes）和美国抵押贷款证券（mortgage-backed securities）。个性鲜明的债券投资者比尔·格罗斯（Bill Gross）在其PIMCO总回报基金中积极使用卖出利率期权的策略。沃伦·巴菲特在2008年全球金融危机期间卖出了大量长期股指看跌期权。期望效用框架是否赞同这种投资方式也适用于个人投资者，或者这种策略仅适合于大型和庞杂的金融机构？

一个好的出发点是要记住，当你不想购买某些东西时，这并不意味着你应该采取相反的立场并做空它。风险、交易成本和信息不对称是你应该对价格在一定范围内的某个资产既不想买也不想卖的三个原因。

如果你相信股价下跌时股票的期望回报会上升，你可能希望通过卖出市场看跌期权来自动执行你希望的再平衡。如果期权价格高于公平价值，那么这可能会提高福利。然而，如果你认为周期性调整后的收益率、动量和类似指标是衡量市场吸引力的有用指标，那么普通期权不太可能与基于这些信号的动态策略相匹配。直接的投资组合再平衡让你完全掌控资产配置决策，而试图通过期权来接近合理的动态资产配置策略则会让市场风险受限于特定的执行价和到期日。

卖出看跌期权的策略相比于无期权的固定比例的股票持仓敞口策略，提供的时间分散性较低。例如，一个投资组合在一年中的六个月内100%配置股票，而在剩下的六个月内为0%，其风险比一年中始终保持50%股票敞口的投资组合的风险高出约40%。在一年的时间里，卖出短期、接近平值的看跌期权所产生的市场风险敞口的风险约比相同的固定的平均股票敞口配置高出25%。该策略难以超过固定股票配置带来的经风险调整后回报率。

作为卖出看跌期权策略的有用参照物，我们可以看一下美国芝加哥期权交易所PUTY指数的历史表现，该指数追踪一种被动策略的表现，即每月卖出2%虚值看跌期权，同时将卖出期权的收入和抵押品投资于国库券。这与我们之前讨论的回测相同（尽管方向相反），该回测比较了买入这些一个月2%虚值看跌期权与持有股票市场的表现。

没有使用期权的可比策略是将50%（大致相当于我们样本中卖出看跌期权策略的时间平均贝塔）财富投资于标普500指数，剩余部分投资于国库券，因为这大致相当于投资者通过将100%的财富卖出看跌期权获得的平均期望敞口。

与我们之前的回测相比，结果表明期权卖出策略的回报与将50%资金投入股市的更简单策略的回报相同。这有点令人惊讶，因为我们之前提到，在此期间，平值期权的隐含波动率高于已实现波动率。细心的读者可能会说："慢着，这个结果不禁'有点令人惊讶'，因为你刚刚向我们展示了买入相同看跌期权的相反策略与单纯持有标普500指数相比有更多亏损。"

这种情况很少见，因为我们通常只关注投资的一个方面，但有时一个策略及其相反策略都可能亏损。例如，回到我们熟悉的抛硬币的例子，假设一个策略是将你财富的100%押注一个60/40硬币连续10次正面朝上。这显然是一个糟糕的策略，但相反的策略，即将你财富的100%押注连续10次正面朝下的情况，可能一样糟（甚至更糟）[1]。我们将在“谜题”部分的第23章中详细讨论这个两边都亏损的交易，我们称之为“科斯坦萨交易”。

此外，一旦我们明确考虑风险，50%投资于标普500指数的策略相比卖出看跌期权的策略变得更加出色：无论是基于收益的标准差，还是大幅回撤，50%投资标普500策略的风险都更低。与部分持有标普500相比，卖出看跌期权策略的每日标准差高出20%，而最大的日回撤、月回撤和季度回撤则分别高出100%、50%和50%。此外，当我们持有股票时，自然就是在卖空股市波动率，因为股票波动越大，我们从持有股票中获得的期望效用就越小。最后，虽然在30年的样本期内并未发生，但PUTY交易明确地将投资者暴露在股市下跌100%的情况下会损失全部资金的风险，而对于仅分配50%资金于股票的投资者来说，这样的市场崩盘不会带来如此灾难性的后果[2]。总之，50%资金投资标普500策略的经风险调整后的回报明显高于卖出看跌期权策略。

当然，30年是一个较短的样本期，我们并不建议投资者仅根据这一有限的回测结果做出决策。但如果你的先验信念是卖出看跌期权对个人投资者不合理，那么这一回测结果应该会增强你对这一观点的信心。或许，少量的做空波动性策略会略微改善投资者福利，但是这种增益并不显著，尤其是在考虑了卖出期权策略所涉及的税收、交易、监控和管理成本之后。

投资者还可能考虑纯粹的卖空股市波动率进行投资操作。他们可以通过多种方式实现这一点。最简单但不太有成本效率的方法是购买与市场实际波动率或隐含波动率反向挂钩的ETF或结构性票据。这些是曾在被称为“波动率末

---

[1] 在连续10次投掷会出现6次正面4次反面的硬币上，如果你把50%的财富押在正面或反面上，你也会赔钱，尽管每次押在反面上，你会损失82%，而每次押在正面上，你只会损失29%。

[2] 一个决心在任何时候都将50%的资金投入股市的投资者，通过极其频繁的再平衡，有可能（但极不可能）经历几乎全部财富的损失。

日”的事件中处于中心的金融工具。2018年2月5日，隐含的股市波动率翻了一倍多，多种与VIX指数反向挂钩的ETF和结构性产品几乎遭遇全亏损。由瑞士信贷支持的、带有有趣代码XIV的一个金融工具，在一天之内其价值从19亿美元跌至6300万美元。

另一个更直接但有类似风险的途径是投资者在股市卖出上市的期权，然后在市场波动时动态对冲由期权产生的市场风险敞口。这需要期权定价模型来确定所需的对冲交易，或者他们也可以直接卖出期权，让其到期而不进行任何对冲[1]。

虽然卖出期权可能带来正的期望收益，但盈利和亏损很可能与股市表现显著相关。换句话说，卖空股票波动率的策略可能对于股市来说带有正贝塔系数。截至2021年年底的10年间，VIX波动率指数的月度变动与标普500指数的月度变动呈现出-0.7的相关性，这表明由于期权的价格相对于期望的股市已实现波动率较高，卖出期权的策略具有非常高的贝塔系数[2]。

卖出股市波动率具有正的贝塔系数并不意味着这种操作毫无价值。但这确实使评估变得更复杂。除了估算期权相对于公平价值的昂贵程度，投资者还必须估算该策略的贝塔系数，以确定该策略是否能被简单投资于股市的策略所碾压。与估计股市长期期望实际回报相比，这些变量非常难以估计，估计股市长期期望实际回报可以依赖未来公司收益和股息作为主要决定因素。

“波动率—期权费—收割”策略是否能通过仅在隐含波动率高时卖出保护性看跌期权来改善？虽然具体取决于实施策略，但包括我们自己分析在内的多项研究发现，至少对主要股市指数而言，这一策略并不是特别有效。历史并未显示期权价格与后续风险/回报之间有强烈关系。换句话说，期权价格中的高隐含波动率通常反映了后续高的已实现市场波动率。因此，想要收割波动率期

---

[1] 投资者应注意，在市场上做空看涨期权可能会造成几乎无限的损失。

[2] 权益贝塔为$3.5 = \rho\sigma_{strat}/\sigma_{market}$。卖出期限更长的期权的贝塔系数可能较低。

权费的投资者要么应该在所有市场条件下坚持操作，要么需要构建更好的预测模型来提高成功的概率。

综合所有这些考虑因素，我们对期权卖出策略在个人投资者的投资组合中应占有一席之地持怀疑态度。我们对个人投资者系统性进行做空波动率策略的看法与小弗雷德·施韦德在他1940年的经典著作《客户的游艇在哪里》中的观察一致：

> 期权无穷地引人遐想。……但当一个人不再做梦，转而付诸实际操作时，总会发生不同的事情……

## 期权与终身投资

如我们在第13章详细讨论的那样，对于预期未来收入显著增长且收入不与股市高度相关的年轻投资者来说，持有杠杆化的多头股票敞口可能是合理的。长期看涨期权可能是持有和管理这种敞口的最实用方式。我们发现，以这种方式使用看涨期权可能会提高投资者的期望终身效用，但这一结论对期权定价、交易成本以及个人人力资本的风险性和与股市的相关性假设非常敏感。期望福利的提升显著，但并没有倡导者所说的那么具有吸引力。

## 个股期权：2乘以零还是零

到目前为止，我们的讨论集中在分散化的股市指数期权（如标普500指数期权）是否以及在多大程度上能提高投资者的福利——答案是“有时”且“不多”。但个股期权呢？它们在个人资产组合中是否应占有重要地位？

从交易量来看，投资者似乎已经给出了答案，且是一个响亮的“是”。令人惊讶的是，2022年年初个股期权的日交易名义美元金额接近甚至有时高于标的股票本身的日交易量。然而，从纯金融角度出发，无视投机的“YOLO”（你只活一次）价值，我们怀疑这种活动是否真的改善了个人投资者的福利。

当投资者在个股期权上交易时，他们很可能参与了两个零和游戏——在考虑了交易成本、未补偿的风险和信息不对称之后，更可能是两个负和游戏[1]。

期权市场或许比其他市场更像显著的零和游戏，因为每个期权买家都必须找到一个愿意做空该期权合约的对手方。这可能需要比说服对手方减持某只股票（相对于其指数权重）更强的信念。总而言之，这似乎是对个人买卖个股期权形成了强烈的控诉。DIY投资者的拥护者威廉·伯恩斯坦在他的《投资者宣言》一书中说：

> 人们常说，小投资者在面对专业人士时处于不公平的劣势，因为后者拥有更好的信息和交易能力。这在个股交易中无疑是正确的。在期货和期权交易中更是如此，超过80%的小投资者亏钱，主要是亏给经纪公司和做市商。

## 期权作为彩票

在线讨论组如“Wall Street Bets”表明，买入个股的深度虚值看涨期权比购买传统彩票更好。确实，交易个股期权的个人常用的语言似乎更接近彩票和赌场游戏而非投资。例如，《华尔街日报》在2021年一篇文章中提到：“我迷上了期权”。来自佛罗里达州冬季公园的40岁个人投资者布莱特·科勒（Britt Keeler）说，“你可能很快失去一切，但你也可能拼一下，碰上个大奖。”

购买彩票为评估买入个股的虚值期权设定了非常低的标准。即使在偶尔彩票的胜算对参与者有利，如在一轮没有赢家之后奖池膨胀的情况下，参与彩票也几乎不会增加个人的期望福利。这是因为对于大多数人来说，最优效用的“投资”金额往往小于单张彩票的价格[2]。

[1] 当然，有时投资者持有与市场投资组合不同的投资组合确实是有意义的，比如当投资者试图避免某些他已经承担过多的风险时。

[2] 关于这个话题更多的讨论参见第19章。

那么，买入个股的深度虚值看涨期权呢？交易特斯拉股票的短期期权有时占了个股期权交易总量的四分之一。让我们用这只股票作为例子。假设一个投资者买入了特斯拉成熟期为一周的看涨期权，行权价为当前价格的30%虚值期权。在2021年12月3日，该期权收盘价为现货价格的0.1%。但假设特斯拉股票期权相对于公平价值便宜，投资者由于拥有极佳的回报和波动率预测能力，认为期权的期望价值是期权费的两倍。我们可以计算出投资特斯拉期权的最佳金额以及通过买入这些期权增加的确定性等价财富。

假设拥有100万美元的财富和基本情况的风险厌恶程度，你最优会花4000美元（占财富的0.4%）来买入特斯拉看涨期权。尽管该期权价格仅为公平价格的一半，这个配置也是相当的小❶，因为期望效用给了大概率损失4000美元的事件更多权重，而不是给低概率的巨大收益更多权重。因此，确定性等价财富的收益约为1600美元，略低于买入期权的期望利润（以美元计价）的一半。[14]当然，在实际操作中，我们怀疑个人投资者能否系统性地找到如此便宜的个股期权，特别是在他们支付买卖价差后——但我们认为有趣的是，即使真能找到这样的期权，最优配置也是适度的。

我们并不是说在概率对你有利时你不应该参与彩票或买入期权。只是不要过度。例如，分配超过最优金额的2.5倍实际上会减少效用，让你比什么都不做更糟。如果你执意要碰碰运气，我们怀疑每周花几美元买彩票比买个股看涨期权造成的伤害要小——因为如果你倾向于在个股期权上超额投资，潜在的过度配置可能会比一年花104美元买彩票对你造成的伤害更大。

## 超越传统的标准上市股票期权

类似的逻辑也适用于其他具有活跃期权市场的资产类别，如固定收益、商

❶ 虽然与400万美元的看涨期权名义价值相比不算小，那是你财富的四倍！

品或外汇。对大多数个人投资者来说，这些资产类别在投资组合收益中占比较小，部分原因是许多盈利策略需要机构设置或大量杠杆。然而，期权在这些领域仍然有用，可以在有限责任的前提下实现杠杆化的投资。例如，期权对于那些希望更靠近风险平价投资组合的投资者来说是有帮助的。对于愿意投入时间和资源的投资者来说，他们可以在并购或其他公司重组中寻找可转换债券或认股权证的便宜期权。

我们没有讨论到奇异期权，它们通常比在交易所上市的标准期权具有更高的交易成本。这类产品可能对一些面临特定监管、税务或公司财务问题的投资者有利。然而，大多数个人投资者通过标准期权或根本不使用任何期权，通常能获得更具成本效益的解决方案。知名的彭博社分析师马特·莱文（Matt Levine）并未夸大其词地写道："有时二元期权（一种奇异期权）在高端金融中有用，但它们是比较粗糙且奇怪的工具，而在现代用法中，'二元期权'主要指的是一种用来欺骗散户投资者的产品。"

其他关于使用期权的谨慎呼声包括"提升夏普比率"，他们展示了如何通过优化期权卖出策略，人为地提高投资组合的表现统计数据。[15]因此，期权在伯纳德·麦道夫（Bernard Madoff）操作的庞氏骗局中扮演了角色，他声称在采用一种"价差执行转换套利"期权策略。

## 对你无法卖出的期权进行对冲

在我们之前的讨论中，我们评估了如何主动使用期权，以创建对个人投资者来说可能比通过更简单手段实现的回报模式更具吸引力的回报模式。临近结束前，值得注意的是，有时投资者实际上被迫持有他希望卖出但无法卖出的期权或类似期权的收益。例如，员工可能拥有其公司授予的股票期权，且必须持有几年而不应提前行权，因为未到期的期权比到期的期权更有价值。在这种情况下，卖出该公司股票的期权来对冲其必须持有的已授予期权可能是有意义的。不过，即便是这种情况也并非一刀切的选择，因为现金流、税务及交易成本等因素可能表明部分对冲或不对冲才是最合理的选择。当然作为一个涉及回报与风险权衡的问题，可以有效地使用期望效用框架。

## 总结

我们发现，在适当的条件下，并且谨慎操作，期权作为投资组合再平衡的替代工具、作为投资组合保护工具或作为有限责任杠杆的来源，可以适度提高投资者的福利。对于那些风险容忍度高、乐观或年轻的投资者，期权的好处可能最大。但我们也看到了许多流行的期权策略，比如购买价外期权以投机个股，或做空股票市场波动性，实际上更可能损害投资者的福利。

投资者在为他们的储蓄寻找最佳经风险调整后的期望回报时应不遗余力。可惜的是，期权并没有提供任何神奇的“免死金牌”。这并不令人惊讶，因为期权市场充其量是一个零和游戏，因此无论期权能给投资者带来什么好处，可能只是通过重塑他们所承担的风险来更好地适应个人偏好。最终，使用期权不太可能使个人投资者比通过更稳健且更易坚持的替代方案——如多元化、成本效益高的多元资产投资组合，其中有大量且动态的股票配置——得到更好的收益。

# 17

# 税收问题

世界上最难理解的事情就是所得税。

——阿尔伯特 · 爱因斯坦

你能花费或赠送的只有税后财富，因此专注于税后结果是合理的[1]。税收规则非常复杂，因此在与税收相关的决策中，通常做法是关注在某个特定情况下优化税后财富。然而，对于大多数税务决策，风险是问题的一个组成部分，

[1] 在本章中，我们提供了一个思考与税收相关的投资决策的框架，特别是针对美国投资者。本书中的任何内容都不应被解释为与任何个人的具体情况有关的税务建议。我们不是税务专家。我们已经大大简化了我们所讨论的问题，为了更清楚地探讨而忽略了许多重要的细节。

因此仅在“最可能”的情境下比较税后财富的静态分析可能无法得出正确的决策。

为了很好地说明大多数税务决策中固有的风险与回报权衡，想象一下你将一小部分财富投资于一只股票，该股票随后大幅上涨。它现在占你总财富的很大一部分，但你对其定价并没有强烈的看法。在这个阶段，你可能承担了过多的总体风险，而且分散化程度不够。在考虑卖出多少时，你需要权衡减少持仓支付资本利得税的成本，以及接近更合适的风险水平和分散化的好处。为了达到期望回报和风险之间的最佳权衡，你可以找到一个卖出量，使你的税后期望效用最大化。

## 要实现还是不实现

主要有三个动机来决定是今天实现并缴纳资本利得税还是将该行动推迟到未来：

1. 将投资从已经增值的资产重新配置到能产生更具吸引力投资组合的其他资产的愿望。

2. 需要为支出提供资金。

3. 未来有效税率上升的风险。

考虑第一个动机，假设若干年前你认为将一半的投资组合投资于股票市场，另一半投资于无风险资产是最优选择。自那时起，股票市场的价值增长了三倍，现在占你投资组合的四分之三。你自然欢迎这一财富增长，但这些更高的股票估值也意味着更低的期望超额回报，基于此你现在的投资组合应该在股票上配置三分之一。因此，你在股票上的配置过多，但为了纠正这一情况，你将不得不支付大量的资本利得税。你应该持有这个更具风险的投资组合以享受税收递延的好处，还是应该卖出一些股票并实现部分收益以更接近最优配置?

在股票表现优于无风险资产的基本情况假设下，如果你仅仅计算10年或

20年后你能拥有多少税后财富，你会发现你永远不应该套现收益，因为持有更多股票并支付更少税收将始终带来更多的财富。但这种分析完全忽略了风险。我们希望你赞同的更好的分析方法是计算你各种减少股票持有量的期望效用，选择能达到最高期望效用的持有量减少方案和由此产生的套现收益。我们在表17.1中列出了此分析所需的主要假设（期望回报是名义回报）。

## 表17.1　实现资本利得税决策的假设

| | | | |
|---|---|---|---|
| 当前股票配置 | 75% | 时间长度（年） | 20 |
| 投资组合未实现的收益比率 | 50% | 无风险利率 | 3% |
| 当前的资本利得税率 | 30% | 股市期望回报 | 6% |
| 未来20年的资本利得税率 | 30% | 股市风险 | 20% |
| 股息税率 | 30% | 股市的股息率 | 2% |
| 利息税率 | 50% | 投资者CRRA风险厌恶系数 | 2 |
| 资本损失的未来价值* | 0 | | |

*如果未来资本出现损失，为简单起见，我们假设投资者没有从这一损失中获得未来价值作为结转。

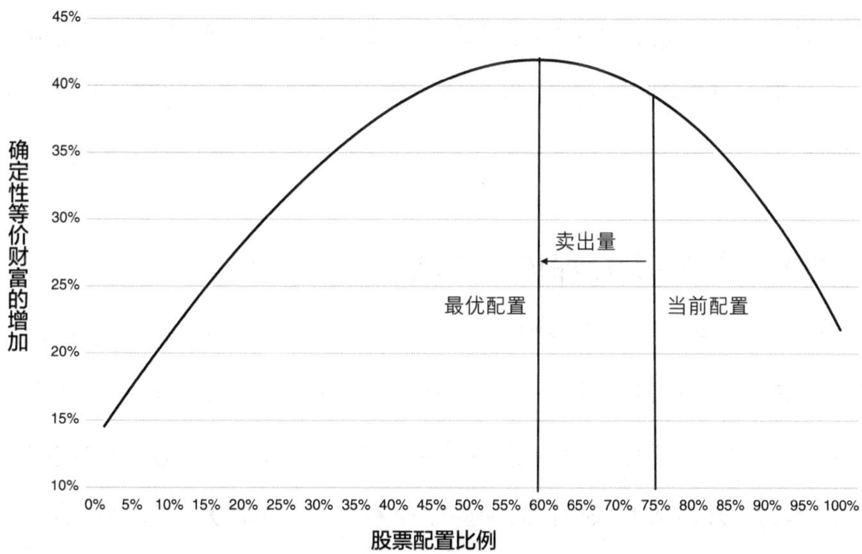


图17.1　你应该卖出多少增值的资产

在图17.1中，我们可以看到，将股票持有量从75%减少到59%是最优决策。在同样假设下的最优默顿比例（忽略税收）是37.5%，比这个涉及增值资产例子中的59%低很多。相比于完全不套现收益来说，这个最优决策在同一个时间维度上多出3%的确定性等价财富。

一些投资者被这样一种可能性吸引，他们的增值资产的成本价格可能会在去世时“提升”到目前市场价格。只要这项税收条款依然有效，你有可能在去世时享受0%的资本利得税。然而，即使在这种情况下，使用我们之前的分析方式，假设未来的资本利得税率为0%，我们发现你也应该将股票持仓从75%降低至62%。这能带来期望福利约2%的提升，这大致相当于20年来你投资组合的风险调整回报率每年提高0.1%。此外，我们还可以使用这个框架来决定，如果你预计未来的税率会更高，那么在多大程度上实现今天的收益和重建投资是有意义的。

这种分析同样适用于持有已经增值很多的单一股票的情况。你对单一股票期望回报率的假设将是一个关键因素，但在大多数情况下，我们在现实的单一股票回报假设下所进行的期望效用分析一致建议减少已增值但高度集中的持仓。这是因为更低的风险通常比提前支付资本利得税所带来的更低期望财富更为重要❶。

## 税收因素会在多大程度上影响资产配置

资本利得税的支付如何影响投资者的最佳股票配置？经济学家长期以来研究了资本利得税对风险承担的影响。[1]理论上，如果政府对收益和损失进行对称征税，那么投资者根本不应在意税率；他们会通过增加对风险资产的投资来应对税率的上升，从而保持税后期望回报不变。[2]不幸的是，我们并不生活在

❶ 你可以在www.ElmWealth.com的工具选项卡中找到一个计算器，该计算器会给出收益的最佳套现量。

一个对称征税的世界中，而且在短期内也不太可能实现。相反，我们对实现的收益征税，而实现的损失则可以作为税收损失结转抵免，只能用于未来的收益。[3]但理解对称征税情境下的机制，对于拥有长期投资计划或持有相对于成本已经高度增值资产的投资者来说是一个好的起点。

为了探讨税收如何影响风险承担，让我们来看一个案例，使用表17.1中的所有假设，这与本章第一个例子的假设相同。不同的是，我们假设你从一个没有未实现收益的全新投资组合开始，股票市场的期望回报为8%。在无税环境下，默顿比例建议你将63%的投资组合配置为股票。对于任何投资期限，我们都可以找到股票的最优配置，以达到最高的期望效用，这在图17.2中有所展示。

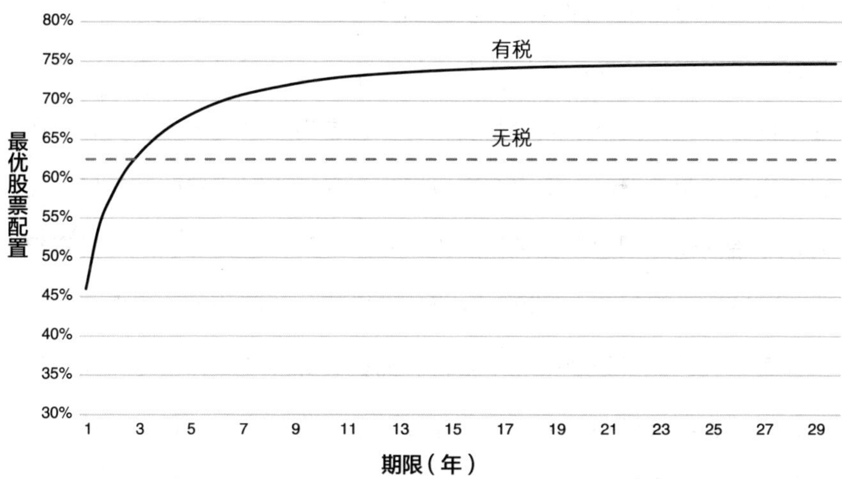


**图17.2 不同期限下有税和无税的最优股票配置**

虚线代表在没有税收的情况下股票的最优配置。当我们引入税收时，我们看到对于三年以下的期限，股票的最优配置（实线）低于在免税世界中的规模。要理解原因，可以将资本利得税视为投资者免费卖给政府的一份看涨期权。在短期内，看涨期权的价值占据了股票期望回报的很大一部分，因此配置更少的股票是最优选择[1]。

随着投资期限的延长，资本利得税作为每年成本的选择性在减少，延迟缴税的好处增加。再加上股票通常比债券的税率更低，随着投资期限的延长，最优的股票配置比例也会相应增加。要确定在你的某个情况下的最优配置，极大程度上取决于你如何评估可能因实际亏损而产生的亏损税收结转抵免。在这个例子中，我们为了简化，假设它没有价值。

近年来，一种受到广泛关注的税收相关策略是通过抵押增值的投资组合借款，通常称为“买—借—死”（buy-borrow-die）策略。这种策略的基本思想是，通过借款来资助支出，而不是通过卖出资产，从而避免实现应税收益。我们认为这种策略可能没有表面上看起来那么合理的原因之一是，从风险角度来看，通过借款为支出提供资金比通过卖出资产更具风险。卖出资产可以让你在支出时保持所需的目标风险水平，而借款则迫使你承担越来越多的风险，因为你的风险投资组合总值不变，而财富在下降。在极端情况下，如果你的花费占总财富的比重很大，这可能变得非常糟糕。而如果你没有花费很多财富，那么你可能也不会套现很多，因此借贷可能会带来一些价值，但不会对整体产生显著影响。无论你的情况如何，期望效用都可以帮助你找到合适的借款金额（如果需要借款的话）。

## 带有未实现收益的最优股票配置

在我们刚讨论的例子中，我们发现，在考虑到税收，并且假设你从一个没

[1] 这是一种奇怪的期权合约，卖方决定期权的到期日，根据现行规则，期权在死亡时失效。

有未实现收益的投资组合开始，那么20年投资期的最优股票配置为75%。如果你的起始投资组合中已经有未实现的收益，那会如何影响最优股票配置？

如果你的股票投资组合中未实现的收益占其价值的50%，那么我们会发现最优配置为78%，仅比没有未实现收益的情况中的75%高一点。然而，最优配置是投资组合在扣除应纳税额后的价值的88%。正如你所预期的，随着起始投资组合中未实现收益的增加，这两种计算方式的差异也会扩大。这给了我们一个有用的经验法则：对于长期投资，只要你在思考投资组合价值时不减去应纳税额，最优配置不会受到未实现收益的显著影响。

## 使用投资亏损节税

使用投资亏损节税涉及卖出已贬值的证券以实现资本损失。这笔资本损失可以用来抵消卖出其他证券所带来的资本利得，从而减少整体的税收负担。美国税法规定，任何产生资本损失的卖出不得在前后30天内买入相同或几乎相同的证券。使用投资亏损节税可以显著提高投资的税后回报，但是否能够做到这点很大程度上取决于个人的情况。对于拥有高度分散投资组合的投资者来说，使用投资亏损节税可能不会显著增加投资组合的风险，因此主要是衡量税后期望回报的成本和收益问题，而无需期望效用分析。目前，大多数为应税美国投资者服务的财富管理公司都将使用投资亏损节税作为其投资组合服务的一部分。

## 李尔王的祸根

通常情况下，税法鼓励尽早将财富捐赠给慈善机构或跨代传承。例如，在慈善捐赠的情况下，提前捐赠是有利的，因为慈善机构可以免税享受投资回报，捐赠者越早捐赠，因捐赠而获得的税收优惠越有价值，并且尽早改善世界是件好事，未来可能带来更大的社会福利。然而，过于激进地捐赠财富也存在风险，正如李尔王的悲剧所展示的那样。你不需要像老李尔那样被亲人背叛并被抛入荒野，才会后悔过早地赠送了太多财富。只需经历投资回报不佳、意外的高额开支，以及生命比预期更长且更活跃等情况，你就可能会对过早赠送过多财富感到后悔。

期望效用框架可以帮助你确定最优的赠与金额和时机。挑战在于将你的效用函数设定为个人消费和赠与的函数。校准这种更复杂效用函数的一种方法是先将投资风险、长寿风险和税收不确定性从问题中去除。然后，你可以根据不同的初始财富水平，设定你如何分配财富。将这个练习提供的信息与针对风险厌恶的问题结合起来，就可以推导出所需的多变量效用函数，然后使用在整个第二部分中探讨的终身投资组合选择框架来回答这些复杂而重要的问题。

## 扩展

前面的例子是为了让你了解如何使用期望效用最大化范式来处理税收相关的财务决策。实际上，个人情况和税收规则通常比我们描述的要复杂得多。期望效用框架足够灵活，能够考虑到许多现实世界中的税务规划决策和情况，例如：

- 投资者预期将在多个时段内卖出资产以为支出提供资金；
- 具有不同成本的资产；
- 涉及短期和长期资本利得的情况；
- 不同税收优惠形式的IRA和401k账户之间的资金注入和转换；
- 1031交换[1]；
- 交换基金；
- 其他遗产规划结构，例如分期销售、保留资产信托（GRAT）和慈善引

[1] 根据《美国国内税收法典》第1031条的规定，纳税人可以推迟对某些类型财产的交换中的资本利得和相关的联邦所得税负债的确认，这一过程称为1031交换。——译者注

导信托（CLT）；

- 私募人寿保险（PPLI）；
- 通过向已认可的慈善机构捐赠增值资产获得市场价值扣除，并避免实现应税资本利得；
- 税率、资产价格、通货膨胀和利率之间的相关性。

## 总结

在理想化的金融学101世界中，只有一种无风险资产和一种风险资产可供选择，没有税收、没有交易成本，且资产价格遵循随机漫步时，你对风险资产的最优配置仅是三变量的函数：风险资产的期望超额收益、其风险以及你的风险厌恶程度。

当我们将税收引入时，最优资产配置取决于许多其他变量，尤其是投资期限成为一个关键输入。然而，做出聚焦税后结果的良好决策几乎总是涉及评估承受风险的成本，这也是为什么期望效用是所需的工具。

# 18

# 风险VS不确定性

概率的重要性只能从这样的判断中得出：在行动中遵循概率是理性的。

——约翰·梅纳德·凯恩斯，《概率论》（1921）

## 导论

关于风险与不确定性之间的区别，有丰富的文献。我们倾向于认为，这种区别在实践中并不特别明显，但“风险”通常指的是来自已知概率分布的随机结果，例如一个50/50硬币是正面落地还是反面落地。相比之下，不确定性应该更精确地被称为“奈特氏不确定性”或“认知相关的不确定性”，用来描述那些无法测量因此超出知识范围的现象，即唐纳德·拉姆斯菲尔德（Donald

Rumsfeld）描述的“未知的未知”。很多现实世界的动态并不完全属于这两者中的任何一个，而是在两者之间。纯粹的奈特氏不确定性对任何决策框架都构成挑战，但幸运的是，个人财务决策中涉及的大多数变量——从股票市场的期望实际回报、风险到我们自己的寿命——虽然无法精确得知其分布，但也没有超出“知识范围”。简而言之，我们可能遇到的参数不确定性导致期望效用框架建议降低对风险资产的最优配置。

如果我们知道所有可用资产全部可能回报结果的真实联合概率分布，那么投资将会非常简单❶。不幸的是，这永远只是个理想，其原因是：（1）金融资产的回报分布会随时间而变化；（2）大多数金融资产回报的分布复杂且非正态，且具有一定程度的偏度、肥尾、跳跃和自相关性；（3）回报分布受资本流动的影响，而资本流动又会对过去的回报做出反应；（4）鉴于这些复杂性，我们没有足够的历史数据来准确推断实际结果的分布。

从历史数据中估计期望回报极为困难。[1]例如，即使我们做出大胆的假设，认为股票回报来源于一个平稳过程，那么在过去100年中，以18%的年回报标准差为例，我们对平均回报的估计依然有1.8%的标准差。遗憾的是，基于市场的信号，如期权价格，在估计期望回报方面几乎毫无帮助，但强贝叶斯先验分布❷可以帮助减少期望回报估计中的噪声。

在本章中，我们将使用“参数不确定性”一词来指代无法知道的潜在投资之间可能收益和损失的真实联合分布。

## 两信封悖论：我们现在都是贝叶斯主义者

想象你面前有两个信封。据说其中一个信封包含的钱是另一个信封的两

❶ 联合概率分布是一种描述两个或多个随机变量同时发生的概率分布。它给出了随机变量值不同组合的概率。

❷ 在贝叶斯统计中，“先验”信念是一种概率分布，它反映了你在收集任何新数据之前对某个事件发生概率的信念。

倍。你选择了一个信封并查看其中的金额。你被给予一次机会交换信封。你该换吗？

关于这个谜题以及类似的变体（例如没那么有趣但仍然有趣的领带悖论[1]）已有大量讨论，统计学家、博弈论专家和经济学家提出了多种解决方案。最能引起直觉共鸣且与本章相关的解决方法基于这样的观点：在金融事务中，可能发生的不确定性总是有一个限度的。没有理性的游戏参与者会认为在信封中出现所有各种金额的可能性是均等的。如果你有机会玩这个游戏，你会对信封里可能有多少金额有所预估，并且你很可能认为两个信封合计包含50美元的可能性远高于50亿美元！实际上，游戏会在某种情境中呈现给你，比如这是在决策实验中进行的一项研究。考虑到这类研究的合理预算，如果你在所选信封中看到1美元，可能会选择交换；如果是100美元，则可能不交换。

贝叶斯方法对这个谜题的解答很好地展示了金融决策中真正不确定性的有限，即便我们不知道投资结果的分布究竟是什么，我们通常可以对可能性设定一些界限。不出意料的是，另一个解决该谜题的工具是期望效用，对于典型的风险厌恶水平，它会告诉你当交换信封的风险对你总财富有巨大影响时不要选择交换。

这个谜题与圣彼得堡悖论有些相似，因为如果面对这种情况，大多数人凭直觉就会知道该怎么做。然而，我们听说了一个有趣的故事：伦敦的一位所罗门债券交易员向一些同事提出了该游戏的一个变体，结果让人出乎意料。他在一个信封里放了50英镑，在另一

[1] 两个人各系一条领带，为谁的领带更便宜而争吵。他们同意打赌，领带较贵的人必须把它送给另一个人。第一个人的理由是，如果他输了，他就失去了他领带的价值，但如果他赢了，那么他赢得的就比他领带的价值更多。如果获胜的机会是50%，那么押注似乎对他有利。第二个人也是这么想的。矛盾的是，似乎双方都在为自己的利益下注。

个信封里放了10英镑。然后，他找来了10位同事轮流玩游戏，并确保他们玩完之后不会互相交流。

这位朋友向同事们解释说，一个信封里的钱是另一个的五倍。然后，他指示每位参与者选择一个信封，看看里面的钱数，选择保留该金额，或者支付该金额的120%以换取另一个信封。最后，每位参与者都选择了支付费用换信封，而这位朋友最终净赚了60英镑！那些在信封中找到50英镑的参与者愿意支付60英镑来换信封，赌另一个信封里有250英镑，而那些发现10英镑的参与者则愿意支付12英镑来换信封。我的朋友很幸运，选到有50英镑信封的玩家和选到有10英镑信封的玩家数量相等。

## 学习

随着时间的推移，我们可能会发现，随着我们对所经历的分布不断加深了解，不确定性会转化为风险。对于信噪比相对较低的资产（例如全球股票市场），从已实现的回报中学习将会非常缓慢——通常慢到不足以产生实用价值，尤其在存在制度变动的情况下更是如此。但在其他情况下，将学习纳入风险决策模型中可能是有用的。一个有趣的结果是，如果我们以顺周期的方式更新期望回报，即在正回报后提升回报估计，那么我们在最优情况下应比通常承担更少的风险。这是因为对于风险厌恶型投资者来说，财富损失再加上预期回报降低的情况尤其没有吸引力。

## 埃尔斯伯格（Ellsberg）悖论

一个被称为“埃尔斯伯格悖论[1]”的实验表明，相对于风险而言，大多数人需要额外的补偿来承受不确定性。该实验涉及两个各含100个球的罐子。实验参与者被告知，罐子A中有50个红球和50个黑球，而罐子B中有100个球，但红球和黑球的比例不详，每种混合比例的可能性均等。参与者必须抽出一个球，如果抽到红球便会获得奖励。实验发现，在给出选择的情况下，人们强烈倾向于选择从罐子A中抽球，尽管从每个罐子中抽到红球的概率是相同的。

埃尔斯伯格将这种倾向称为“模糊厌恶”，并在实验的语境下将其视为非理性。然而，只需稍微改变实验设定，就可以使模糊厌恶变得合理：如果允许参与者重复游戏多次，每次将所抽出的球放回罐子，并要求整个过程中都选择相同的罐子，那么理性的人会更倾向于从已知比例为50/50的罐子A中抽球。如果允许参与者重复游戏100次，每次抽到红球都赢得100美元，那么无论选择哪个罐子，期望收益都是5000美元，但从罐子A中抽球承担的风险要远低于从罐子B中抽球，这在图18.1中会得以展示[2]。

因此，在这个理想化但有用的思想实验中，我们看到，难以证明模糊厌恶在单次抽取的实验中的合理性，但在多次抽取的实验中它与风险厌恶是一致的——并且在确定性分布（罐子A）和不确定性分布（罐子B）之间的“风险差距”随着抽取次数的增加而增大。

当我们对投资于风险资产进行模拟时，发现了一个非常直接的类比。如果我们投资于具有不确定期望回报的资产，在单一期间内，这种不确定性相对于确定期望回报的情况不会改变我们的最优配置。然而，在多个期间内，面对不

---

[1] 历史琐事：丹尼尔·埃尔斯伯格（Daniel Ellsberg）除了是一位著名的经济学家，还是一位政治活动家，他在1971年公布了五角大楼文件，但最终被判叛国罪不成立。Ellsberg, D.（1961）. “Risk, Ambiguity, and the Savage Axioms.” *The Quarterly Journal of Economics,* Vol. 75, No. 4. pp. 643-669.

[2] 在获取100个或0个红球的情况下概率的峰值可以理解为：有0.99%的概率选择包含100个红球的罐子，在这种情况下将取出100个红球；但也有0.99%的概率选中含有99个红球的罐子，在这种情况下有37%的概率取出100个红球，依此类推，最终导致取出100个红球的概率为1.6%。

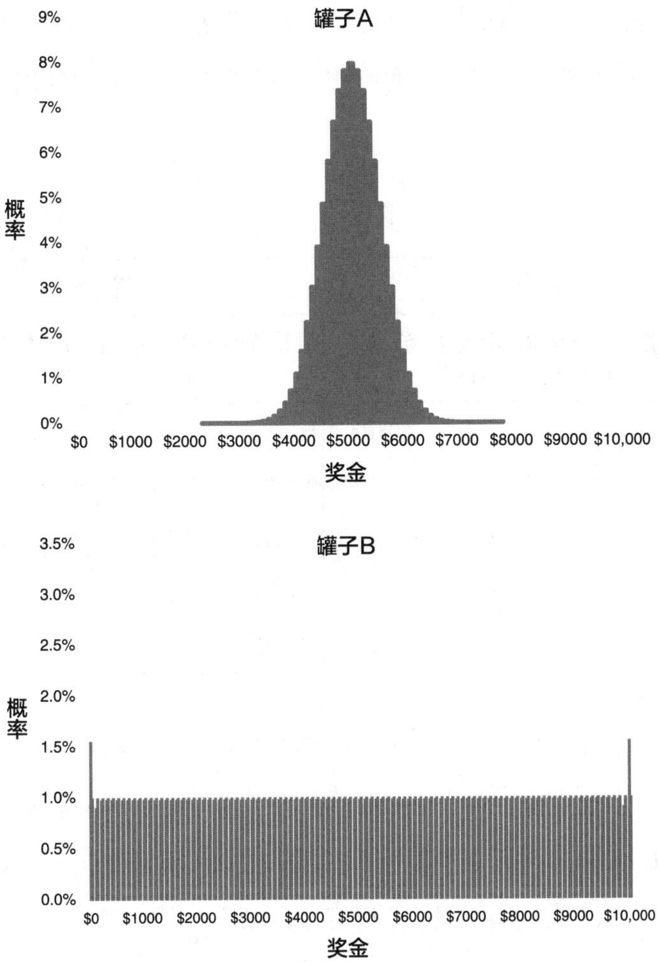


**图18.1 多轮埃尔斯伯格实验：选择红球得100美元奖金，从罐A或罐B中选择100轮，罐子A：50个红球和50个黑球，罐子B：100个球，每种红球和黑球混合比例的可能性均等**

确定期望回报的情况下，我们会更倾向于减少配置，并且随着时间期限的延长而减少更多。[2]

在表18.1中，我们考虑了一个具有已知5%期望回报的风险资产A和一个具有50/50概率、期望回报为3%或7%的资产B。两个资产的波动率均为20%。我们假设了一位典型的基本情况下的风险厌恶型投资者。

我们可以看到，期望回报的不确定性带来了两个影响：增加了实际波动率并提高了该资产在持有期的期望价格[1]。对于正常水平的风险厌恶而言，波动性的增加会盖过期望价格上升的影响，因此随着不确定性和时间的增加，配置会减少。[3]

**表18.1**

| 期限 | 资产A | | | | 资产B | | | |
|---|---|---|---|---|---|---|---|---|
| | 最优配置 | 期望价格的回报 | 期望复合回报 | 波动率 | 最优配置 | 期望价格的回报 | 期望复合回报 | 波动率 |
| 1年 | 62.5% | 5.0% | 3.0% | 20.0% | 62.2% | 5.0% | 3.0% | 20.1% |
| 5年 | 62.5% | 5.0% | 3.0% | 20.0% | 60.9% | 5.1% | 3.0% | 20.5% |
| 10年 | 62.5% | 5.0% | 3.0% | 20.0% | 59.5% | 5.2% | 3.0% | 21.0% |
| 30年 | 62.5% | 5.0% | 3.0% | 20.0% | 54.5% | 5.6% | 3.0% | 22.8% |
| 100年 | 62.5% | 5.0% | 3.0% | 20.0% | 44.5% | 6.3% | 3.0% | 28.2% |

参数不确定性对风险厌恶程度更高的投资者有更大的影响。对于一个完全是凯利下注者[2]而言，本文所模拟的参数不确定性不会对最优的股票配置产生影响。这一结果实际上有些出乎意料，因为凯利下注的支持者通常建议投资者使用半凯利公式来考虑期望回报的不确定性，但这一例子表明，这种回应不确定性的方式可能不是完全一致。

## 不确定性的形状

对于金融资产回报分布的不确定性，不仅限于不知道期望回报和期望标准差。我们往往会对分布的总体形状和特性也不确定——例如分布是否偏斜、是否具有肥尾，或价格是否出现大幅跳跃。正如我们在第16章讨论期权时所

❶ 5%的复利比3%和7%的复利的平均价格要低，即$1.05^n < \frac{1}{2}(1.03^n+1.07^n)$，只要$n > 1$。

❷ 提醒一下：凯利下注者的目标是最大化他的财富增长率，这相当于说他是一个期望效用最大化者，他的效用等于财富的自然对数。

看到的，分布的形状可能会极大地影响期权会否增加投资者的期望效用。然而，在一些重要情况下，例如在典型市场条件下决定投资于股票的金额，分布形状对最优决策的影响可能出乎意料地小。例如，图18.2展示了股票回报的四种形状各异的分布，它们的期望回报和回报的标准差均相同。值得安慰的是，最大化期望效用的股票配置在这几种不同形状的分布下几乎相同（均在62.5%的默顿比例推荐值上下1%以内）。

## 多风险资产的参数不确定性

在前面的讨论中，我们主要关注单一风险资产的参数不确定性，尽管该资产可能是一个被我们简单看成单一资产的投资组合。当我们构建包含多个资产的投资组合时，参数不确定性变得更加复杂，因为这些资产的相对回报和协方差也存在不确定性。标准的均值-方差优化对期望回报的不确定性尤为敏感。例如，在维贾伊·乔普拉（Vijay Chopra）和威廉·津巴（William Ziemba）（1993）撰写的《预期回报、方差和协方差的误差对最优投资组合选择的影响》中，作者发现对期望回报的估计误差比对波动性和相关性估计误差的影响大

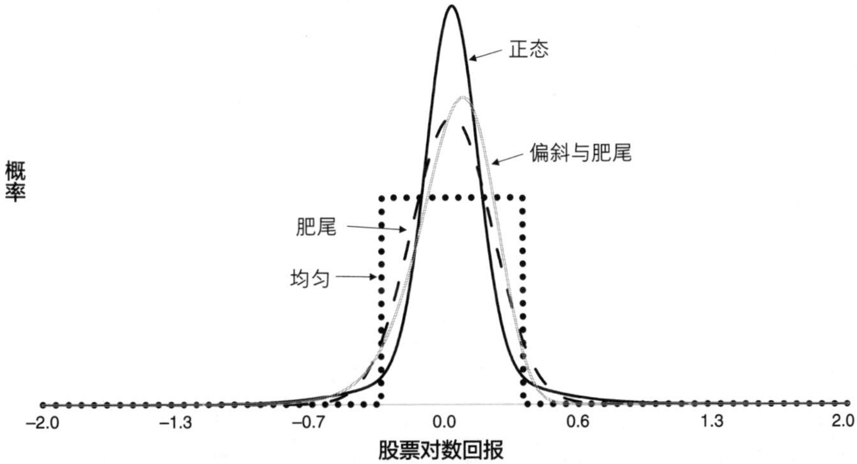


**图18.2 对于风险厌恶系数为2的投资者，在期望回报（5%）和风险（20%）相同的四种不同的股票价格收益概率分布下，股票最优配置的差异小于1%**

10倍。同样可以理解的是，在估计一个罕见但后果严重事件的概率时出现的误差，对你的期望效用的影响要大于对一个类似于50/50概率事件的误差估计。学术界和实践者提出了多种方法，使这种组合构建对主要输入参数的不确定性更具稳健性。大多数解决方案涉及在优化中施加约束，从而比标准的无约束最优化产生的投资组合引入更多的分散化。

## 总结

在本章中，我们探讨了不确定性对投资决策的影响。我们使用了一个非常简单的双资产模型，其中唯一的不确定性是风险资产的预期回报。我们忽略了投资过程中许多其他不确定性方面的输入，例如波动率、偏度、峰度、危机特征和风险厌恶程度。此外，如果我们对任何给定输入的可能分布进行参数化，我们可能会发现自己在探讨这些不确定性参数的不确定性，如此下去无穷无尽。然而，阻止我们陷入这个“兔子洞”的是，超出最重要输入的一级不确定性后，影响很快就会显著减小。确实，期望回报的不确定性通常比其他任何类型的参数不确定性都重要得多，而我们已经看到，即便是期望回报的不确定性（在我们探讨的理想化情境中）最终对我们关注的最重要情境之一的影响也并非特别显著。

# 第四部分

# 谜题

# 19

## 一款好彩票怎么会是一个糟糕的押注

全世界在合法彩票上花费的巨额总量一直是金融经济学中的一个未解之谜。仅在美国，每年在彩票上的花费大约1000亿美元，相当于每个成年人每年约300美元。对于那些每年至少购买两张彩票的人，平均花费可能超过1000美元！一般来说，一张大奖彩票的期望价值远低于彩票价格的一半，税后更是如此。

但是，若出现大大被低估的“划算”的彩票呢？是的，有时候确实会出现这种情况，思考如何处理这样的机会非常有趣。2022年11月，一款名为“强力球”的彩票开出了引人注目的20.4亿美元头奖，或一次性支付现金价值9.98亿美元（两个数字均为税前）。当奖金达到如此巨额时，如果你选择避开一些大量人扎堆儿的受欢迎的号码和模式，一些专家认为该彩票被低估了，它给了你一个以优势来买彩票的机会。[1]那么，你应该怎么做呢？

答案取决于几个因素。特别是，取决于你有多少胜算、彩票成本相对于你的财富是多少以及你的个人效用函数的形状。假设你拥有10万美元的财富且风险承受能力较高，风险厌恶系数为1。假设你花2美元购买一张彩票，中奖概率是1/1000万，奖金为20亿美元。换句话说，你只需为“价值”200美元的彩票花2美元。

你知道这笔交易基于期望值来看很划算，但如果用期望效用来衡量呢？尽管这张彩票的期望值是票面价格的100倍，但购买彩票的期望效用却是负值——实际上，购买这张2美元的彩票会让你“亏损”大约1.90美元。换句话说，不考虑其“幻想”价值，从期望效用的角度来看，你需要支付不到0.10美元才能算得上是一笔好的投资。即使你拥有100万美元的财富，2美元的彩票的期望效用依旧是负的。

我们是否该对此加以关注，还是效用理论存在问题？我们对此加以关注！期望效用将权重放在几乎肯定的损失与几乎不可能的巨大收益，其方式既直观地吸引人（至少对作者来说），又在理论上合理。假设你有100万美元的储蓄并持续参与这类极具吸引力的抽奖游戏，并愿意花光所有的储蓄来争取中奖。所以，你买了50万次彩票，或者直到中奖为止。不幸的是，你损失所有钱的概率是95%，这让我们对期望效用计算的结果有了一些直观的认识。我们认为，没有多少人愿意冒着95%的可能性损失所有的钱，去换取5%的机会赢得20亿美元。

基于效用的决策规则并不是说当机会对你有利时不应买彩票，而是说相对于10万或甚至100万美元的财富，2美元的投入太大了。即便在这些极佳的胜率和100万美元财富的情况下，最佳的投注规模也只是票价的二十分之一。

我们同意朋友们的看法，他们告诉我们，我们不应该过多思考这用来买彩票的2美元。毕竟，正如彭博社记者麦特·莱文（Matt Levine）所写，“10美元甚至不能让你去看一场电影，而这不是更有趣吗？”确实，人们在处理小金额时会做出一些奇怪的行为。比如，有10万美元的人可能会拒绝一个50/50的掷硬币游戏（赢110美元或输100美元），尽管这比正常的风险厌恶投资者所需的交易要好的多。令人着迷的是，人们在胜率不利时却愿意买彩票，而在应当接受对称但有微小优势的押注时却拒绝了。

## 总结

市面上有许多看起来像彩票的投资，具有正的期望价值，来自于小概率的大回报和较大概率的相对小损失。从期望价值的角度来看，我们可能会有强烈的投入这些“彩票式”投资的冲动。这时，我们需要冷静地拿出期望效用工具来更清晰地评估一项投资的吸引力及其适当的投资比例。

### 那么，出售高估的彩票呢

那是1987年1月初一个安静的周五下午，在所罗门的交易大厅。市场已经收盘，今天的交易也已确认，我们坐在一起讨论周末计划。这时，身高6英尺半、最热情、最受欢迎的所罗门董事之一走了进来，一个信奉“没有什么不可能”的人。

看看这股市啊！今年以来每天都在涨——已经连续6天了！我觉得今年每天都会涨。1000美元赌我是正确的，你们会给我多少的赔率？

我们立刻兴奋起来。这一年还剩245个交易日，即便我们给每天上涨的概率定为80%，剩下的245天全都上涨的概率约为一兆兆分之一[1]。但换个角度看，也许不能把这想成一连串有偏差的掷硬币游戏。毕竟，在今年剩下的交易日里，市场可能因为某种紧急情况闭市，发生这种情况的概率肯定远高于一兆兆分之一。如果我们认为他获胜的概率是万分之一，会怎样？那么或许我们应该给他1000：1的赔率，他的赌注是1000美元，这样我们最多可能输掉100万美元，而这只是我们所有个人资本总和的一个合理小比例。期望效用理论可以帮助我们从更高的层次思考，意识到出售这种极低概率、高后果的风险并不合理。但它也涉及估算事件发生的概率，并找出他愿意接受的最低赔率。

我们同意五人分担风险，给了他1000：1的赔率，但仅限于50美元的赌注，总共我们的潜在损失为50,000美元。他冷笑了一下，低声骂了几句，失望地走开了——没赌成。接下来，仿佛是为了向我们证明任何可能的事情都可能发生，我们看着道指连续上涨了7天，总体上涨了11%，直到第14天才终止了涨势。1987年成了极不寻常的一年。比那年股市13天的连涨更罕见的是1987年10月19日的那一天，股市在一天内暴跌了超过20%！幸好他没有要求我们为那一天给出赔率！

[1] 我们的惠普12C电脑花了几秒钟来做这个计算。

# 20

# 权益风险溢价之谜

我们对于经济中利率和股票回报水平的合理预期是什么？这是权益风险溢价之谜的核心问题。自20世纪80年代以来，学术界对此进行了深入研究和激烈讨论。该“谜题”的核心在于，股票和债券的长期已实现回报率与最常用的经济模型的均衡预测不太一致。从狭义上讲，这不必是个谜题——在自然科学中，如果一个模型在实验验证中失效，通常的做法是放弃模型，而不是宣称现实世界与黑板上写的不符[1]。但如果从更宽泛的角度，也许可以将这个“谜题”视为包含一系列广泛的问题，即如何最好地思考期望回报的自然水平，以

[1] 这让我们想起了《纽约客》上的一幅漫画，两位教授站在黑板前，黑板上写满了方程，标题是：“它在实践中有效，但在理论上有效吗？”

及相对于预期，我们应该如何看待历史经验。

权益风险溢价之谜的提出源自1985年梅赫拉（Mehra）和普莱斯考特（Prescott）的论文。[1]他们假设了一个“禀赋”经济，其中易腐的消费品，例如鱼，会定期被捕获，尽管数量有些波动，但平均增长率是已知的。经济中的成员都是风险厌恶者，最初都平等地拥有上天所赐予的。如果他们彼此交易，很快就能形成类似债券和股票的交易组合，并且通过模拟或金融数学，你可以计算出利率和股票回报的均衡水平。问题在于，当梅赫拉和普莱斯考特根据美国经济的增长和波动率水平、合理的风险厌恶水平来输入模型时，利率的均衡水平很高，隐含的风险溢价却很低。这与历史上股票市场相对于无风险债券的高风险溢价以及相对较低的无风险债券实际利率的现实正好相反。要使模型达到历史市场回报的大致水平，除了其他输入，还需要不切实际的高风险厌恶水平。这本书的中心主题之一是风险厌恶，事实证明，风险厌恶，以及消费的边际效用递减，是我们思考市场的核心。

利率的故事通常始于时间偏好，即明天消费的价值低于今天消费的价值。但这只是故事的一部分。即使在没有时间偏好和通胀的世界中，非零利率仍然合理。假设你是其中的渔民，生活不错，但你想得更远，希望生活更好。现在你注意到一件事，就是平均来看收获会逐渐增加。相比于今天你收获10条鱼，下一次期望收获12条鱼，那你宁愿现在和下一次每次都得11条。这种消费平滑的愿望不需要什么理论，但我们在第二部分中已经看到，平滑消费如何能提升期望终身效用。那么，如何实现平滑消费呢？你可以卖一张“鱼债券”。你找到朋友斯温，提出只要他现在借给你一条鱼，下次收获时就给他一条多出来的鱼。于是，债券市场诞生了！

问题是，斯温和其他人都在做相同的计算：他们也想卖债券。此时市场上只有卖家没有买家，显然这不是一个很有希望的开局——于是利率出现。为了吸引斯温成为债券买家，你同意不仅还他借给你的鱼，还额外提供一些鱼籽作为利息。鱼籽发挥了作用。于是，第一笔债券以正的利率成功交易。可以看到，你期望的收获增长越多，愿意支付的利息就越多，斯温也需要得到更多的利息以达成交易。

现在，通过债券市场，你可以提前利用部分未来收获的增长，增加现在的鱼消费。但你还不满足；你觉得如果再做一些精明的交易，可能会更好。尽管收获随着时间的推移而平均地增加，但波动性很大，有时会遭遇不足的晚餐。为减轻这种不确定性，你又找到朋友斯温，向他提议：如果收成很差，他额外给你几条鱼；如果收成很好，你额外给他几条鱼。经济学家称之为“交易状态索取”，即你同意未来的一系列回报取决于未来的经济状况。但本质上你在出售一些收成里的存货，以使风险更趋于债券性质。

问题是，斯温和其他人都在进行相同的计算。对于每个人来说，困难时期额外几条鱼的效用远高于富足时的额外几条鱼的效用。于是，为使交易可行，你提议在收成差时获得两条额外的鱼，但在丰收时则向斯温提供三条作为补偿。斯温接受了，于是股票市场也随之诞生。正如我们在债券交易中所见，经济增长期望越高，你愿意支付的就越多，斯温也需要更多的补偿。在股票交易中，补偿形式与债券不同。债券的补偿是利息，即固定时间保证支付的金额。而股票的补偿来自期望回报，斯温期望在交易中平均获得的比付出的更多，而不是一次收获中的固定收益。这也是现实股票市场的核心特质。

在这些交易中，可以看出期望经济增长和风险厌恶是关键驱动因素。如果没有逐步递减的消费效用，你不会在意平滑消费，总终身消费才是唯一关心的点，这样就没有债券交易的必要。同样地，如果没有风险厌恶，你不会在意收成好坏，股票交易也无存在必要。消费的边际效用递减及其引发的风险厌恶，正是市场运作的核心。

如果允许与斯温的债券和股票交易在市场上发生，那么在我们假设的禀赋经济中，利率和股票的期望回报最终趋于均衡水平。在我们所讨论的标准的禀赋经济下，利率 $r_{bond}$，股票收益$r_{stock}$和权益风险溢价的均衡如下：

$$r_{bond} = \delta + \gamma\left(\mu - (1+\gamma)\frac{\sigma^2}{2}\right)$$

$$r_{stock} = \delta + \gamma\left(\mu - (\gamma - 1)\frac{\sigma^2}{2}\right)$$

权益风险溢价 = $r_{stock} - r_{bond} = \gamma\sigma^2$

$\mu$是经济的期望增长率，$\sigma$是增长的变化性，$\gamma$是风险厌恶系数，而$\delta$是人群代表的时间偏好。

这些方程对有一定头脑的人来说是极具吸引力和优雅的，但遗憾的是，它们与现实中的收益率不太吻合。让我们把“渔获量”比作公司总收益（包括上市和非上市企业）。假设每年实际收益增长1.5%，波动率为6%，并假设个人的风险厌恶系数为2，时间偏好为2%，那么模型得出的实际利率约为4%，而权益风险溢价则小于1%。相比之下，历史上的实际利率更低（国库券的实际利率低于1%），而权益风险溢价却高得多（5%—7%）。这就是权益风险溢价谜题的核心。

这里到底发生了什么？首先，企业实际收益的年波动率可能是6%，但股票市场的波动性却远不止如此——更接近16%至20%。但是如果将18%的波动率代入模型，保持其他参数不变，我们得到的风险溢价是7%，更符合历史情况，但实际利率却为-5%，这与平均历史实际利率相差甚远。

我们在第15章看到席勒和其他学者证明，股票的波动性远高于盈利波动率，而我们的禀赋经济模型并未考虑到这一点。因此，这个谜题的一个可能启示是，股票表现出过高的波动性，这导致它们承载了过高的风险溢价，而这种过度波动可能也降低了无风险资产的可得回报。

关于如何解决这一谜题，还有许多其他思路。以下是一些主要观点：

- 该理论对均衡中的期望回报作出预测。但无论是期望回报还是均衡水平都无法直接观察到；我们只能观察到现实中一条路径的已实现回报，而这条路径可能并不代表期望或均衡水平。

- 20世纪美国股票市场的表现可能是一个异常现象，并不代表一般的长期期望回报。这可能受到人为的高存活偏差的影响，更不用说在此期间市盈率翻倍的因素。对全球股市的广泛国际调查发现，美国股市表现出众，属于全球表现最好的股市之一。[2]
- 观察到的高权益风险溢价可能是对罕见、未观察到、随时间变化且基本未实现的灾难风险的合理补偿。约翰·坎布尔将其称为“经济学家的暗物质”，因为我们无法直接观察这些罕见事件的概率或规模，而只能通过历史上巨大的权益风险溢价推测其存在。[3]尽管我们无法观测到灾难风险的真实概率，但通过调查数据可以衡量投资者对这些风险的估计。例如，席勒自1989年以来对一批具备金融知识的个人和机构投资者进行了调查，询问他们认为未来6个月内美国股市单日下跌超过13%的概率。平均结果通常在15%到20%之间，比历史经验高出一个数量级。看来，投资者对严重的股市崩盘的担忧相当高。[4]
- 该理论可能未能纳入现实市场中的重要特征，如交易成本（特别是20世纪上半叶）、维持生计消费水平、习惯的形成[5]、异质性且无法投保的特有冲击[6]、风险厌恶和跨期替代的分离[7]、市场分割和信息不对称等。

## 总结

权益风险溢价谜题仍然是经济学中的一个未解之谜，关于每一种潜在解释的研究仍在积极进行中。这是我们最喜欢的经济学谜题之一，因为它连接了风险厌恶、利率和权益风险溢价之间的关系，可能也有助于解释为何股市在现代经济中发挥如此重要的作用。

# 21

# 永续债券悖论与负利率

我们正积极与那些公开降息的国家竞争，现在在许多国家还清贷款时还能获得收益，这就是所谓的负利率。谁听说过这样的事？给我来点这个。给我来点这种钱。我也想要这种钱。

——唐纳德·J. 特朗普（纽约经济俱乐部，2019年）

在第20章中，我们刚刚描述了一个以效用和风险厌恶为核心的框架，该框架允许即使在每个人都对当前消费更偏好的情况下，也可能出现负的均衡实际利率。然而，尽管经济学家长期以来认识到长期负利率理论上的可能性，但大多数人并不认为它们会成为现实。

很难描述负利率的想法在历史上对经济学家和市场参与者而言有多么遥远。西德尼·霍默（关于长达4000年调查的《利率史》的合著者和所罗门兄弟公司首位债券市场研究主任）会如何看待英国投资者锁定65%的购买力损失？然而，他们确实通过以-2%的年收益率（2018年至2021年大部分时间的利率[1]）购买50年期的通胀挂钩债券这样做了。影响深远的经济学家和哲学家，包括马歇尔、费舍尔、冯·米塞斯、希克斯、哈耶克、奈特、凯恩斯和弗里德曼，都曾提出过不同的利率理论。但他们之中没有一人将负利率视为需要认真考虑的现实现象。

相反，在2008年金融危机后的十年里，负利率可能成为"新常态"环境中的一个特征，特别是在实际利率方面。例如，美国、欧洲、英国和日本的通胀保值债券在2020年和2021年期间提供了负的实际利率。对于负利率的长期影响（是好是坏还是中性）仍存在广泛的分歧[2]。

## 负利率与超长期债券

对于华尔街的债券定价模型而言，负利率基本上没有什么大问题；同样的代码，有时只需相对较小的修改，在收益率为负时同样适用。负利率确实暗示了那些将现金存放在床垫下的投资者可以利用套利机会，但这通常不适用于机构投资者[3]。利率衍生品模型也只需进行少量修改即可应对负利率。

但至少有一种债券类型无法拥有负收益率：即"统一年金"或称为永久债券。尽管政府已不再发行这类债券，但它们是所有债券类型中最简单和最古老的之一。这些债券又称为永续债券，每年为持有者提供固定的利息支付，且持

[1] 大致而言，假设该债券的票面利率为0%（实际上为0.125%），计算为：$1-(1-2\%)^{50}=0.64$。

[2] 我们将使用"利率"一词来指代名义利率和实际、经通胀调整后利率，除非在特定情况下需要加以区分。同时，我们也会使用"收益率"和"到期收益率"来指代内部收益率，即将一组债券现金流贴现至某一价格的利率。

[3] 一个更强的套利限制（不需要往床垫里塞现金）是，1年期利率必须大于-100%，否则借钱就是套利——你今天会为未来得到的1美元而赚钱。

续至永久。它们曾由英国、法国和美国等政府发行和再发行，通常是市场上规模最大且交易最活跃的债券。英国于2015年赎回了最后一批永续债券，如今市面上几乎没有政府发行的永续债券。然而，投资者可以购买大量其他永续或近似永续的现金流（例如，股票市场），而最近发行的50年或100年期的主权债券对许多投资者来说可能就像是近乎永续的债券。

永续债券的价格计算公式非常简单：

$p=\dfrac{c}{\gamma}$，当$\gamma>0$时，符号$p$、$c$、$\gamma$分别代表价格、票息和收益率。

这个公式有两个值得注意的方面：（1）对于任何正的票息和正的有限价格，永续债券无法拥有负的收益率；（2）随着永续债券收益率趋近于零，其价格将趋近于无穷大。

图21.1展示了100年和1000年期永续债券以及年金的价格与收益率之间的关系。请注意，在非常低的利率下，这些曲线变得极度凸性。对于这种投资的买方而言，这种凸性通常是一种有吸引力的特征，而对于卖空者来说则是令人生畏的特征。直到20世纪70年代末，经济学家才开始将不确定性和随机性直接嵌入利率模型中，从而考虑到了我们将讨论的永续债券悖论的核心——凸性。[1]

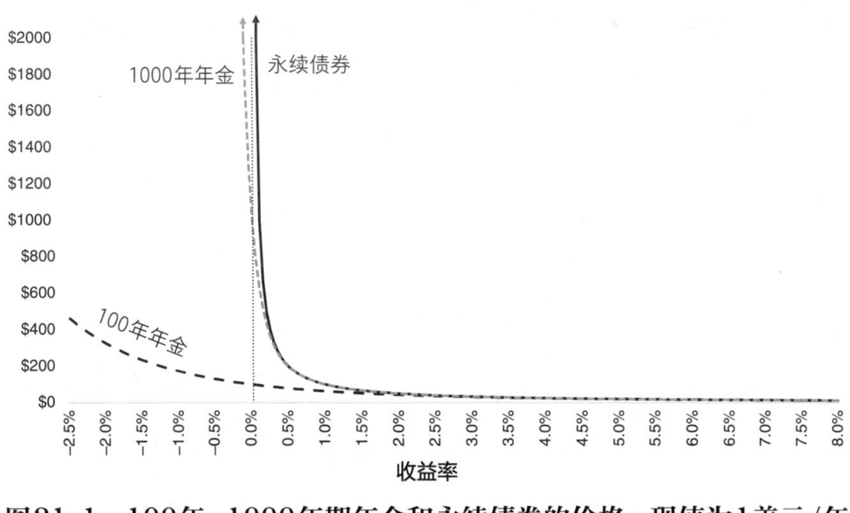


**图21.1　100年、1000年期年金和永续债券的价格：现值为1美元/年**

为了避免直接处理无穷大的问题——显然这是无人愿意或能够支付的价格——我们将考虑一个每年支付1美元的1000年年金，而非真正的永续债券。如果我们知道未来1000年利率是固定的，我们可以轻松计算并在图21.1中看到年金的价格，但如果利率存在一些不确定性，那么什么是合理的公允价格呢？

让我们通过假设1000种不同的利率情境来估算这个价值。假设在999种情境下，利率为2%。但在其中一个情境中，我们假设利率将平均为-1%，以符合“新常态”利率以及未来利率可能在较长时间内为负的可能性。该年金的期望值为这些情境下年金价值的概率加权平均，其结果相当惊人：

> 2%利率的概率为99.9%，年金价值为\$50；
>
> -1%利率的概率为0.1%，年金价值为\$2,316,257。
>
> 年金的期望值为\$2366，即收益率为-0.15%。

## 用圣彼得堡悖论中的期望效用解决永续债券悖论

我们所称的“永续债券悖论”是指这样一种困境：一个人一方面相信负利率有小概率会长期存在，另一方面又不愿支付接近年金\$2366的期望值的价格。解决这一悖论的一个方法是参考第6章讨论的圣彼得堡悖论。永续债券悖论和圣彼得堡悖论的共同之处在于：在没有无风险套利的情况下，一个人愿意支付的金额，更应由期望效用而非结果的期望值来决定。我们发现，即便年金价格仅为\$51，典型投资者的最优投资比例也仅为他财富的0.10%，尽管该价格较期望值有98%的折扣。购买这类年金就像购买被低估的彩票，第19章对此有详细探讨。

接近期望价$2366，价格为$2100，最优投资仅是财富的0.005%。因此我们可以看到，期望效用提供了“悖论”的一种解答：即便负利率的微小可能性使押注该年金极具价值，你也不会在接近其期望值的情况下投入财富的很大一部分。遗憾的是，英国政府放弃了通过发行一个每年支付1英镑的通胀挂钩的永续债券来偿还全部国债的想法！

## 总结

我们无法断言负利率是否会成为金融市场的常态，但显然很难将负利率仅视为一种短暂现象。这意味着认真思考低至零利率甚至负利率的长期现金流投资的估值问题是很有必要的。

# 22

# 当少即是多

我们可以将有效市场定义为价格在价值的两倍以内的市场，即价格高于价值的一半且低于价值的两倍……按照这个定义，我认为几乎所有市场几乎一直是有效的……

——费舍尔·布莱克，1986年在美国金融协会上的会长演讲

《噪声》

通常情况下，我们对某项投资的前景越乐观，就越想持有更多的该项资产。然而，在极端的看涨情绪下，这种正常关系可以被颠倒过来，我们越喜欢一项资产，反而应该持有越少。这种情况的日常例子不多，因此这个谜题可能并不熟悉。这是一个在主流金融中很少受到关注的问题，因为我们很少看到对投资质量足够高的预期来观察这种影响。然而，有一个资产类别可能让我们看到了如此高的预期。我们要感谢数字资产革命及其乐观的加密货币爱好者群

体，正是他们将这个问题带到了聚光灯下，同时也给我们提供了一些有价值的见解，可以应用于其他领域的金融决策。

## 加密资产风险与回报

很难准确地模拟数字资产的价格行为，但大多数人同意它们的收益远非标准正态分布所能描述。比起传统金融资产，数字资产更常经历价格跳跃和肥尾分布，其波动性和期望回报难以估算，且随时间流逝会显著变化。此外，针对数字资产，许多投资者意识到存在丢失投资的风险，例如被黑客攻击、硬分叉、私钥丢失等——这更像是目睹房屋被烧毁而非经历市场不佳的走势。为了消除加密收益分布的不确定性，我们将假设在某一设定的时间内，该资产有50%的概率跌至0，有50%的概率上涨P倍，即“回报比”。

图22.1展示了在一定回报比的范围内，假设你是我们的基本情况投资者，你应该分配给该加密资产的最佳比例。随着回报比从1:1提高到2048:1，资产的期望回报和风险随之上升——关键是，回报与风险的比率，即夏普比率，也在提高。这就是我们所说的投资质量变得越来越好。最佳配置比例 $\hat{k}$ 即为能

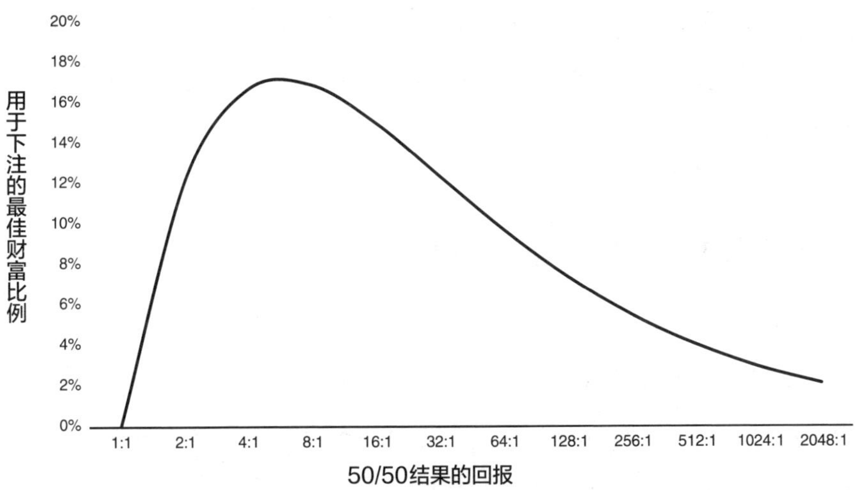


**图22.1　随着收益变得更有利，在数字资产上下注多少：投资者的CRRA效用风险厌恶为2**

够最大化期望效用的比例。

当期望回报比在4:1至8:1之间时，最佳配置比例达到顶峰，约为17%。然后——这是关键——在更高的回报比下，最佳下注规模反而减少。对于非常乐观的投资者而言，低于10%的配置可能是最佳的。

## 解释驼峰

对于这个驼峰的一个直观解释如下：

- **从零开始：**在图22.1的最左侧的1：1比例，由于上行和下行的可能性和幅度相等，最佳配置比例从零开始，因为没有预期奖励你就不应该冒险。
- **然后上升：**向右移动，随着回报比增加，投资机会需要配置一些资本，配置比例最初几乎与回报比呈线性增长。
- **然后回归到零：**在某一时刻（现实中极少见），当一项资产足够吸引人时，即便少量持有也足以让你在有好结果时变得非常富有——因此没必要大量持有而承受在结果不好时失去大量财富的风险。这种效应使得最佳配置比例再次下降，形成了“驼峰”形状。

尽管产生这一结果的情况有些特殊，但仔细观察其中的逻辑，我们可以获得关于财富和风险的一些真知灼见。

## 关于财富和风险的不同视角

通常，我们认为自己的金融财富是所拥有资产的当前市场价值之和。私有、非流动性资产的投资者常根据成本或介于成本与公平市场估值之间的数字来评估这些资产的价值。这在大多数情况下是适用的，但当你觉得找到了一项非常出色的投资时，使用市场价格而非反映更高内在经风险调整后价值的估值，可能会导致次优的决策。遇到一项你认为有50%的机会实现100：1回报比率的资产，实际上会让你比标准的按市值计价会计处理方法所显示的更富有。如果你真的相信这项投资的吸引力，那么你需要相当可观的补偿才能放弃这项投资。正如我们之前讨论过的，你的确定性等价财富是你宁愿拥有的、可以确定持有的财富水平，而非当前财富加上极具吸引力资产的一个投资机会。

举例来说，假设你决定将17%的财富投资于一种加密资产，它有50/50的机会上涨八倍或跌至零。这项资产的期望回报为300%，你的期望财富比初始财富高出51%。但你的确定性等价财富是能够提供与投资该风险资产相同的期望效用的财富水平。在这种情况下，我们计算出你的确定性等价财富大约比初始财富高出25%。

接下来我们探讨风险问题：在前面的例子中，你承担了多少风险？通常，人们可能会说你的下行风险是损失17%的初始财富，但这忽视了你的“真实”财富，即你的确定性等价财富是初始财富的125%，因为你买入了这项出色的投资。如果这是你的初始财富，那么若资产表现不佳，你的下行风险则更高，达到34%（财富从1.25降至0.83的损失）。正如我们所预期的，随着投资吸引力的增加，你确实承担了更大的下行风险，基于确定性等价财富来衡量。从这个例子中我们看到，考虑风险不仅仅是考虑初始投资会损失多少。更好的风险评估是测量结果的可变性，其起点包含你机会集合的嵌入价值。

## 如果不能亏钱，它还算“风险”吗

假设现在是1964年，你正在考虑将积蓄长期投资于一个多元化的股票组合或选择一位主动经理人。如果你决定选择主动经理人，你会面临两个选择。有人告诉你，在其中一扇门后是一位名叫沃伦·巴菲特的投资者，他将在接下来的58年中的每年跑赢股市10%；

而在另一扇门后是一位普通的选股共同基金经理，在扣除费用后每年会比市场表现低2%。所有不同的投资选项都带有相同的投资风险，没有税收负担。

你会选择指数投资，还是选择这个“双门”赌博，有50%的机会与沃伦·巴菲特一起，将10万美元投资变成38亿美元？从1964年到2022年年底，沃伦·巴菲特的伯克希尔–哈撒韦股票增长了38,000倍，而标普500指数增长了约250倍，分别代表了20%和10%的复合回报率。我们假设主动管理的共同基金在此期间的回报率为8%，即总回报为85倍。请注意，即使是最坏的情况，如果你选择了这个赌博而不是指数基金，最终还是会获得85倍的初始投资回报。

从期望值的角度来看，50/50的“巴菲特VS普通经理”押注的价值大约是19,000倍，远高于投资标普500指数基金的250倍回报。

然而，从期望效用的角度来看，基于我们通常的风险厌恶假设，你会用相当大的仓位配置低成本的指数基金。[1]这可以从以下事实中看出：若选择主动管理的共同基金，其表现相对标普500的投资有可能会使你的最终财富减少约65%。❶这是大多数投资者难以接受的50/50押注。

## 总结

我们在此分析中所做的假设是为简化和说明而设的。特别是，我们承认将数字资产的结果建模为二元情况并不现实，尽管这种方式确实描述了一种观

❶ 即 $\left(1-\frac{85}{250}\right)$。——译者注

点，即数字资产要么大幅上涨，要么会逐渐消失。但我们所描述的总体效应，即在某一点上随着资产吸引力的增加其最优持有量反而下降，在相当广泛的关于结果分布和投资者风险偏好假设范围内都成立。

然而，这种效应在两个显著的情况下可能不会出现：（1）如果该资产遵循一个连续随机漫步，并且投资者可以无摩擦地持续平衡其投资组合；（2）如果投资者的风险容忍度等于或大于完全凯利下注者的容忍度。

我们应该把基础财富视为包括有吸引力的投资机会所提供的价值，这一见解并不是全新的，因为我们一直在讨论的期望效用框架隐含地包含了这一观点。然而，当我们启发式地思考财富时，这可以是一种有趣且重要的视角。例如，如果对冲基金或私募股权经理低估了他在基金管理业务中与他的所有权利益相关的价值和风险，他可能会倾向于过度投资他所管理的基金。

# 23

# 科斯坦萨交易

## 《宋飞正传》第十季：ETF那一集

下面这个谜题，以《宋飞正传》中的角色乔治和克雷默之间一个虚构的对话的形式呈现，对话出现在“ETF那一集”：

**时间：2018年年末……**

乔治：　你看看这股市？三个月下跌了14%。这简直要了我的命。一天接一天，我所有的投资旁边都是红彤彤的大跌数字。我买什么什么跌——真是受不了！

克雷默：唔——买股票不好。

乔治：　不好？

克雷默：有个稳赚不赔的策略：把你的钱一半投进SPXL，另一半投进SPXS。

乔治：　我从没听过这些股票，它们是什么？

克雷默：　它们不是股票，是ETF——交易所交易基金，而且是“涡轮增压”的！SPXL是3倍杠杆做多标普500的ETF，而SPXS是3倍杠杆做空标普500的ETF。它们的上涨没有限制，而且你投入多少，最多只能损失多少。总有一个会让你赚翻。钱钱钱！

乔治：　肯定比我现在做的好。能有什么坏处？

**15个月后……**

乔治：　克雷默！！你对我做了什么？！我就不该听你的。

克雷默：　你在说什么？有什么问题吗？

乔治：　就是那两个杠杆ETF。自从我们上次聊完，股市上涨了6%，可SPXL和SPXS却双双大跌——一个跌了20%，另一个几乎跌了50%！

克雷默：　唔……这不可能。我有另一个主意：从现在开始，凡是你觉得是个好主意的，就做相反的事情？

乔治：　我试过了，但我不想谈这个。[1]

## 杠杆ETF的回报：乔治意想不到的结果

乔治对SPXL和SPXS双双亏损感到惊讶是可以理解的；它们听起来像是彼此对立的。考虑到3倍杠杆和股市上涨6%，他可能预计SPXL上涨约18%，而SPXS下跌约18%❶。但实际上，这两个ETF的表现相对“预期”结果相差超过30%。这些ETF管理得并不差，相对较高的费用（约1%）也无法解释如此大的表现差距。理解这个谜题时，我们无需使用期望效用，但我们会看到本书一个核心主题的极好示例，即选择合适的投资规模往往比选择合适的投资更重要。

---

❶ 3倍杠杆是指总资产/资本＝3。

这些高度杠杆的多头和空头ETF完美地展示了过于激进的投资规模是如何将一笔好的交易变成亏损的。当你借钱对某项资产进行杠杆交易时，如果你想在价格波动时保持固定的杠杆比率，你需要继续交易该资产。例如，3倍杠杆ETF被设计和标记为每日结束时维持3倍杠杆。对于3倍做多ETF来说，这意味着每天当市场上涨时，它都需要买入，而当市场下跌时它需要卖出。这带来了一个令人不快的结果：如果标普500指数从2500点开始，一天涨到3000点，然后回到2500点，3倍做多ETF会在3000点买入，然后在2500点卖出，从而在两天的时间里锁定亏损，尽管市场总体持平。我们在第3章就遇到了这种“波动性拖累”现象，并且多次提到。这种现象是因保持固定杠杆而产生的损失。在任何单个交易日，3倍杠杆ETF的回报等于每日回报的3倍，但在多日后，由于这种每日交易，3倍杠杆回报会与3倍复合回报有所不同。市场越波动，总回报上的波动性拖累就越大。

如果你决定不再平衡杠杆以维持一个固定比率会怎么样？那么，随着时间的推移，波动性拖累会从相对稳定的成本转变为路径依赖的、一次性的毁灭风险，并不会改变整体期望结果。例如，如果乔治所投资的这两个ETF从3倍杠杆开始，而没有再平衡，SPXL将获得约12%的回报，但当标普500自乔治投资以来已经上涨超过33.3%时，SPXS将在2020年2月中旬损失100%。所以，不再平衡的情况下，乔治的ETF组合投资会损失44%，而不是每日再平衡ETF的35%。当然，这只是一个路径，但它很好地展示了再平衡频率如何引入路径依赖和毁灭风险。

高杠杆与高的实际波动率的结合可能对回报产生极大负面影响，这足以解释乔治在市场上涨6%的情况下，SPXL的-20%回报和SPXS的-50%回报。在图23.1中假设乔治持有期间市场波动率为28%[2]，我们模拟了他的3倍杠杆多头ETF在标普500一系列回报下的表现。SPXL需要市场上涨超过22%才能克服杠杆引起的波动性拖累，跑赢无杠杆投资。

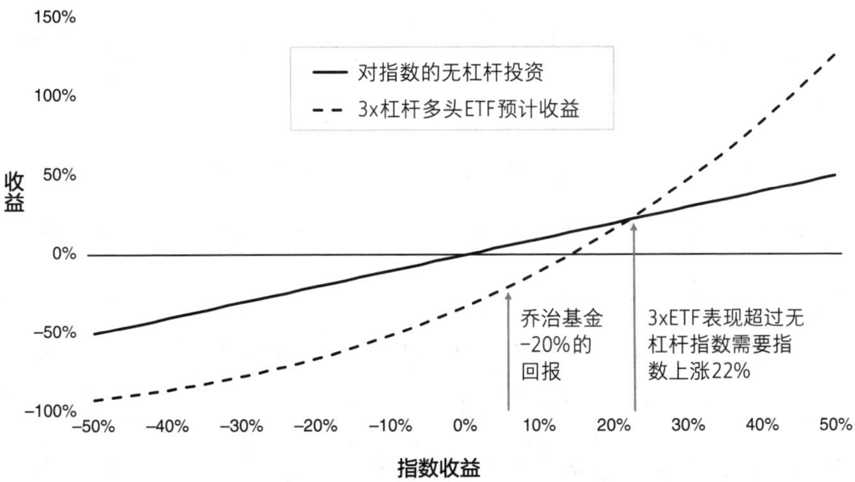


**图23.1　3x杠杆多头ETF预计收益与无杠杆指数收益：乔治的投资期限为1.25年。标准普尔500指数波动率=28%**

## 杠杆ETF的市场影响：1987年投资组合保险的续集？

尽管乔治之前没听说过这些杠杆ETF，它们自2006年以来就已存在，并且在市场上已不再只是配角。截至2023年3月底，杠杆ETF的资产接近500亿美元，这还只是登记在美国公开上市的结构化产品——在非公开结构化产品和非美国市场的投资中，可能有更多的资金投入在它们上面。[3]为了评估这些杠杆多头和杠杆空头ETF的潜在市场影响，让我们更深入地看看SPXL和SPXS在市场上涨10%后需要进行的交易。

我们可以看到，在市场上涨10%后，SPXL将会杠杆不足，而SPXS将会杠杆过高。为了恢复到3倍做多和3倍做空，这两个ETF都需要买入更多的标普500。假设每份额ETF初始资产为100美元，

SPXL需要买入60美元的标普500，而SPXS则需要买入120美元。如果市场下跌，情况相同，但ETF需要卖出。可以想象，这些杠杆基金内部的交易量可能会非常大。对于假设每日波动1%（年化16%）的3倍杠杆多头ETF，年换手率将达到1500%，而3倍杠杆空头ETF的年换手率则为3000%。

就这些ETF每日需要进行的交易的潜在市场影响而言，我们估计当股市涨跌5%时，它们的管理人需要买入或卖出约100亿美元的股票，而且大部分交易需要在每天的收盘时完成。当然，许多市场参与者知道这些和其他类似的可预测资金流，比如期权对冲和杠杆投资策略（如风险平价和目标波动率基金）。在试图从中获利时，投机者会将其平滑化，使其难以准确预测，但我们怀疑这些可预见资金流的影响完全消失的可能性不大。

## 为长期设定股票市场敞口规模

选择你的股票配置应当是一个面向未来的过程，由你对未来回报和风险的评估、个人情况和风险厌恶程度所驱动。即便如此，回顾过去仍然有趣且富有教育意义，因此让我们看看不同的股票市场敞口——包括杠杆敞口——在长期内的表现如何。

从1927年到2022年年底（这是我们可以轻松获得每天股票市场数据的最长时间段），标普500的年化总回报为9.8%，这将使100万美元的投资增长至70亿美元——相当不错。平均股市波动率约为19%，短期国债回报率为3.6%，而美国同期的通胀率为3.0%。如果你在1927年拥有一颗水晶球，你难道不会被诱惑去用杠杆投资股票，为你的幸运后代大赚一笔吗？毕竟，如果将100%

的储蓄长期投资于股票是个好主意，那为什么不投资200%或300%的储蓄呢？

表23.1展开了这个思维实验，展示了在近100年中不同杠杆比例的结果。注意，2倍杠杆在期末给你留下最多的资金，但在某个时点，你会经历98.5%的回撤。你最初可能会猜测，在2倍杠杆下，你的回报将等于无杠杆的股票回报加上股票超过借贷利率的超额回报（我们假设比短期国债高**1%**，即**4.6%**）。这样算下来，回报为15.0%，但你的实际回报只有11.1%。3.9%的差距来自于波动性拖累。

在超过2倍杠杆之后，复合回报实际上会下降，因为波动性拖累超过了股票回报率9.8%、借贷利率为4.6%的超额回报。4倍杠杆后，在经历了超过99.999%的回撤后，你最终会剩下约5美元，几乎回到你开始时的1美元（通胀调整后仅为**0.28**美元），而5倍杠杆在1987年10月19日就会完全被清零。

所以如果你在1927年拥有一颗水晶球，你会选择什么样的敞口水平呢？

**表23.1**

| 杠杆率 | 年复合回报率（名义） | 年化风险 | $1美元的终值 | 最大顶点到底部的回撤 |
|---|---|---|---|---|
| 0.50 | 7.1% | 9.5% | $682 | –55% |
| 0.75 | 8.6% | 14.2% | $2437 | –73% |
| **1.00** | **9.8%** | **19.0%** | **$7059** | **–84%** |
| 1.50 | 11.0% | 28.5% | $19,503 | –95% |
| 2.00 | 11.1% | 38.1% | $22,882 | –98.5% |
| 3.00 | 8.5% | 57.7% | $2233 | –99.9% |
| 4.00 | 1.7% | 78.4% | $4.79 | –99.999% |
| 5.00 | –∞ | 170.7% | $0.00 | –100.000% |

该表假设每日再平衡，没有交易成本，没有费用，没有市场影响，以3个月国库券利率+1%的利率借款。细心的读者会注意到杠杆率为1.0的情况下最大损失为84%，这比我们之前提到的近90%的损失要小。不同之处在于，这里我们衡量的是包括股息在内的总回报，而近90%的损失不包括股息。

## 相反的乔治？

如果乔治听从克雷默的建议，做他认为好主意的反向操作会怎么样呢？——比如，不是买入这两只杠杆ETF，而是做空它们呢？正如我们在第16章中解释的那样，在买卖看跌期权时，做空并不是做多的相反。事实上，如果我们假设乔治希望保持他的空头头寸等于他在交易中的资本，那么做空3倍杠杆多头ETF看起来与做多3倍杠杆空头ETF完全相同，反之亦然，因此总的结果在多头和空头之间是相同的。

最接近实现与杠杆ETF的波动性拖累相反效果的做法可能是投资于一个平衡的投资组合，例如50%股票和50%短期国债。随着时间推移保持50/50的权重将需要在股票下跌时买入，股票上涨时卖出，这样的投资组合再平衡会产生一种波动性“上升”，而不是“拖累”。遗憾的是，这种提升在规模上是有限的：你可以通过使用大量杠杆产生任意多的拖累，但你只能通过将头寸大小保持在总资本的50%来获得最大提升。

## 做空之路

维克多回忆起1987年所罗门兄弟公司的一位资深债券交易员提出的一个难题。那时有一只股票叫家庭购物网络（HSN），投资者把它的价格推上了天。该交易员正在考虑在自己的账户中做空该股（在20世纪80年代，华尔街的合规部门允许这种操作）。他问道：对于一个你确信最终会归零的股票，但在此期间波动性极高，市场疯狂到可以让其涨到几乎任何想象中的价格，正确的做空策略是什么？

如果那位交易员碰巧拿起了这本书并且读到了这里，这里给出了一个迟来的答案。我们假设该股票的日回报标准差约为6%，年化期望回报为-20%，且收益呈正态分布。在这些特性下，该股在未来10年中下跌超过95%的概率约为90%，并且有50%的概率下跌超过

99.9%。即使同时也考虑到股票可能变得无法融券，或者公司会被一家大公司以远高于零的价格收购的微小概率，这似乎符合对股价几乎肯定会归零的预期。

如果要在不考虑其他可能投资的情况下，最大化期望效用的策略是做空相当于你财富10%的股票，并持续调整头寸以保持10%的仓位。遵循这种策略（忽略佣金、买卖差价和股票借贷费）会导致大约三分之一的可能性在交易中亏损，财富的经风险调整后的期望收益率为每年1%[1]。

令人惊讶的是，只有在该股10年内跌幅超过99%时，你才会盈利！在一个非常小的概率事件下（约1%），HSN的10年后价格与起始价格相同时，你预期会亏损约40%的财富。

当尘埃落定时，所罗门兄弟的债券交易员的HSN空头头寸获利了，但经历了非常曲折的过程，中间一度账面亏损达到初始头寸的三倍。实际上，他在建立仓位后并没有进行再平衡，我们也不是在建议他在这种情况下不断调整仓位以保持相对于财富的固定比例。但值得注意的是，如果他采用了这种方法，尽管当他最终退出时股价下跌了约75%，他很可能会在交易中亏损。总体上，这是一个相对圆满的结局，但也提供了一些关于做空高度高估、波动性极高资产的宝贵和警示性教训[2]。

[1] 是的，我们考虑过使用期权来做这种交易，但我们的假设不会实质性地改变结论。

[2] 不要这么做！

## 总结

持有杠杆多头和空头ETF超过一天的一个大问题是，大多数投资者可能认为他们是在基于市场走势方向的判断来做决策：上涨或下跌。然而，正如我们所解释的，我们对将要发生的事情远没有完全了解。相反，随着杠杆倍数和实际波动率急剧增加，持有杠杆多头或空头ETF的回报将会遭受拖累。正如乔治的经历所证明的，即便他正确预测了市场方向，投资结果也会被高实际波动率的影响所吞噬。

乔治与克雷默的对话是虚构的，但乔治在两只杠杆ETF上令人失望的回报却是真实的。乔治的冒险带来的教训不仅适用于那些考虑投资高杠杆ETF的人。对于所有投资，随着头寸大小的增加，存在一个临界点，在超过此点时你更可能出现亏损，而更进一步的头寸敞口将几乎确保你损失所有资金。投资规模的艺术在于理解并选择自己适合的位置，即在期望回报与风险曲线上的恰当位置。

# 24

# 结语：效用和你的财富

不要说“我找到了真理”，而要说“我找到了一个真理”。

——哈利勒·纪伯伦，《先知》(1923)

我们通过研究抛硬币这一随机事件作为不确定性的简单模型，开始了对财务决策的探讨。从这一小小的抛硬币出发，我们能够得出一些直观且实用的经验法则，比如固定比例投注和结合期望回报、风险及个人风险厌恶程度的简单公式。基于这些基本要素，我们得出的结果是，对于最佳投注规模的押注，经风险调整后的回报通常等于原始期望回报的一半，这源于这样一个洞见——你为承担风险而要求的补偿应该随着风险的平方而增加。在迈克尔·刘易斯的《说谎者的扑克牌》一书的开篇中，我们看到一场赌注为1000万美元的50/50

对赌的风险成本是赌注为100万美元的50/50对赌的风险成本的100倍。

我们引入了效用的概念，以超越抛硬币，而效用框架的核心在于：好的决策是那些能够最大化期望效用的决策。相比将决策视为由抛硬币和由此产生的二项分布组成，效用框架是一个更灵活的工具。这种方法让我们能够评估更真实的情境，涉及不对称和肥尾分布，使我们能够关注那些概率低、影响大的事件，如经济萧条、疫情和战争——这些事件甚至比在正常时期中扰乱我们财务生活的日常风险更为重要。

以期望效用为指导进行决策并不是一个新理念，但它目前并不流行，我们已经详细讨论了对这一方法的主要批评。最常见的批评是，期望效用并不能很好地描述大多数人实际做出决策的方式。我们同意这一点，但我们并不认为这是转向其他方法的理由。本书旨在帮助我们的读者改善财务生活，帮助他们做出更好的决策，而不仅仅是帮助他们理解或复制人类决策中各种偏见和不一致。因此，我们主要关心的是我们的框架是否能很好地提出合理、一致且有利于福祉的决策。

我们讨论了风险厌恶在富裕人群中是正常现象，这是财富边际效用递减的直接结果。对于风险厌恶的个体，关于“一个好的投资机会到底投入多少是最好的？”这一问题是有答案的。太少或太多都不理想。特别是，在多个例子中，我们看到仅仅为了最大化期望财富而进行决策，而不是最大化期望效用，这可能会带来毁灭性的后果！这与个人的风险厌恶程度相关，但我们发现实际上，在富裕投资者的偏好中，风险厌恶程度范围似乎相对较小。

随后我们考虑了如何花费我们的财富来增加我们的福祉。这将我们从单周期分析带入多周期分析，并在决策框架中加入了除投资风险之外的新的重要的不确定性来源。最重要的新风险是寿命的不确定性。我们发现，期望效用适合帮助我们考虑这个更现实的、跨时间的框架——这是我们每个人都要面对的问题。

从终身视角审视我们如何使用财富带来了两个重要的概念。首先，投资风险和消费风险密不可分。如果我们无法忍受在投资结果不佳时减少消费，那么在投资组合中承担风险就不合理。进一步地，我们找到了一种最优消费策略，不仅反映了个人偏好，还考虑了投资和长寿风险。其次，采取终身视角意味着我们应该以过去的习惯衡量财富，即按它所能支持的实际年消费水平，而不是按我们当前的净资产价值来衡量。这一改变带来了这样一种理念：长期投资者最合适的无风险资产是通胀保值债券（如TIPS），而不是银行存款、短期国债或固定利率名义债券。

如果我们生活在一个财务未来没有不确定性的世界中，我们就不需要期望效用的概念来权衡不同的可能结果。如果所有投资都产生无风险回报，如果我们知道自己在工作中能赚多少以及能工作多长时间，如果我们确切知道自己和亲人会活多久（以及我们会有多少人需要照顾），如果收入和遗产税政策一成不变，那么我们可以简单地在电子表格中填入我们希望如何度过剩余人生的财务和人力资本。

然而，在我们财务生活的各个重要方面都有巨大的不确定性，如果只关注最可能的结果或基本情况，是无法做出良好决策的。将不确定性纳入我们的决策是我们需要本书中所述框架的原因。该框架并不是要告诉我们应当具有什么样的偏好；它的任务是告诉我们在未知的未来中，根据我们的个人核心偏好，哪些决策是最优的。其他框架也存在，但正如我们在多个案例研究中比较期望效用时所见的那样，它们都逊色不少。

我们展示了如何在多个案例中应用期望效用框架，但还有许多其他的情境下期望效用能帮助我们做出更好的决策。冒着似乎手拿锤子把每个问题都当成钉子的风险，这里我们再列出几个例子：

- 你是应该租房还是买房？如果买房，应该如何融资？有或者没有房子，你的整体投资组合应该如何构建？我们还需认识到，拥有住房并不仅仅是财务决策，它还可能影响家庭动态和你与社区的关系。

- 你应当在自己的企业中投资多少，或者继续投资多少？
- 为了从高度升值、高度集中的风险资产中分散投资，你应该花多少钱？
- 你是否应为死亡、伤残、长寿和长期护理投保？
- 你应当何时、以多少金额进行代际赠予和慈善捐赠？
- 如何管理授予员工的股票期权最为合适？
- 何时开始领取社会保障金最为合适？
- 你何时应该退休？

我们相信我们陈述的这些理念简单而直观。但为什么我们中的许多人在生活中的重大财务决策上常常踉跄失误？为什么有那么多“消失的亿万富翁”？正如沃伦·巴菲特常说的那样，简单不等于容易。诱惑和恐惧驱使我们在过度冒险与高消费之间摇摆，并在错误的时间退出投资，或长时间低配股票。而这些问题都因金融系统要分一杯羹而更加严重，系统想要尽可能大的份额，向我们收取费用，诱使我们玩一场对我们不利的游戏。这些是我们所面临的挑战，许多之前的先行者在途中倒下了，但有许多积极的迹象表明，当前的个人财务决策要比上一代人更明智。

个人投资者用了很长时间才领略到1952年哈里·马科维茨所推崇的分散化这一“免费午餐”的好处，但到现如今投资者才终于享受到了半个世纪前金融经济学家理念所孕育的丰硕成果。大众每年从股票和债券指数基金以及ETF所提供的低成本和更高的分散化中获益数千亿美元，同时享受到几乎免费的银行和经纪服务，以及税收激励和其他帮助个人做出合理的长期投资和储蓄决策的指导。优秀的财务建议也随处可得，只要你知道去哪里寻找即可。虽然许多金融学者的研究和著作对于外行人来说似乎是用一种他们自己的私人语言写成的，但也有大量专为非专业人士撰写的图书和文章，它们通常传达出的信息是一致的。你无需阅读十几本这样的书就能了解它们的主要观点。

然而，目前适用于非专业人士的优质和不太优质的财务建议几乎都专注于投资选择，而非同样重要的"合适的投资金额"这个问题。媒体每天都需要讲述新的故事，因此他们会预测股市或利率是否会上涨或下跌，推荐应购买的股票或行业，分析经济走向及其对你应持有资产的影响。他们还会讨论投资对冲基金、私募股权、科技初创公司、纽约市豪华公寓或指数基金的优劣。这些故事虽然吸引人，但往往只讲述已发生的情况，对预测未来并无太大帮助。

假设你能从海量信息中理清思路并构建适合的投资组合，这仅完成了其中一半的工作。你仍需决定应该持有该组合多少，该保留多少无风险资产，甚至是否应借贷以便持有更多。对于这一点，媒体和个人投资书籍几乎没有提供任何指导。正如我们所看到的，"多少"的问题不仅限于投资决策，还涉及几乎所有重要的财务决策：当下及未来花费多少、给予他人多少金额、实现多少资本收益，以及工作多长时间。这方面的学术文献丰富，但少有非技术性图书加以阐述。我们希望本书能在一定程度上填补这一空白。

我们不能忽视2021年市场对迷因股❶、极端成长型股票、个股期权、SPACS和加密货币的狂热。无论这些投资的最终价值如何，许多投资者的投资组合可能过于集中，承受了过多风险，与一套关于期望回报、风险和风险厌恶的合理信念不符。我们希望并期待这一轮散户集中"全押"并承诺永远持有它们的行为只是通往更好个人财务决策道路上的一个小插曲。

有些观察家认为，学习正确的财务决策可能唯一的途径是通过试错和吸取教训。[1]不幸的是，正如我们之前所讨论的，学习财务决策往往需要大量的数据，甚至可能需要超过一生的时间。正如维克多父亲常说的那样："一个人需要两次生命：第一次是获取经验，第二次是运用经验。"❷我们希望这本书对一

---

❶ 迷因股指的是那些在社交媒体上获得了近乎狂热追捧的公司股票。——译者注

❷ 我们怀疑这是一句古老的波斯谚语，但它也可能与孔子的忠告有关："未知生，焉知死。"

些读者而言，至少能部分替代这条艰难的学习之路。

我们的关注点在于个人或家庭单位，而非整个社会。确实，有些读者可能会认为许多家族财富（如范德比尔特家族）衰落是好事，否则今天的财富不平等可能会更严重。我们无法确定，但我们的感觉是，如果每个人都能做出理性的财务决策，社会总体财富将增加，且不平等程度会降低。可能会有更多的亿万富翁，但也会有更多富裕家庭。当然，理性的财务决策可能会减少拥有数十亿美元财富的人，因为许多这样的财富来自高度集中的成功投资（这些投资本应尽早分散），或来自“他人资金”的费用或交易利润，而这在更多人做出理性财务决策的情况下会变得更难获得。

在《警惕差距：不平等与分散投资》（Mind the Gap：Inequality and Diversification）中[2]，我们讨论了目前美国的财富不平等程度可以通过家庭持有的集中个股投资组合来解释。从20世纪50年代到80年代，在指数基金增长之前，个人经纪账户中的股票中位数持有量仅为两只。[3]这种过于集中的投资组合导致财富不平等的机制，为托马斯·皮凯蒂在《21世纪资本论》中提出的解释提供了另外一种解释。皮凯蒂假设股票回报率高且稳定，因此一旦家庭变得富有，就会越来越富。[4]

然而，普遍存在的次优财务决策预示了富人未分散投资组合所导致频繁的向下流动性，并为“消失的亿万富翁”之谜提供了简单明了的答案。由于过去20年指数基金和其他分散化的共同基金的增长[5]，也为未来财富分配更加均衡指明了道路。这为未来减少财富不平等提供了一条光明且充满希望的途径，即投资者更加关注分散化和投资的规模，从而增加了他们参与公共市场创造长期期望财富的机会的可能性。

回到个体的情况，我们理解每天需要做出的决策大多影响不大，不值得缓慢而深入地评估不同潜在决策的期望效用。换句话说，不必过分纠结于小事——你可以放心将这些决策交给直觉。然而，对于重大决策，我们希望你放慢思考速度，使用期望效用工具箱来回答面临的“多少”问题。从长期来看，你的财务福利的期望增长将会很显著。

我们知道，充实而幸福的人生不仅在于做出最大化期望效用的财务决策，但做出合理的财务决策是可行的，而且无疑有助于实现人生的其他目标。正如喜剧演员米尔顿·伯尔所说的：“金钱买不到幸福，但可以让你在更多地方寻找幸福。”

# 奖励章节：说谎者的扑克牌和学习聪明地打赌

我们认为，一个关于20世纪80年代末在所罗门兄弟公司玩的“说谎者的扑克牌”的内幕的细述可能会引起兴趣，因为它已成为华尔街传奇的一部分，而且在朋友间玩这个游戏也很有趣，可以看看谁来为饭局买单！这也很好地说明了概率思维的重要性，而这对于在不确定性下做出良好决策至关重要。

以下是维克多的叙述：

我们那时经常玩说谎者的扑克牌，迈克尔·刘易斯的书以那个时期为背景，并以此游戏命名。他原本想以此警醒后来人远离华尔街，但它似乎产生了完全相反的效果，吸引了有前途的年轻人来到华尔街，正如蜜蜂被蜂蜜吸引，或如飞蛾扑火。

尽管书名如此，这本书仅用了几页来描述说谎者的扑克牌这个游戏，我们已经在第3章中提到过。我们用这个游戏来说明对我们承担风险的补偿应随着所承担的风险的平方而增加。比如，参与一次赢或输20万美元的50/50投注所需的补偿应该是参与赢或输10万美元的50/50投注所需补偿的四倍。

说谎者的扑克牌的规则很简单。它是用一张美钞上的八位数序列号来玩的。每个玩家拿一张钞票，并将序列号对其他玩家隐藏。序列号旁边字母最低的玩家开始"叫牌"，说出他认为在所有玩家的钞票上某个特定数字出现的总数。如果在被所有人挑战时，这个数字的总数至少等于那个叫牌，那个首次叫牌的玩家赢得这一轮。让我们用一个实际的例子来说明。

"五个8。"

皮特的叫牌被所有其他玩家挑战，轮到我。我坐在皮特的右边，是最后可以挑战他的叫牌或追加叫牌的人。我是最后一道防线，而我手上有两个8。我记得站在所罗门巨大的交易大厅中，感到孤单。那是1986年，我24岁，是所罗门公司政府套利交易部门最年轻的交易员。对我来说，这不是职业生涯中可以犯错的最佳时机。如果我不追加叫牌，而他决定统计数量，只要在所有玩家钞票上出现的8的总数至少有五个，他就赢了。

游戏对所有人开放，这也反映了当时华尔街公司的扁平结构。那时成功的公司将街头智慧和学术智慧结合在一起，我环顾四周，看到了这两种智慧的展现。在我左边是皮特，他看起来像年轻英俊的杰克·尼科尔森（Jack Nicholson），有着极好的幽默感。他喜欢虚张声势，并且通常能得逞。接下来是维奇（Wilkie），一个说话慢条斯理、思维敏捷的前奥的斯电梯修理工，后来成为公司顶尖的利率互换交易员。然后是莫兹（Moz），一位美国国家数学冠军，几乎被公认为公司最聪明的人之一。他对博弈论了解颇多，但他玩这个游戏有点机械化。再往下是艾瑞克（Eric），一位前哈佛商学院教授和出色的扑克牌玩家。他知道概率，但更重要的是，他似乎能像读一本打开的书一样读懂我们。游戏中还有其他常客和偶尔加入的玩家，他们通常玩完这个游戏时钱包会瘪一些。

我不太清楚是什么让这个游戏这么让人上瘾。也许是游戏表面简单，或是它结合了运气和技巧的元素，类似于比象棋更有运气成分的西洋双陆棋。任何人都可以赢得一大笔钱，加上人类倾向于认为自己优于平均水平，这让人难以判断自己在游戏中处于哪一方。虽然我们是玩钱的，但没有人提起过钱，我们说的是“单位”。这是一场智慧的游戏，甚至是一场人格的较量，谈钱显得不太合适。

在每轮结束时，也没有人被要求展示钞票，只需举手指示自己手中该数字的数量，或握拳表示没有。要记住，那时大多数债券交易是通过电话完成的，有时单笔金额高达上亿美元，没有录音，几乎没有出过问题。

“表单”是记录所有玩家的盈亏数据的清单，由团队中最严谨的人负责记录。能被信任记录表单是一种荣誉。通常，表单每月结算一次。负责表单的人通常不向玩家提供除上个月外的其他数据。有一次，负责表单的人向其中一位玩家提供了自记录以来的总计，这位玩家随后退出游戏，令其他玩家颇为恼火。

随着我低头看钞票确认那两个8仍然在那儿时，我思索着我的选择。我可以挑战，或者追加叫牌，比如说“五个9”或“六个3”，这将成为当前叫牌。顺便提一下，我们把“0”视为“10”，视为最高数字，你如果想和朋友玩这个游戏的话，这一点需要知道。如果我的叫牌被所有人挑战，我可以选择统计数量，或有一次机会追加叫牌。如果我的第二次追加叫牌也被全体挑战，那就只能统计数量了。

关键在于不可预测，通过随机的虚张声势来掩饰你所拥有的牌。另一种需要强大的勇气的策略是，即使你有好几个那个数字，也要挑战，希望别人会追加，这样你就可以在以后加入更高的叫牌。这就是臭名昭著的“隐匿的蛇”策略，当这个策略适得其反时，你被抓个正着，手里拿着很多标的数字，把所有其他玩家拖下水，一切都会一团糟。

玩笑和表演成就了这场比赛。一些像我这样胆小、常被挑战的玩家有时会被指责缺乏激情。当他们的目光转向我时，皮特说：“那么，小维克，“球门边角”里你打算怎么玩？”

你大概已经意识到，去上班（如果可以这么说的话）是一件很有趣的事，确实是。除了有趣，或者正是因为这种乐趣，所罗门领导着刚刚解除管制的债券市场发生的革命，不论是创新还是盈利方面都是如此。我们热爱交易：白天交易债券，市场一收盘，我们就继续玩说谎者的扑克牌。你经常会在午夜时分看到一些还在坚持的玩家，尤其是像我这样未婚的人，尽管每一手牌都被宣告为“最后一手——真的不再来了”。

再说说那五个让我头疼的8吧。我几乎可以肯定，如果我挑战，皮特会要求统计数量并赢得胜利，因为我估计他手上有两个或三个8，再加上我手上的两个8，他只需从其他三位玩家手中再找到一个8，即便他自己只有两个8。想到我之前在这一轮中已经叫了四个8，可能皮特的叫牌是为了激我追加。不过话说回来，如果我挑战，而确实有五个或更多的8，那么我将连累其他三位玩家和自己输掉这局，把胜利让给皮特。

你会怎么做？……嗯，我是这么做的——我追加到六个8。结果我的叫牌被其他所有人挑战了，我的心沉了下去。我别无选择，只能统计数量。艾瑞克没有8，但莫兹和维奇各有一个8，这让我稍感放心，只需皮特再贡献两个8我就赢了。结果，皮特慢慢地举起拳头，向我们展示他一个8都没有。他是在虚张声势，赌我会上钩。现在我不仅感觉自己愚蠢，而且还因此损失了4个单位，每位玩家各赢我一个单位。

正如人们所说的，经验就是当事情没有按照你预期的方式发展时获得的东西。我从这局学到了两个教训：第一，接受一个小的、几乎肯定会损失的损失，总是比希望完全避免损失、孤注一掷在一个预期损失更大的投注中要好得多。这听起来显而易见，但由于我们脑海中的那个讨厌损失的小恶魔，这并不容易实现。这正是卡尼曼和特维斯基发现的东西，并促使他们提出了关于在不确定性下决策的前景理论。正如我们在第7章中讨论过的，他们发现许多人宁愿接受80%的几率输掉4000美元、20%的几率不输任何钱的选项，也不愿选择肯定会损失3000美元的选项。这几乎是可以证明的非理性行为。接受损失所带来的情感挑战很大，这可能就是为什么坚持严格止损策略的交易员往往既少见又成功的原因。

说谎者的扑克牌或许还磨练了我们的交易技能。要在这个游戏中获胜，正如在投资中一样，你必须冷静地对待游戏，厚脸皮，不在意别人如何看待你。它是关于聪明地叫牌，以获得最佳的期望结果，而不是最小化遗憾。学会理解并依据概率叫牌是面对更大风险时的一项宝贵技能。

一个新手错误是过于激进地叫牌，没有考虑到赢家诅咒——当其他玩家没有你叫牌的数字时，你往往会被挑战。在一个六人游戏的例子中，你预期来自场上其他五位玩家每个数字的数量为4，但如果玩家只会在手中该数字的数量为0或1时才会发起挑战，则每个数字的预期数量仅为2.5个。为了增加叫牌的激励并使游戏更有趣刺激，如果叫牌者以超高叫牌获胜或叫牌6个数字并获胜，他将赢得额外的奖励单位。

这是一个零和游戏，因此你必须不断问自己：其他这些聪明的玩家可能犯了什么错误？我常担心自己最多能做到盈亏平衡。如果玩得足够多，你会看到很多类似于卡尼曼-特维斯基的决策偏差行为——遗憾的是，当时我还没听说过这些偏差——包括确认偏差、锚定效应、从众心理和沉没成本谬误，这些会驱使一些玩家加倍下注，更加激进地叫牌以试图摆脱困境。叫牌有时似乎是为了最小化遗憾，而不是最大化收益。最重要的是，人们往往过于自信，这体现在一个众所周知的发现，即90%的玩家认为自己比平均水平更优秀。大多数玩家不喜欢把自己视为被动者，因此不太愿意采用以挑战为主的策略，这使得更为被动的方法成为一个不错的选择，还带来了在特定情况下成为“隐匿的蛇”的优势。有时，以挑战为主的策略会流行起来，而这时就该变得更积极地叫牌了。

我不记得在所罗门第一次玩这个游戏时的情景，但永远忘不了1993年我离开公司那天所玩的最后一局。我想那是我赢得最大的一局。你可能好奇这局有多大，但为了符合游戏的精神，我不会说！没有人能记得为什么，但当我们这群欢快的伙伴离开所罗门去创办长期资本管理公司后，就再也没玩过说谎者的扑克牌。我并不迷信，但谁知道呢，如果我们继续玩下去，事情也许会有所不同。可以肯定的是，职场上的乐趣是一种被低估但对成功组织来说至关重要的元素。

# 备忘录

1. **把控风险非常重要。**如果确定了合适的投资规模，选择不佳的投资也几乎不可能让你破产，但如果承担过多风险，即使选择了优质投资也容易破产！承担双倍的最佳风险会完全抹去良好投资的经风险调整后的收益，承担更多的风险会让你处于比不做任何投资更糟的境地。即使是非常好的投资，过多的风险敞口也可能导致全面失败。默顿比例是确定合适投资规模的一个有用规则，最佳投资规模是个人风险厌恶的函数，随着期望超额回报的增加而增加，随着以方差（$\sigma^2$）衡量的风险增加而减少。
2. **市场是高度竞争的。**一个合理的假设是，不承担更多风险就无法获得更高回报。然而，增加风险却不一定会带来更高回报。例如，承担个股的特有风险（这一风险可以通过分散投资消除）可能不会得到补偿。最大限度地分散投资于所有资产类别，包括国际市场，避免在没有优势的情况下参与零和活动。避免杠杆、做空、集中和复杂性。接受用公开信息战胜市场的可能性很小。考虑选股时，请记住多数美国个股的回报低于国库券。
3. **决定如何衡量你的财务福利。**如果你的财务福利指的是一生中满足需求、欲望和馈赠的支出能力，那么真正重要的是你的资本能产生并供你消费的实际税后收入流，而不是财富的现值总额。这种财务福利观使得通胀保值债券和股票的风险低于其看起来的风险，而使国库券和固定利率债券的风险更高。

4. 收入越多越好，但每增加一个单位的“更多”带来的“更好”会递减。收入和支出的边际效用递减使我们风险厌恶，并需要补偿来承担风险。**通过最大化期望的终身消费效用**（Expected Lifetime Utility of spending）**来做出投资、储蓄和支出决策，可以比使用简单的启发式方法**（如“4%法则”或“100减年龄法则”）**提高25%—50%的期望终身福利。**最大化期望财富是最危险的目标之一。

5. **你需要了解投资组合的经风险调整后的收益，以决定随着时间的推移该花多少钱，该存多少钱。**投资的经风险调整后的收益是其期望收益减去承受风险的成本。

6. **做出良好的财务决策需要估计投资回报的分布**及其相关性，并以实际税后为基准进行评估。通常，对于以实际价值来衡量且产生现金流的资产，在长期投资方面更容易做到这一点。通胀保值债券、股票和房地产符合这些标准。更难评估的是名义债券，取决于未来市场价格的资产，如收藏品、大宗商品和加密货币，以及基于过去表现或回归历史平均值的资产，这是大多数主动投资策略的情况。

7. **考虑你的“人力资本”尤其重要，**特别是如果你年轻的话。你的“人力资本”有多大？有多大的不确定性？你更像股票还是债券？考虑减少与你的人力资本相关的投资，例如你所在公司的股票。你越能灵活调整其规模，越能承担更多的投资风险。基于总财富（即金融储蓄与人力资本之和）来进行资产配置、支出和储蓄决策。

8. **资产的长期期望回报和风险会随时间变化，你应动态地更新资产配置、支出和储蓄决策。**如果相对于无风险资产的期望回报降低或风险增大，应减少对风险资产的配置并降低支出、增加储蓄。无风险资产的回报降低，而风险资产的超额回报和风险不变时，不应改变资产配置，但会要求降低支出和增加储蓄。

9. **动态资产配置可以显著提高终身期望福利。**你可以自行执行或聘请低费用的专业人士为你管理。次佳选择是坚持静态资产配置，包括低成本的全球股票指数基金和大部分资金投资于长期通胀保值债券，在典型市场条件下根据你的个人风险厌恶水平以及人力资本的规模和性质确定合理权重。
10. **储蓄和支出应趋向于实现长期平稳的支出流**，同时认识到需要随着总资本（包括人力资本）价值的变化以及期望经风险调整后收益的变化进行调整。
11. **大多数重大的财务决策需要对风险进行定价**，并且不能仅考虑最可能的结果。
12. **尽早做出决策**，以充分利用复利的力量和许多税收优惠结构。
13. **关注你可以控制的因素，如费用、税收和支出的效率。**金融产品通常是个例外，支付更多费用并不一定意味着服务质量更好。
14. **在投资中努力保持纪律**、基于规则并采用算法来克服行为上的弱点。了解你的“敌人”——主要是你自己，但别忘了许多人会试图从你的财富中分一杯羹。
15. **没有完美的计划，但坚持一个不完美却合理的计划要优于不断更改计划**，这常常会带来有害行为，如追逐回报。接近最佳的决策将会提供完美决策的几乎所有好处。
16. **生活不只是财务福利，但做到财务福利更好有助于一切其他事情的实现。**

# 一些经验法则

常数相对风险厌恶（CRRA）效用函数

$U(W) = \frac{1 - W^{1-\gamma}}{\gamma - 1}$ ，$\gamma \neq 1$

$U(W) = ln(W)$，$\gamma = 1$

用于确定资产配置、风险承担和投注规模的默顿比例

$\hat{k} = \frac{\mu}{\gamma \sigma^2}$

当$\gamma = 1$时等于凯利公式

经风险调整后回报（$r_{ra}$）,亦称确定性等价回报

对于最优 $\hat{k}$，$r_{ra} = r_{rf} + \frac{\hat{k}\mu}{2}$

或者更一般的，$r_{ra} = r_{rf} + k\left(\mu - \frac{k\gamma\sigma^2}{2}\right)$

风险成本 $= \frac{\gamma(k\sigma)^2}{2}$

最优花费

对于无限生命，$\hat{c}_\infty = r_{ra} - \frac{r_{ra} - r_{tp}}{\gamma}$

对于有限生命，即财富以 $\hat{c}_\infty$ 比率在T时间段内年金化，$\hat{c}_t = \frac{\hat{c}_\infty}{1 - (1 + \hat{c}_\infty)^{-T}}$

$\hat{c}_\infty = 0$ ，$\hat{c}_t = \frac{1}{T}$

符号和假设

- $W$ 代表财富
- $c$ 表示每单位时间财富的消费比例
- $k$表示配置风险资产的财富比例
- $\hat{k}$ 是最佳配置比例
- $\gamma$ 是CRRA效用的风险厌恶系数（对超过生存需求的富裕投资者通常为2—3，数值越高，越厌恶风险）
- $r_{rf}$是无风险资产收益率（对美国长期投资者来说是长期通胀保值债券的实际收益率）
- $r_{tp}$是投资者的时间偏好率（典型值为0%—4%）
- $\mu$是风险资产的期望超额收益（广泛的股票市场通常为3%—6%，以算术期望收益率表示）
- $\sigma$是风险资产的收益率波动性，用标准差表示（广泛的股票市场通常为15%—20%）

# 推荐阅读

## 图书

Bernstein, P. (1996). *Against the gods: The remarkable story of risk.* London: Wiley.

Campbell, J. (2017). *Financial decisions and markets: A course in asset pricing.* Princeton: Princeton University Press.

Campbell, J. and Viceira, L. (2002). *Strategic asset allocation: Portfolio choice for long-term investors.* London: Oxford University Press.

Ilmanen, A. (2011). *Expected returns.* London: Wiley.

Kritzman, M. (2000). *Puzzles of finance.* London: Wiley.

Lewis, M. (1989). *Liar's poker.* New York: W. W. Norton & Company.

Picerno, J. (2010). *Dynamic asset allocation: Modern portfolio theory updated for the smart investor.* Bloomberg Press.

Vanderbilt, A. (1989). *Fortune's children: The fall of the house of Vanderbilt.* New York: William Morrow & Co.

## 文章

Asness, C., Moskowitz, T., and Pedersen, L. (2013). Value and momentum everywhere. *Journal of Finance,* 68(3), 929–985.

Bogle, J. (2005). The relentless rules of humble arithmetic. *Financial Analysts*

*Journal,* 61(6), 22–35.

Campbell, J. (2006). Household finance. *The Journal of Finance,* 61(4), 1553–1604.

Choi, J. (2022). *Popular personal financial advice.* Cambridge: National Bureau of Economic Research.

Cochrane, J. (2011). Presidential address: Discount rates. *Journal of Finance,* 66(4), 1047–1108.

Dichev, I. (2007). What are stock investors' actual historical returns? Evidence from dollar-weighted returns. *American Economic Review,* 97(1), 386–401.

Haghani and White articles on Elm Wealth website:

- Man doth not invest by earnings yield alone: A fresh look at earnings yield and dynamic asset allocation
- Measuring the fabric of felicity
- Home biased: A case for more indexing
- Market multiple mean-reversion: red light or red herring?
- What's past is not prologue

Merton, R. (1969). Lifetime portfolio selection under uncertainty: The continuous-time case. *The Review of Economics and Statistics,* 51(3), 247–257.

Perold, A. (2007). Fundamentally flawed indexing. *Financial Analysts Journal,* 63(6), 31–37.

Samuelson, P. (1963). Risk and uncertainty: A fallacy of large numbers. *Scientia,* 57(98), 108–113.

Samuelson, P. (1979). Why we should not make mean log of wealth big though years to act are long. *Journal of Banking & Finance,* 3(4), 305–307.

Shiller, R. (1981). Do stock prices move too much to be justified by subsequent changes in dividends? *The American Economic Review*, 71(3), 421–436.

Shiller, R. (1996). Price earnings ratios as forecasters of returns: The stock market outlook in 1996.

# 尾注

## 前言

1. 例如，Back, 2017; Campbell, 2017; Cochrane, 2005; Huang & Litzenberger, 1988; Ingersoll, 1987; Skiadas, 2009。
2. 2022年12月，在Goodreads.com网站的个人理财图书列表中排名第一和第二。[https://www.goodreads.com/shelf/show/personal-finance]。参见James Choi（2022），《大众个人理财建议与教授观点》（*Popular personal financial advice versus the professors*），国家经济研究局（NBER）。

## 第1章

1. Dichev, 2007; Hsu et al., 2016; Dalbar, 2021; 晨星公司“注意缺口”报告。
2. Fellows et al., 2019.
3. Choi, 2022.
4. 早在20世纪20年代，手工制作的到期收益率表就被制作出来了，但是它们不但不精确，使用起来还很麻烦。

## 第2章

1. 在本章中，我们将大量引用维克多与理查德·杜威合著的一篇发表在2017年的《投资组合管理杂志》上的文章。我们感谢《投资组合管理杂志》允许我们这样做。
2. Haghani et al., 2017.

## 第3章

1. 每年以10%的财富进行两次这样的押注，代表着约14%的风险和4%的预期回报，这两个数字都略低于美国股市的历史风险和相对于短期国债的超额收益，但相差不大。
2. Merton（1969）。默顿的导师保罗·萨缪尔森（Paul Samuelson）也对这个公式的发展做出了贡献。
3. Kelly（1956）。

## 第4章

1. 两者算术平均收益之差。我们使用罗伯特·席勒的数据。美国债券收益率的计算使用的是美国10年期固定利率债券。
2. 这是资本资产定价模型（CAPM）的基本观点。CAPM的发展要归功于杰克·崔纳（Jack Treynor）、威廉姆·夏普（William Sharpe）、约翰·林讷（John Lintner）和简·摩森（Jan Mossin），他们是在哈里·马科维茨（Harry Markowitz）和詹姆斯·托宾（James Tobin）早期工作的基础上提出的。夏普、马科维茨和默顿·米勒（Merton Miller）因其对CAPM的研究获得1990年诺贝尔经济学奖。
3. 假设股市波动率为20%，一天24小时交易，一年256个交易日。
4. 参见G. 祖克曼（G. Zuckermann）所著的《发明货币的人》（*The Man Who Invented Money*）。

## 第5章

1. 各种简单的结构化公司增长模型都可以得出这样的结论：实际的股本回报以收益率为中心。实际回报等于收益率的一个基本条件是，如果盈利能随通胀增长，且所有盈利都现时给到股东。虽然这些模型在不少方面都与现实世界不一致，但它们仍然为我们理解长期历史数据提供了坚实的起点。关于CAPE作为实际股票回报预测指标（特别是在非美国股票市场中）的另一个观点，请参阅诺伯特·凯姆琳（Norbert Keimling）和彼得·胡贝儿（Peter Huber）

（2016）（《使用席勒CAPE预测股票市场回报》）。他们的结论是："现有研究表明，自1881年以来，经周期调整的席勒CAPE对标准普尔500指数的10年以上的长期回报的预测相当可靠。此外，本文的结果发现，1979年至2015年期间，其他16个国际股票市场也是如此，诚然，这是一段相对较短的历史，因此无法得出强有力的结论。"

2. 欲深入了解，请参阅我们2017年的文章《市场多重均值回归：红灯还是转移注意力的东西？》。
3. 1965年和1985年的股息收益率分别为2.8%和4.3%。
4. 例如，将收益率与国库券收益率进行比较是不一致的，因为收益率是用实际回报计算的，而国库券收益率是用名义回报计算的。如果国库券的预期实际收益不随时间改变，那么只基于股市收益率的动态资产配置法则是有意义的，但我们知道事实并非如此。
5. 这种说法忽略了税收，因为税收通常有利于应纳税的美国投资者持有股票。在这种情况下，投资者可能还有其他原因想要持有一些股票，比如避免100%相信收益率指标，作为默顿（Merton, 1971）所描述的对冲需求的一种形式，或者作为富裕投资者消费篮子的一种对冲。
6. 你可以看到我们对美国股市风险估计的图表，参见我们2022年在www.elm-wealth.com上发表的报告《人们不单是根据收益率进行投资：重新审视收益率和动态资产配置》中的图7。
7. 美国股市的收益率低于3%，而美国10年期TIPS收益率几乎全部在3.5%以上。
8. 请注意，我们将股票配置限制在0到100%之间，因为我们不允许做空或加杠杆来持有股票。
9. 在计算夏普比率时，我们将$\frac{1}{2}\sigma^2$加到几何已实现回报中，将其转换为算术回报，用作该比率的分子。
10. 特别值得注意的是二战后的10年，我们估计10年期TIPS的平均收益率为−1.5%。在此期间，10年期美国国债的名义收益率平均为2.5%，通货膨胀率约为5%，在二战结束后的几年里曾达到了20%。
11. 你可以在哈加尼（Haghani）和怀特（White）2022年2月发表于ElmWealth.com

上的文章《投资不单单看收益率：对收益率和动态资产配置的新看法》中找到所有细节。

12. 假设：$\gamma = 2$，$\sigma = 20\%$，每年都再平衡。

13. 长期投资者可能会选择根据其财富的长期实际年金价值来衡量风险，例如，使用长期通货膨胀保值债券组合作为他的参照物。

14. 当动量为正时，该策略将股票配置增加30%（假定增加股票配置未触及杠杆为0的约束），当动量为负时，将股票配置减少30%。

15. 参见约翰·科克伦（John Cochrane）的《长期投资者的投资组合》（2021），第19—20页，对普通投资者定理和镜子测试进行了更深入的讨论。

16. Campbell & Sigalov, 2020.

## 第6章

1. 这是对公理的非技术描述。关于数学上的精确描述，请参见冯·诺依曼和摩根斯坦的《博弈论与经济行为》（1944）。

2. 请参阅我们的笔记“投资市场的最佳方式是什么？”（2017年）了解更多信息。

3. 参见Phillips，1995。

4. 参见Kahneman, 2011。

5. 参见Zuckerman, 2013。

6. Landsburg, 2009, 2018.

7. Ross, 1999.

8. 在寻找最优的基于目标的策略时，我们做了一个额外的假设，即投资者永远不会愿意将超过40%的财富押在任何一次抛硬币上。在期望效用框架中，没有这个假设的策略甚至是更次优的。更全面的讨论请参见杜宾斯（Dubins）和萨维奇（Savage）（2014）的《大胆的投注策略》。

9. Samuelson, 1963.

## 第7章

1. Bhattacharya, 2022.

2. Rabin & Thaler, 2001.
3. 例子取自Luce & Raiffa, 1957年。
4. 摘自赛思·卡拉曼的书《安全边际》(1991)。保存完好的副本售价数千美元，使其成为最昂贵的现代投资图书之一。

## 第8章

1. 虽然我们没有梅里韦瑟在整个20年期间自营交易活动的总盈利的数据，但我们从1993年所罗门兄弟公开披露的信息中得知，仅在截至1993年的4年里，其自营交易活动就产生了34.2亿美元的收入，占其1990—1992年税前收入的100%以上，占其1993年净利润的很大一部分。为了进一步说明这一点，所罗门兄弟这些年来的平均账面净值为43亿美元，其中只有一部分分配给了这些自营交易活动。资料来源：所罗门兄弟公司1993年年度报告。
2. 这是假定不可能进行无追索权借款以向基金投入更多资金。通过有追索权的借贷来增加对基金的投资将违反我的要求，即在灾难情况下，我的财富不少于我的最低可接受财富，因为有追索权的借款，如果基金的价值低于贷款的价值，我就会陷入困境。
3. 在1994年10月的一封信中，合伙人向LTCM公司的基金投资者解释说，相对于正态分布，基金的回报将呈肥尾分布，特别是，预计每月20%的损失至少每50年出现一次。
4. 该分析以5年为期限，然后按年计算。
5. 1998年10月，沃伦·巴菲特在佛罗里达商学院对学生的演讲。

## 第9章

1. Markowitz, 1952.
2. 这个学科通常被称为终身投资组合选择和消费。许多人考虑了不确定性下的罗伯特·默顿的终身投资组合选择模型：会议论文The continuous-time case, *Review of Economics and Statistics,* Vol. 51, No. 3 (Aug. 1969)。获取简要概述，可参见John Campbell, Strategic Asset Allocation: Portfolio Choice for Long-Term

Investors, NBER (2000)。至于更深入的了解，参见John Campbell and Luis Viceira, Strategic Asset Allocation (2002), John Campbell, Financial Decisions and Markets (2017), Robert C. Merton, Continuous Time Finance (1992), John Cochrane, Asset Pricing (2005)。

3. 默顿继续将随机微积分应用于许多其他问题，包括衍生品（包括期权）的定价和设计的通解。

4. 还包括其他一些假设，如时间可分效用、效用贴现、连续时间交易能力、无限可分记账单位等。

5. 更复杂的效用函数，如爱波斯坦－津模型（1989），分别处理个人对长期平稳消费和对承担投资风险的厌恶的偏好。我们认为，这种个人偏好模型的复杂性超过了它们潜在的更大的现实性。

6. 期望回报率以名义值表示。我们假设萨姆的死亡率是美国人口中同龄女性的典型死亡率。我们假设她不会活到110岁以上，这是大多数死亡率表中的最大年龄。考虑到目前的医疗技术水平，精算师认为，65岁的人活到110岁以上的概率对女性来说大约是十万分之二，对男性来说是女性这个概率的十分之一。预计不会征收遗产税，因为萨姆的遗产将低于联邦遗产税的豁免门槛。

7. Bengen, 1994.

8. Arends, 2020; Bengen, 2020.

9. 虽然我们在这个例子中没有这样做，但在支出策略中引入一些平滑是很容易的，有些人可能会觉得这更有吸引力。例如，消费规则可以适用于个人最近3年的平均财富水平。

10. 忽略征税和社会保障。

11. 假设60%的资产配置在股票上，股票期望回报率比国库券回报率高6.5%，国库券回报率为2%，通货膨胀率为2%，不征税，股票回报率的年化波动率为18%（与2000年到2022年之间相同）。

## 第10章

1. 根据2020年NACUBO-TIAA捐赠基金结果研究（2010—2019年支出），该研究涵盖了美国学院和大学捐赠基金及相关基金会，耶鲁大学的支出约为5.25%，高于平均水平。在美国，法律要求私人基金会每年花费其资产的5%。

2. Tobin, 1974.
3. 参见Dybvig & Zhenjiang, 2019; Campbell & Sigalov, 2020。
4. 另外，对于希望决定投资策略的捐赠基金来说，一个有用的起点是存在一个非常合理的CRRA风险厌恶水平范围，而无需进行复杂的、特殊的校准工作。
5. 时间偏好等于零收益情况下希望实现的支出率乘以捐赠基金的风险厌恶系数，我们假设捐赠基金的风险厌恶系数等于2。因此，如果受托人认为他们每年将在零回报环境中花费捐赠基金的1%，这意味着捐赠基金的时间偏好将是每年2%。
6. 管理和预算办公室通告A-4, 2020年。
7. 在进一步的扩展中，也可以使用将相对风险厌恶与跨期消费替代弹性分开的效用偏好，即Epstein-Zin效用。
8. 坎贝尔和希盖夫（2020）所建立的一种特定的支出策略模型表明，随着期望投资回报的下降，最优策略是承担更大的风险——这种现象被称为“追求收益”。我们认为，无论对捐赠基金还是个人来说，这种支出策略都不明智，但这是一种有趣的做法。
9. 诸如：基金与捐赠基金投资：顶级投资者与机构的理念与策略；捐赠资产管理：牛津和剑桥的投资策略；可持续发展的捐赠基金；家庭捐赠模型：富裕家庭的财富规划。

## 第11章

1. 2019年，波士顿学院估计，美国家庭的退休储蓄缺口为7.1万亿美元，其中一半的家庭一旦停止工作，生活水平就会降低。同样的情况也普遍存在于国际上许多其他高收入经济体。
2. 参见Modigliani, 1985。
3. 根据社会保障系统网站的数据，活到115岁的概率为零。
4. 详见Shu et al.（2018）。他们发现，产品公平性是投资者厌恶年金的最大原因。

保险公司可能会对长寿风险收取额外的风险溢价，而定期寿险的销售只能部分对冲这一风险。

## 第12章

1. 另一种方法是询问人们的投资组合，以及他们对投资组合的期望回报和风险的假设，以便从他们的投资组合选择中推断出隐含的风险厌恶程度。我们认为，受访者可能会在决策时考虑到其他因素，比如股票市场的均值回归程度，这将使情况变得相当复杂和模糊，很难分离出他们的效用函数的特征。
2. 参见Conard(2012)，他认为风险厌恶程度越低的社会越富裕。
3. Perold & Sharpe, 1988.
4. Friedman & Savage, 1948.
5. Hindy & Huang, 1989, 1992; Campbell, 2017; Campbell & Cochrane, 1999; Constantinides, 1990.

## 第14章

1. 参见 Haghani & White, 2019。
2. 参见 Chin & Israelov, 2022。
3. 参见Shiller, 2015。
4. Bogle, 2005.
5. Dichev, 2007; Hsu et al., 2016; Dalbar, 2021; 晨星公司《注意缺口》报告。
6. 虽然法玛是最常与有效市场假说联系在一起的金融经济学家，但他的工作是建立在许多前辈的基础上的，从路易斯·巴切利耶（Louis Bachelier, 1900）到弗里德里希·哈耶克（Friedrich Hayek, 1945），再到保罗·萨缪尔森（Paul Samuelson, 1965）。
7. APT由Ross（1976）提出，但罗伯特·C. 默顿（1973）首次提出了CAPM的跨期多因子扩展模型。
8. Treynor, 1961; Sharpe, 1964; Lintner, 1965; and Mossin, 1966.
9. 例如，布莱克、詹森与斯科尔斯（Black, Jensen, and Scholes, 1972）发现低贝塔

资产比CAPM预测的收益更多，而高贝塔资产收益比CAPM预测的收益更少。

10. 法玛和弗兰奇（1996）也提出了类似的观点，“价值效应可以用价值股收益与人力资本价值之间的高协方差来解释，如果价值股倾向于陷入财务困境，而陷入困境的公司的失败与公司雇员人力资本的破坏有关。”
11. 值得注意的是，麦克莱恩（McLean）和庞蒂夫（Pontiff）（2016）以及伊尔曼恩（Ilmanen）等人（2019）认为，发表后回报减少更多的是样本内过拟合的迹象，而不是知情交易者降低因子回报的迹象。一些研究表明，早期采用者会得到奖励，在发表后的一段时间内，回报会增加，然后逐渐消失，这可能是由于当这种异常现象是一个新发现的交易理念时，更多的资本被吸引到这种异常现象上。
12. Cochrane, 2011.
13. Clarke et al., 2012.
14. 例如Ioannidis et al., 2017。
15. 从技术上讲，数据往往是非线性的、非平稳的、稀疏的，并且具有高共线性和低横截面性。
16. 追逐回报（坏）与动量（好）之间的区别在于，追逐回报通常是在更长的时间跨度内、以更渐进的方式进行的，而动量策略通常涉及仓位的二元变化。参见Haghani & McBride, 2016。
17. Haghani et al., 2017.
18. Frazzini et al., 2012.
19. Cornell & Damodaran, 2020.
20. 在这个例子中，我们假设无风险资产利率为零，没有通货膨胀，股票也不支付股息。
21. Bessembinder, 2018.
22. 参见Haghani & White, 2018。
23. Ilmanen et al., 2019.
24. Buiter, 2003.

## 第15章

1. 根据罗伯特·席勒（Robert Shiller）在http://www.econ.yale.edu/~shiller/data.htm网站上提供的数据。
2. 罗伯特·默顿（Robert Merton）和阿伦·穆拉利达尔（Arun Muralidhar）建议，政府通过发行与国家人均收入增长挂钩的证券来解决人口退休需求，他们的想法是与生活水平挂钩的、前瞻性的、只考虑收入的证券。参见Merton & Muralidhar, 2020。
3. Campbell & Viceira, 2001；Cochrane, 2021；Bodie & Taqqu, 2011.
4. 和往常一样，本文使用了罗伯特·席勒教授提供的数据。
5. 参见Mehra & Prescott, 1985；Grossman & Shiller, 1981。
6. 参见Cochrane（2011）对该主题进行的出色而广泛的调查。

## 第16章

1. 期权清算公司报告，2021；COBE, 2021；CME Group, 2021。
2. Bogle, 2007；Ellis, 2013；Malkiel, 2013.
3. 更准确地说，股票价格遵循几何随机漫步，这意味着股票价格的对数遵循正态随机漫步。
4. Merton, 1973.
5. 在我们的模拟中，我们假设没有税收或交易成本，并使用执行价低于市价10%的价外看跌期权，但结果对其他执行价的选择是稳健的。
6. 为简单起见，我们将分析限制在一个执行价格的期权上。使用具有一系列执行价格的期权进行此分析不会实质性地改变结果。
7. 这是一个众所周知的结果。例如，参见Carr et al. 2001。
8. Campbell & Cochrane, 1999.
9. VIX是衡量标准普尔500指数1个月期权加权平均隐含波动率的指标。VIX通常显著高于平价期权的隐含波动率，主要是因为它是不同行权价格期权隐含波动率的平均值，其也包括给予价外看跌期权的隐含波动率显著权重。在同样的10年期间，标准普尔500指数1个月平价期权的平均隐含波动率比每个期权有效期内的已实现波动率高0.6%。还有其他可能的凸性效应可能导致平均VIX指数水平高于已实现波动率，同时期权组合的动态对冲盈亏平衡。然而，这些影响的幅度可能远低于上述时间段内平均VIX指数水平与已实现波动率之间3.6%的差异。

10. Alpstein & Samanci, 2018.
11. Spitznagel, 2021.
12. Israelov & Nielsen, 2015；Israelov, 2019.
13. Villalon et al., 2019.
14. 假设这是投资者唯一在做的交易，或者它与投资者现在持有的其他资产无关。
15. Goetzmann et al., 2002.

## 第17章

1. 参见Domar & Musgrave, 1944；Stiglitz, 1969；Feldstein, 1969。
2. 也假设无风险利率为零，资本资产的股息率为零（这可以通过使用股指期货来实现），并且投资者愿意并且能够在需要时以无风险利率借款来杠杆化他们在资产中的头寸。
3. 根据美国现行规定，纳税人每年可以拨出3000美元的资本损失来抵销工资收入，但除此之外的资本损失只能用来抵销未来的收益。

## 第18章

1. 例如参见 Merton, 1980。
2. 我们假设了相对现实的回报分布，以及我们认为现实的风险厌恶程度。对于非常低的风险厌恶水平（CRRA风险厌恶系数≤1），投资者可能对增加的不确定性保持中立甚至积极倾向，但我们认为这对几乎所有投资者来说都是不现实的。
3. 事实上，一些观察人士认为，由于股票预期收益的不确定性，从长远来看，股票的风险更大。参见Pastor and Stambaugh（2012）。参见Grinblatt and Linnainmaa（2011）。

## 第19章

1．关于这些机会（或用他们的话说，即“某些彩票抽奖提供的很棒的期望回报率”）的更详细描述，以及对本章内容的更深入讨论，请参阅亚伦·艾布拉姆斯（Aaron Abrams）和斯基普·加里波第（Skip Garibaldi）的《寻找彩票中的好押注以及为何不该下注》（2010年）（Finding Good Bets in the Lottery and Why You Shouldn’t Take Them）。

## 第20章

1．Mehra & Prescott, 1985.

2．参见Dimson et al., 2001。

3．Campbell, 2008；Krasker, 1980.

4．Goetzmann et al., 2016.

5．Campbell & Cochrane, 1999.

6．Constantinides & Duffie, 1996.

7．Epstein & Zin, 1989.

## 第21章

1．自那时以来，已经提出了许多随机利率模型，包括瓦西塞克（Vasicek）（1977）、考克斯（Cox）等人（1985）、赫斯－加罗－莫顿（Heath-Jarrow-Morton）（1989）、布莱克（Black）等人（1990）以及赫尔&怀特（Hull & White）（1990）的模型。菲利普·迪布维格（Philip Dybvig）、乔纳森·英格索尔（Jonathan Ingersoll）和斯蒂芬·罗斯（Stephen Ross）在他们的论文“Long Forward and Zero-Coupon Rates Can Never Fall”（1996）中讨论了当到期期限趋于无穷大时利率的渐进行为，并基于无套利原则解释了为何远期利率不能持续下降。

## 第22章

1．在这个例子中，我们忽略了三个选项中的每一项的风险，但如果我们考虑到这一点，它将使标准普尔500指数基金更具优势。

## 第23章

1. 请参阅我们的文章《如果乔治·科斯坦萨是一位对冲基金经理》(If George Costanza Were a Hedge Fund Manager),了解更多乔治在投资方面的失败经历。灵感来自《宋飞正传》第5季第22集“反面”。
2. 我们假设ETF以高于平均国库券利率1%的利率为其杠杆头寸融资,并收取每年1%的费用。
3. 2023年5月6日下载自etfdb网站https://etfdb.com/etfs/leveraged/equity/。

## 第24章

1. 例如,参见亚伦·布朗(Aaron Brown)的文章:《加密交易成瘾是2022年的“大麻狂热”》,彭博社(2022年4月26日)。
2. Haghani et al., 2019.
3. 参见Clarke et al., 2019。
4. Wood & Hughes, 2015.
5. 参见Calvet et al.(2007),了解21世纪之交的瑞典家庭如何比美国人在20世纪的大部分时间里做出更好的投资决策(有显著的改善空间)。